趋势交易大师

（第二版）

［澳］戴若·顾比 著

任波 陈静 桂井文 译

地震出版社

Seismological Press

图书在版编目(CIP)数据

趋势交易大师/(澳)戴若·顾比著；任波，陈静，桂井文译.—2版.
—北京：地震出版社，2023.5(2024.3重印)
书名原文：Trend Trading
ISBN 978-7-5028-5364-8
Ⅰ.趋…　Ⅱ.①戴…②任…③陈…④桂…　Ⅲ.①股票投资-基本知识　Ⅳ.①F830.91
中国版本图书馆CIP数据核字(2021)第216716号

著作权合同登记　图字:01-2005-4517

地震版　XM5753/F(6162)

趋势交易大师(第二版)
[澳]戴若·顾比 著　任波 陈静 桂井文 译
责任编辑：王亚明
责任校对：凌　樱

出版发行：地震出版社
北京市海淀区民族大学南路9号　　邮编：100081
发行部：68423031　68467991　　传真：68467991
总编办：68462709　68423029
证券图书事业部：68426052
http://seismologicalpress.com
E-mail：zqbj68426052@163.com
经销：全国各地新华书店
印刷：大厂回族自治县德诚印务有限公司

版(印)次：2023年5月第二版　2024年3月第二次印刷
开本：710×1000　1/16
字数：249千字
印张：18.75
书号：ISBN 978-7-5028-5364-8
定价：58.00元

目 录

第三部分　寻找最佳入场价格

第四部分　计算正确的交易规模

第二版序

市场改变了，但是趋势交易没有改变

在经历了2008年和2015年的大跌之后，市场已经发生了变化，但是其本质上还是一样的。虽然有些以前适合市场的交易方法不再适合今天的市场条件，但有些方法，比如趋势交易，仍然是在当前和以后市场中可赢利的重要交易方法。

趋势交易的基石、技巧与方法的细节没有改变，我们还在使用它们获利。这些方法经受住了时间的考验。

市场有一些变化。一些交易衍生工具消失了，新的又出现了。主权债务成为一个更重要的问题。技术的变化使得使用网络平台进行交易更加容易、更加有效，它提供了速度、透明性与指令执行的有效性。投资分析的背景扩大了，技术分析的作用更加广泛地获得承认。计算机技术的不断提升使得现在每个用户都可以利用以前还被认为是很先进的图表工具。

但是从一个非常重要的角度看，市场没有改变。趋势机会的本质仍保持不变。交易成功的基本要素是不可动摇的基石。交易纪律是必要的。风险管理是交易的核心。要明白交易就是使用趋势分析确认概率。交易不是预测。这种思维上的差别仍然是区分市场中成功与失败的人的核心标准。

人的行为没有改变，但是市场机制改变了，这改变了市场行为。这是对市场分析最重要的挑战之一，因为分析方法必须要适应新的环境。

第一个重要的变化是我们参与市场的方式。技术使得所有的市场参与者迅速、即时收集相关市场信息更加容易。更重要的是，技术给所有市场参与者提供了同样的分析工具。独立交易人、经纪人以及基金经理所使用的图表与分析程序是非常相似的。

第二个重要的变化来自我们分析信息的方式。每个人有着同样的价格与成交量信息。每个人获得的是同样的信息。以前，能首先获得信息的人有着很大的优势。现在这些优势变小了，因为信息更容易获得。成功与失败的差别取决于我们如何分析信息。更好的趋势分析能识别出更好的交易机会。

第三个重要改变是我们根据我们所收到的信息采取行动的速度提高了。20年前，你可能要通过电话联系你的经纪人，然后他会使用他的计算机系统在市场中提交买入或卖出指令。日间交易只有对于职业交易人才是可能的。现在，交易者可以非常迅速地根据自己的决策采取行动。买入或卖出指令在线提交，交易可以在不到一秒钟的时间内完成。这种指令执行速度意味着情绪化的交易者可以更迅速地根据自己的情绪采取行动。市场对突发消息和事件做出反应更迅速。对趋势的理解现在变得比以往更为重要。

第四个重要变化是衍生工具的商品化。21世纪最初的10年，衍生工具是供专家们操作的，它们的产生是要满足特定的柜台交易公司的交易要求。现在，许多衍生工具以标准合约形式提供，由个人交易者来交易。在某些股票市场，股票市场中衍生工具相关交易量能占每日股票总交易量的40%。

这些变化改变了市场行为的本质。它们增强了市场的波动，增强了趋势的波动，也增强了价格的波动。在西方国家市场，一个交易日内价格波动超过10%并不少见。这种价格波动导致价格在趋势之内大幅上下摆动。这引起了价格快速的上升与回落，使得风险管理更加困难。所以，使用本书中所讨论的趋势管理方法的交易者与投资者会在当前的市场交易中得到好处。

市场会继续变化。新的技术会增强价格的波动，这使得趋势分析更加困难。未来10年的挑战就是要发展管理增强的价格波动以及不稳定趋势的分析与交易方法。这本书中的趋势交易方法是在这个新的市场环境中生存下来的基础。

学会交易是一个过程，而不是一个目标。基础知识是很容易学会的，它们在书籍、杂志中都有很多介绍，但使用工具来形成交易解决方案却较为困难。知道了高尔夫的游戏规则，并不意味着我们就会成为一名好的高尔夫球手。要达到出色的水平，我们还必须知道如何使用高尔夫球杆，或者说工具。可以将这看作有关姿势、挥杆或者选择球杆的技术。

即使知道了规则，并且很好掌握了技术，我们当中大多数人也永远不会成为世界级高尔夫球手，或优秀的交易者。要想做到这一点，我们必须知道如何将这种游戏的所有要素结合起来，在许多不同的场地和不同的天气条件下，最有效地打高尔夫球。用交易的术语说，这意味着要知道在不断变化的市场条件下使用哪一套工具，如何使用它们。

如果交易是一个目标，这意味着我们可以学会简单的一套规则，组合成一套工具，然后永远以同样的方式成功地进行交易。这是行不通的，许多人成为系统推销员的猎物，这些推销员宣称他们的系统永远让你成功。

交易是一个过程。这意味着我们必须知道怎样适应一个不断变化的市场，以便让我们所使用的交易组合对于当时的市场条件来说是最有效的。最有效的方法是从成功的交易者背后观察，看看他们在做什么。如果我们了解了他们是如何在当前的市场中进行交易的，我们就会有更好的机会来改进我们自己的交易。

你作为一名个人交易者，需要学习并掌握那些适合你资金规模的策略。我们有一个重要的优势，就是我们用不着非交易不可，我们可以等待最好的机会出现。虽然当今的市场与环境有了各种各样的变化，但一笔成功的交易被定义为以一个价格买入、以另一个更好的价格卖出获利，仅此而已。

这本书中的技术与方法在过去一直很重要，今天它们也一样重要。趋势的本质与行为没有改变。这本书为你提供了可以在今天的市场中获利的工具与方法。你必须有效地使用这些工具来形成自己的技巧。

Daryl Guppy

戴若•顾比

2012年3月　于达尔文

序

中国证券市场多年来的发展是在艰难的探索中走过来的，也是在国际投资大师思想的影响下慢慢成长起来的。如果没有这些大师们的引路，或许我们还要在黑暗中摸索更长的时间。

1994年至1998年我在上海工作期间，最早接触到彼得·林奇的书《战胜华尔街》，以后陆续读到巴菲特、索罗斯等大师的著作，还有《野村帝国》《摩根财团》等境外大行的书。这些书籍对当时还处于混沌初开状态下的中国证券市场的投资者来说，仿佛如夜航中的一座灯塔，顿感明朗和新鲜，增加了他们的勇气和信心。

现在随着中国经济的迅速发展和全球一体化进程的加快，有更多的国际大师的著作被陆续介绍进来，不乏一些迟到的大师。他们虽然被世界所熟知，但却并不为国人所了解。这里有两个原因：第一是他们还没有计划写书；第二是虽写了书，但是还没有出版中文版。出生于澳大利亚的投资大师戴若·顾比就属于后者。

顾比先生是我的一位好朋友，我们相识缘于我的眼睛向外看，他的眼睛向内看，后来终于将手握在了一起。

去年在做完吉姆·罗杰斯的北京报告会后，我又在着手准备第二年的《红周刊》国际投资大师讲坛，罗杰斯是基本面派，所以今年我们决定请一位技术派的投资大师来华演讲，以满足国内不同风格的投资人的需要，请技术派大师来华的第二个原因是，面对国内日益趋同的基本面投资舆论导向，我有一种担忧，虽然我难以对这两种投资流派孰是孰非下一个明确判断，但对存在于华尔街多年、至今依然呈分庭抗礼之势的两个投资流派，我始终充满了敬畏，不敢偏于一隅。百花齐放、百家争鸣是证券市场繁荣与发展的环境基础。

为配合今年的大师讲坛，我们于今年初在杂志上为顾比先生开设了一个专栏，结果引起了巨大反响，许多读者要求购买先生的专著，所以顾比先生决定在中国出版中文版，并结合中国股市自身的特点，将原书做了比较大的改动，从理论到实战均做了深入的阐述。

顾比先生专著的一个明显特点是简单易学、实用性强，这也是我们推荐给读者的一个重要原因。顾比先生专著里有许多技术指标都是他的独创，并拥有知识产权，如顾比复合移动平均线、顾比倒数线等，还有诸如20%的金条法则等，对国内读者来说都是宝贵的精神食粮。

大师们像一座座大山，须仰视、须攀登！

值此顾比先生专著中文版出版之际，我衷心地祝愿中国的资本市场能最终博弈出中国的大国地位。

《证券市场红周刊》常务副社长　郭贵龙

2005年8月　于北京

前 言

今天学，明天用

2004 年 11 月，沪市太原重工(600169)的股价从 4.96 元涨到了 7.90 元。我看了一下股价走势图并注意到了一个特殊类型的趋势行为。多年来在很多市场从事股票交易的我知道趋势会很快崩溃。如果操作得当，这次趋势能在 20 天里带来 59%的收益。同期沪市上涨了 3%。对太原重工进行 4960 元的投资会变成 7900 元。这是短期趋势交易。没有及时卖掉股票的交易者只能眼看股价回落到 4.10 元，遭受 17%的损失。

在 2003 年 11 月，上证指数开始上行并形成了一个长期稳定的趋势，直到 2004 年 4 月结束。懂得如何使用图表工具的投资者和交易者能在这期间获得 31%的收益。5000 元的投资会变成 6570 元。这是长期趋势交易。

在 2004 年 10 月到 2005 年 4 月期间，沪市下跌了 17%，但也有一些股票，例如皖通高速 (600012)，涨了 50%多，只有不多的交易者和投资者能找到并获得这些收益。本书中，我们检验一些容易应用的趋势交易方法，并用其来抓住这种获利机会。我们可以做到，这本书会展示给你。

很多人用市场来赌博，像其他大多数赌徒一样，他们失败了。交易和投资是做生意。本书旨在教你一些必要的规则、工具和技术来在中国证券市场上取得成功。上海和深圳的证券市场与纽约证券交易所、新加坡股票交易所和伦敦证券交易所并不完全相同。

在我们决定把国外市场中的技术引进到中国市场以前，我们需要对这些技术和理念做一些调整。在美国能够成功的方法不见得就一定适合新加坡或中国。这本书不是直接翻译的英文版原著。我已经把那些我所知道的不适合上海和深圳股票交易所的章节删掉了，并加入一些适合中国市场的成功的方法。我们之所以知道这些方法是成功的，是因为它们在我们的《证券技术分析指导》(中国版)里得以应用和验证。在很多例子中我们使用的是中国股票，因此你可以相信我们所讨论的方法是适合中国股市的。把这些方法成功应用到你的交易中就是你的任务了。

在任何国家的任何证券市场中，成功取决于三个重要因素。它们是：

- 我们的态度。
- 我们如何理解和使用价格图。
- 我们发展和建立交易系统的方法。

态度

没有人会公开地承认自己能控制金融市场，但他们却试图去控制市场。通常我们把成功的交易与成功的预测等同起来。有些人在完成了几个成功的交易之后，就会感觉好像自己能通过“高超”的分析来控制或改进交易的结果。当他们真正意识到这并不意味着自己能控制市场时，也许对大多数新的交易者来说是不小的震撼。

如果有人认为上述的话不可思议，那么你可以看一下自己买的正在赔钱的股票，扪心自问为什么没有退出交易，并诚实地回答。绝大多数情况下我们会用各种借口来欺骗自己：“股价跌得太多了，这是一个很好的公司，肯定会涨上来的。”我们对自己的借口感到满意，并继续以我们的自负来与市场抗争，为的是证明我们比市场更了解这只股票的价值。

探索一下这个问题的根源可以给我们以启发。有些投资者会荒谬地把生意上的成功做法移植到股票交易中来。对很多转向炒股的成功的商人来说，有一个重要的误区。将生意上成功的策略用于市场中会带来灾难性后果。成功的商人在生意低迷的时候通常拒绝投降，在经历了残酷的竞争后取得了胜利，他们能够控制市场中的外部因素并能比竞争对手更持久地生存下去。

例如，他们可能会通过分析电脑市场来预测物美价廉的电脑会短缺。这种分析可以使他们有能力通过设计和制造满足市场需求的电脑来控制市场。对他们来说，准确的分析就意味着控制，也就意味着成功。而股市不是这样，但他们的这种思想却很难被抛弃，因为这种思想曾经给他们带来过商业上的成功。

过去的成功潜移默化地使他们相信如果自己能理解市场的关键因素或信息，就能预测市场获得利润。这种想法会不知不觉地被确认，因为即使有一点儿成功的预测，都会加强这种错误的认识。人们会本能地给自己以信心，因为他们成功地预测了市场。

最终商人会开始相信他们对市场的理解意味着每次交易都能取得成功。当交易赔钱的时候他们就傻了眼。他们不会卖掉股票，而是等待市场反转，以证明自己的分析是正确的。他们会为自己的等待找借口："我以前是正确的，因此这一次也应该是正确的"或"肯定会赚钱的，我只要继续持有股票就行"。更自欺欺人的甚至会认为自己能承受巨大的损失，正说明了自己是多么富有。

在现实中我们都试图使自己能控制市场。对控制的欲望——对正确的渴望——会产生很多交易失败的借口："我买得太早了，但我能看到股价底部正在形成"或者"市场居然没有意识到这只股票的潜力。我会在股价下跌时再多买一些"。

成功交易的关键在于从传统的成功与控制之间的关系中解脱出来，在金融市场中，我们必须重新定义控制和成功的关系。商业上的成功经常来自控制事件。交易的成功通常来自我们自己对市场的反应。控制是内部的(控制我们自己)，而不是外部的(控制市场)。

交易者知道自己能控制的唯一的事情是入场和退出的时机。这并不排除对股票进行分析的必要，但却改变了与控制的关系。理解供给和需求要素、管理的优势和弱点、股价的表现或股价图的技术指标是交易过程的重要部分。好的分析能得出更好的入场和退出时机。

但交易者知道他们的分析并不能决定市场。分析帮助自己去了解市场，而不是去影响市场。这与商业中的分析和控制事件之间的关系完全相反。交易者通过现实中的能控制的唯一的因素——他自己——来获取利润。他通过分析来改进对市场的理解，从而做出对如何进入市场的一贯的决定。有很多商人成功地进行了从商业到炒股的转变。而最成功的是那些知道使他们事业有成的规则在股市中并不适用的人。

当他们知道这一点的时候，他们就会专注于控制自己入场和退出的时机，因为这才是获取利润的唯一途径。他们抛弃了自己能控制市场的幻想，转而面对现实，去有效管理自己的交易。

价格图

在一次最近的电台采访中我被一个听众问道：为什么图表分析比其他类型的市场分析更有优势？图表分析有五个主要的优势。

图表分析最基本的材料是客观的股价运动。没有人能操纵这些数字。开盘价、最高价、最低价、收盘价和交易量都是被记录下来并报道出来的公开的数字。每个人都能得到以上信息。

基本面信息来自公司内部，而公司总是隐藏自己的真实信息，以使竞争对手不能充分了解自己的优势和弱点。长期分析依赖于政府的统计数字，商业调查和其他一些不总能及时更新的、准确的信息。基本面分析总是带有一定程度的猜测。其中一些分析是很准确的，但很难提前把好的分析与坏的分析区分开来。

我们知道市场价格信息是准确的，因此我们能立刻将注意力放在分析结果上，而不用去怀疑数据的真实性。

当将股价展示在图上时，它们能显示大众的行为和反应。这种重复的行为通过相似的股价图表现出来。大众的行为是重复性的，这样我们可以通过股价形态分析使概率的天平向有利于我们的方向倾斜。

有 9 种基本的股价形态，它们并不复杂，其中包括直边趋势线、支撑线和阻力线、三角形、旗形和其他几种。在很多的交易研讨会中我们解释了如何将这些形态应用到交易当中。当大众出现某些特殊交易行为时，股价便形成了这样的形态。识别出这些形态，你就能在获利的交易中走在别人前面，或提早退出以保护利润。

理解这些形态能使交易者更有技术优势。对投资者来说，它们提供了发展策略的清晰的思路。

所有的市场活动——交易或投资都需要管理风险。不管我们认为自己的分析如何正确，一旦我们买入股票，我们就暴露在市场风险当中。市场不知道也不关心我们的分析。在交易或投资中，辨认、管理和控制风险是我们的责任。

股价图展示的是客观的股价运动，因此我们能现实地使用这些信息来设定风险控制参数。在股价下跌的时候，我们不能固执地相信自己的“正确”分析而继续持有股票，而应该卖掉股票，执行止损，并在新趋势开始时以更低的价格把股票买回来，从而加入趋势。

图表中的股价信息能使交易者准确地计算交易中的风险，并依据大众的行为来设定现实的止损条件。

图表是现实的交易计划和交易纪律的基础。图表显示的大众行为方式给了我们有力的根据来设定在现行价格活动之上或之下的价格目标。它们给出了有关时机的答案——我该何时入场，更重要的是，该何时退出交易。

图表分析将市场猜测排除掉，代之以独立的、清晰的、直观的信号和交易目标。图表使得执行交易纪律更为容易。

最后，图表提供了交易者独立验证信息的途径。我曾经读过一些优秀的、令人信服的公司分析，然而当我转向图表分析时，我却发现股价正处在漫长的下跌趋势中，并没有复苏的迹象。我用图表分析来独立地验证别人的建议，这使得我少犯重大的错误。

蜡烛图还是条形图

股价图是股票价格的图形演示，它是股票交易日中股价的图形记录。

股价图用条形图或蜡烛图来显示一天中的股价。

每天的股价有四个重要的价格点。第一个是开盘价。这是每天的第一个交易价格，由急于买入或卖出股票的交易者决定。每天的最后一个交易价格是收盘价。在市场开盘和收盘期间，股价可能会上下波动。交易者也关心每天的最高价和最低价。

当交易者用图来显示价格运动时，他们打算包括每天的开盘价、收盘价、最高价、最低价。有两种方法来建构这种图，它们都能显示价格的四个关键点。

条形图中，开盘价用一条画在竖线左边的水平的横线来表示，竖线的顶端和底端分别表示当天最高价和最低价，收盘价用竖线右边的水平横线表示。一天中股价会上下移动，而中间的竖线就是移动的范围。

蜡烛图和条形图之间最大的区别在于其区分股票当天上涨或下跌的方式。阳线代表的是收盘价高于开盘价的交易日。阴线代表的是收盘价低于开盘价的交易日。

传统的蜡烛图是用蜡烛主体(长方条)和穿头破脚的烛芯表示。其中主体的顶端和底端分别表示开盘价和收盘价，而烛芯的顶端和底端分别表示交易日的最高和最低价格。

那么如何区分阳线与阴线呢？传统的方法是阴线的主体要涂满，如图0-1所示。这被称为黑蜡烛，即使显示在屏幕上也是这个名字。阳线的主体是空的或白色的，但现在显示在屏幕上时通常被涂为红色。

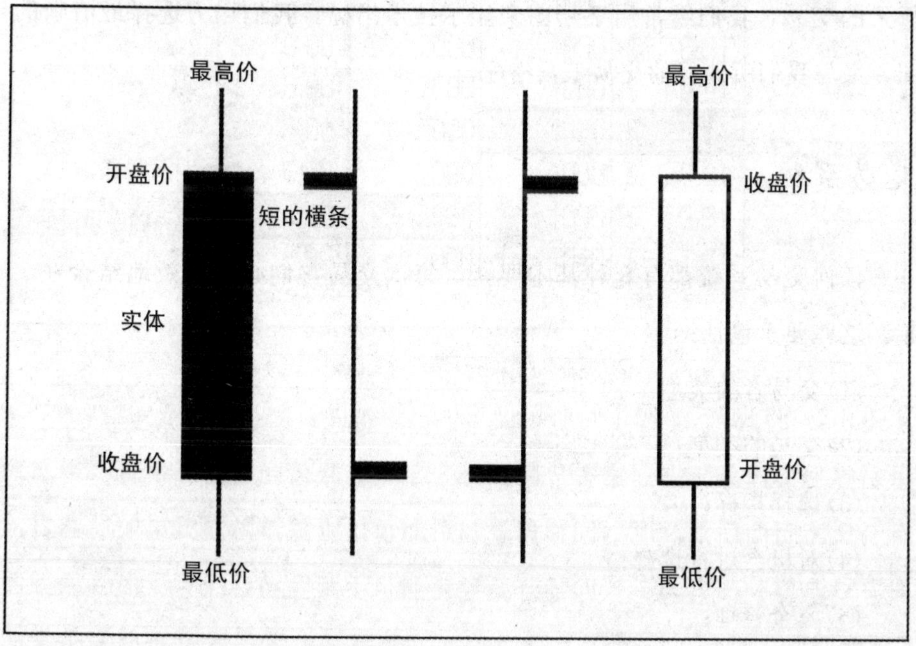

图 0–1

在蜡烛图中，开盘价和收盘价，或者说蜡烛主体，是最重要的价格特征。烛芯被认为重要性其次，因为烛芯显示的是股价的极端波动。这是与条形图的重要不同之处。很多西方分析方法使用极端股价值来确定交易策略。

每种表示方式都有各自的优点。蜡烛图能表达很多重要的价格类型，包括射击星、十字星、黄昏之星和乌云盖顶形态。很多交易技术使用这些形态和价格的关系。如果这是你的交易方式，那么蜡烛图是很不错的选择。

条形图能很容易地把很多的信息表达在一个屏幕上，因为条形图比蜡烛图“瘦”。这便于观察和理解趋势，辨别数周或数月的股价发展形态，例如三角形和旗形。如果使用条形图的话，使用技术分析指标的交易者会发现很容易就能看到和理解以上这些形态。

采用哪一种图完全取决于自己的个人偏好和习惯。我们用蜡烛图显示每天的交易。我们经常用条形图来显示技术指标。我们尽力选择最清晰的图，来与我们所选择的交易工具搭配。

交易系统

任何交易系统都有8种基本要素，每次交易它们必须有效地结合在一起。这些要素包括：

(1)交易者的类型；

(2)交易的类型；

(3)选择指标；

(4)对机会进行选择；

(5)资金管理；

(6)退出条件；

(7)一致性和纪律；

(8)构建正反馈回路。

交易者类型

新的交易者也许对我们没有首先讨论交易系统却先开始讨论自己属于哪种类型的交易者感到扫兴。“那么我该如何决定自己属于哪种类型的交易者呢？”他嘀咕道，“我还没怎么交易，还不知道该如何决定”。你可能在你下第一个买单之前就已想到自己可能成为哪一种类型的交易者了。你的想法可能是错误的，因此在开始新的交易时根据你的优势和弱点做出富有弹性的改变是很重要的。

在你开立股票账户之前，你会对自己可能成为哪一种类型的交易者有个初步的判断。你可能成为以下几种：

- 当日交易者——上午买入，下午就卖掉。
- 短线交易者——买入股票后第二天或者三五后天卖掉。
- 头寸交易者——买入股票后几周或几个月后卖掉。
- 激进的交易者——在趋势未明了之前就买入股票，并期望趋势按自己的预期发展。
- 慎重的交易者——在指标确认信号时买入。
- 保守的交易者——在指标已经完全确认后才买入。

由于自然环境所限，一些选择被明显排除了。当你有一份全职工作时，你很难成为一名当日交易者。具有全职工作的新的交易者通常会发现他们成了短线或头寸交易者，大部分的决定都是依据每日股价数据做出的。

一些交易机会看上去比其他的机会更为吸引人，这把我们的注意力全都吸引到这几只股票身上。任何交易系统必须适合我们的参数选择。我们都知道自己擅长什么，有能力做什么。这是我们交易的起点，也是发展交易系统的第一步。在后面的内容中我们会考虑交易系统中的基本要素。这些必须和我们可以选择的交易类型相匹配。每天市场中都存在数以百计的赚钱机会，我们所选择的机会必须与我们想成为的交易者类型相一致。如果我们已经决定了成为头寸交易者，那么就没有必要去追逐日内动量驱动的突破机会。这些特征和我们所选择的交易方法是不一致的。

交易类型

有很多不同类型的交易机会，我们不能一一列出，只选择了其中的一部分，这些机会包括：

- 趋势交易；
- 突破交易；
- 抢帽子交易；
- 动量交易；
- 反弹交易；
- 中期趋势交易。

随着我们交易技巧的成熟，我们可能增加一些别的类型的交易机会。在以前的成功交易所获得的资本的保证下，我们负担得起尝试其他类型交易的机会。本书中我们只讨论趋势交易，因为使用这种技术最容易取得成功。

挑选指标并给机会排序

选择最好的股票依赖于你对随后交易的概率的评估。一些交易机会明显好于其他的机会。本书会详细地探索在选择股票、分析和排序上的步骤。

资金管理和退出交易

首要的资金管理目标是使持仓规模的大小——所买股票的数量——与财务和合理的止损点相匹配。这是决定和管理交易风险的重要因素。任何没有包括这些因素的交易系统都是失败的。

用来保护交易资本的止损点应该基于合理的股价图设置在支撑区域附近。退出条件应该提前设定。作为交易计划的一部分，止损和锁定收益的退出条件应该在发出交易指令之前就确定。把退出条件写下来，以限制损失并锁定收益是很有用的，因为这能保持交易的一致性并遵守交易纪律。

一致性、纪律和正反馈

你的交易系统中的步骤在每次交易中都要被重复一次。成功的交易需要一致性，这意味着纪律。一致性来自对辨别、排序和管理交易机会技术的重复使用。

对这些微妙变化的识别、理解和反应需要有效的反馈回路。最重要的是保存交易资本，而不是利润流量。尽早有效地发现错误是生存的关键。更好的分析会使损失减少，但更优秀的管理系统使损失达到最小。

没有纪律，任何交易系统都会走向终结和失败。纪律体现在预先设定的退出条件达到时从遭受损失的交易中退出的能力。这并不容易，对大多数交易者来说，即使是有经验的人，也并不容易。

本书我们结合以上所列的要素来建构一个趋势交易系统。交易系统的成功依赖于我们对该系统的一贯的执行、不间断的监控，尤其是止损和纪律方面，以将计划付诸行动。

趋势交易

趋势交易不是用来确切地预测市场的顶部和底部的，而是让我们至少获得市场平均收益，甚至高于市场平均收益，即使市场正在下跌。这并不像很多人认为的那么困难。本书检验了一些投资者和交易者利用上升趋势来获利的工具。作为小的投资者，你有优势，我们会展示给你如何有效地利用这些工具。

我已经放弃了理解为什么人们会在市场中表现得如此令人不可思议，聪明的、健全的、有经验的、有技巧的人却犯了重大的错误。巨大的损失并没有对他们形成威慑，并没有改变他们的行为。这种情况真是令我百思不得其解。我甚至都不想浪费我的业余时间来弄明白这些问题。

我花了很多时间来尽力理解人们在市场中的表现。转移注意力到这一点上，一个全新的领域出现在眼前。对市场的研究变成了对人性和群体行为的研究。行为可以从买和卖的类型中、形态图的结构中反映出来。它们展示的不是公司的状况，而是关于买者和卖者的群体行为。使注意力进一步集中，我们看清了统计或概率的关系，详见第一章。

你作为一个交易者或投资者有什么区别吗？答案是重要的，因为这对我们在市场中的成功有很大的影响。一些人相信当市场被操纵的时候，自己必然会赔钱。这是错误的认识。在任何市场中都有一小部分人试图操纵股价，而在任何市场中都有成千上万的人赚到了钱。第二章会解释如何来克服这种对市场的错误的认识。

与股市中的大众打交道，但不要成为这些人中的一员，独自清醒地站在一边，是我们未曾有过的经历。我们像其他缺乏市场经验的交易者一样，被卷入情绪的旋涡中，是很危险的。我们的技巧和交易纪律保护我们免遭灾难，在本书中，我们探索了走向成功的步骤。这就是趋势交易。有的交易可能持续几周、几个月或几年。目标是找到趋势并利用它，直到我们意识到趋势不再是上升的。我们不能创造趋势，同时我们作为个人参与到趋势中去并不足以影响趋势的发展。

对于趋势的持续，我们必须依靠很多其他交易者和投资者的活动。知道他们正在想些什么、他们正在做些什么是成功的趋势交易最重要的方面。一旦买入股票，知道如何去管理交易是获取利润的基础。这些方面是本书的重点。从很多不同的方法当中，我们选出了最有用的方法。将这些作为指导，而不要认为这是万能的方法。要知道如何将各种指标结合在一起并分析建立交易方案的途径。当需要建立或者定义你自己的方法的时候，我们希望这些观点能帮助你打造出一副适合自己交易环境的工具。

通往成功的步骤

这本书中的大部分材料都是新的，包括趋势线的使用、选择过程的结构和顾比多重移动平均线的扩展应用。它是经过了改进的，因此能被成功地应用于上海和深圳市场的股票交易。每一部分都经过了必需的测试，包括辨识机会、选择股票和管理交易。

我们从哪里开始？我们需要什么？“第一部分　交易不能依靠预测”提供了起点。普通的方案不可能带来丰厚的利润，因此我们花了一点时间来验证一些普通的观点，看看它们是否真的有用。其中包括寻找合适交易机会的几种简单的方法。市场是复杂的，但破解市场谜团的方案并不复杂。简单的工具给了我们通往成功的途径。

通过筛选股价图，一些明显的交易机会立刻会映入我们的眼帘。我们展示了如何将视觉测试应用到“美丽的图形”(第四章)中。这不是很难的工作，也许正因为如此，很多新的投资者才忽略了它。他们似乎偏爱那些堪称丑陋的图形，股价迅速从图左边的顶部下跌到右边的底部。看似买到了便宜的股票，但这无疑会走向灾难。我们会使你避免这种愚蠢的做法。

“趋势线管理”(第五章)介绍了运用趋势线的不同方法。这是与交易管理直接相关的概率工具。很多交易者使用趋势线来定义价格运动，经常错误地希望自己能预测未来。这一部分考虑到了这些经典的应用，然后更进一步，检验了趋势线和更好的交易管理之间的关系。这使得趋势线成为有力的管理工具。

不是所有的趋势都是生来平等的，“第二部分　测试趋势特征”，包括了顾比多重移动平均线这个指标在评估趋势中最新和完整的应用。顾比多重移动平均线早在 1997 年我的书《市场交易策略》中就做了介绍。之后这个指标发展得更为先进和完善了。对很多交易者来说，它已经成了理解趋势行为和确定交易机会的核心指标。这一部分详细讨论了顾比多重移动平均线在交易和投资上的应用。

在把一只股票加入我们的投资组合以前，我们需要通过“寻找最佳入场价格”(第三部分)来更精确地定义趋势、入场点以及进行必要的风险管理的计算。我们首选的工具是顾比倒数线。它在我 1996 年的书《股票交易》中有所介绍，现在这项技术已经发展得更为成熟。当交易开始后，它便作为止损工具，以保护交易资本。我们展示了如何把它应用于中期趋势中入场点的选择上。我们也展示了顾比倒数线与顾比多重移动平均线的结合使用，以在趋势发展中作为保护利润的工具。这是一个有力的趋势交易工具的结合。

“第四部分　计算正确的交易规模”是确切定义风险的关键的过程。风险是市场的本性，难怪有很多人认为高风险等同于高收益。他们相信在市场强大的力量面前自己很软弱。然而这种观点并不正确，我们验证了其中的一些方法，它们能有效地控制风险，同时又能获得很高收益。弃车保帅是取得成功的核心秘密。我们很容易就能算出止损点，但有效地执行止损不是那么容易。我们对风险的反应随着经验的改变而改变，除非我们能意识到这些改变，否则我们会在成功的道路上走弯路。

“恭喜发财”(第二十一章)给出了一个交易者以6000元开始，利用书中的技巧和方法一步一步操作，获得21000元的例子。市场给每个人提供了平等的机会。这一章展示了在澳大利亚市场中完成的一系列真实的交易。这一章传递了一个简单的信息：即使你从很少的资金做起，你也能成为成功的交易者。

第一部分

交易不能依靠预测

第一章
成功交易

许多人梦想通过金融市场赚大钱。那些学习并掌握了必要交易技巧的人成功地实现了自己的愿望。许多人认为在金融市场中赚钱很容易，因此他们并不注重学习。但他们发现原来赔钱也是如此之快。这本书就是为那些希望通过学习金融市场中交易策略而获得成功的人而写的。

如果交易真的如此简单，只需要使用一些技术和图表分析选择一种股票进行交易就可以成功的话，就不会有如此多的人被套牢。交易并不简单，因为很多人把成功的交易和成功的市场预测相混淆。我们会展示给你如何使用工具把握股市，甚至不用预测就能更有效地进行操作。

贪婪的交易者总是失败者。尤其当有利可图的时候，他们在获利的情况下总是不情愿出仓。许多人在2004年1月以8.5元的价格买了厦门机场(600897)，但在股价达到10.6元，下行突破趋势线的时候没有及时卖出，相反却抱紧股票，眼睁睁地看着股价一路下跌到6.8元，比当初的进价都低。他们没有得到本已到手的25%的利润，却损失了20%。我们就是要教你如何抓住获利机会，避免损失。

就像传说中的公道杯一样，这些交易者的贪婪使他们不但没能得到合适的利润，反而使他们血本无归。据传，公道杯是唐朝皇室的传家之宝，在婚礼上作为礼物送给了李隆基，以警示其作为一个皇帝凡事要适可而止、过犹不及。成功的交易者懂得公道杯的道理，获利适可而止，不贪为好。

尊重你的分析

下面用一个直线趋势的例子来说明交易者是如何忽视自己的最初分析的(见图1-1)。向上的趋势由直边趋势线确定并一直持续了数月。价格在触到直线的时候便获得支撑并向上反弹。这是一种非常简单、容易操作的模式。在这个例子中，交易者等到价格回调到支撑线附近便进场就是一个通过分析得出的明智决策。

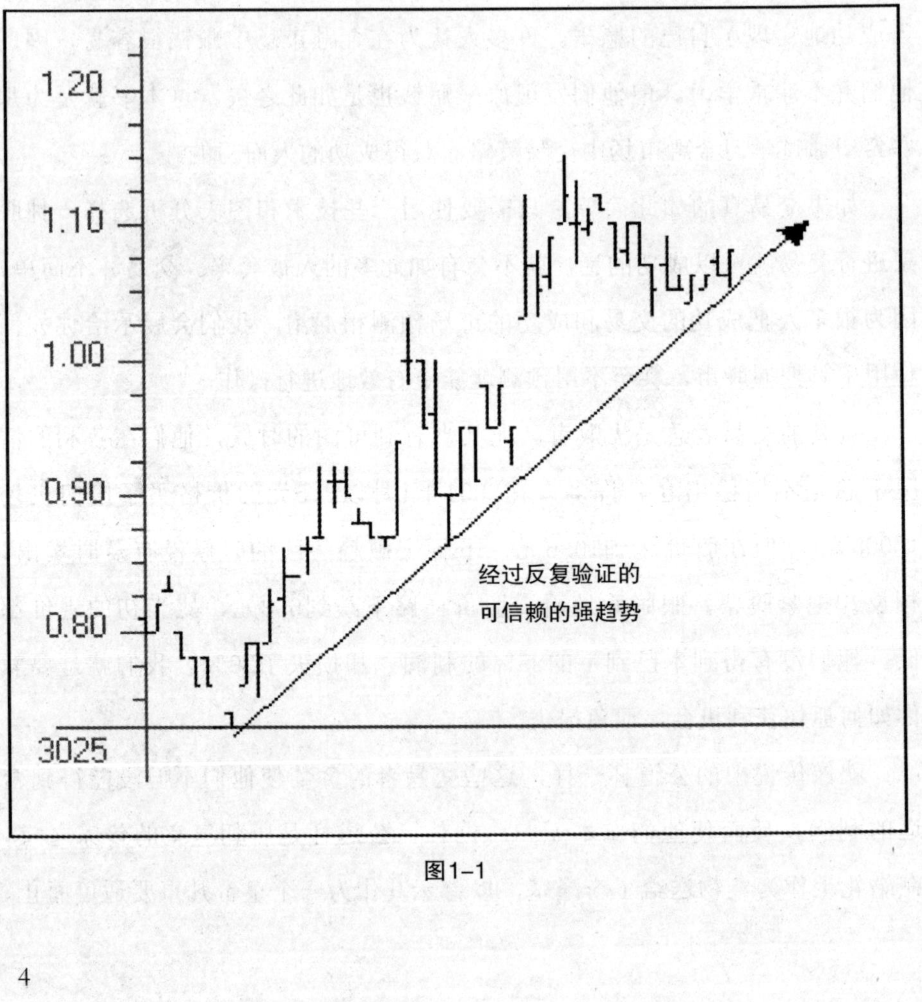

图1-1

我们的交易者通常使用收盘数据。他会关注每天的收盘价，然后制定出下一个交易日买入指令的执行条件。买入信号见图1-2，此时价格向下探到了趋势线。当天价格反弹后收盘价为全天最高价。关键问题是：明天的价格将会是多少？

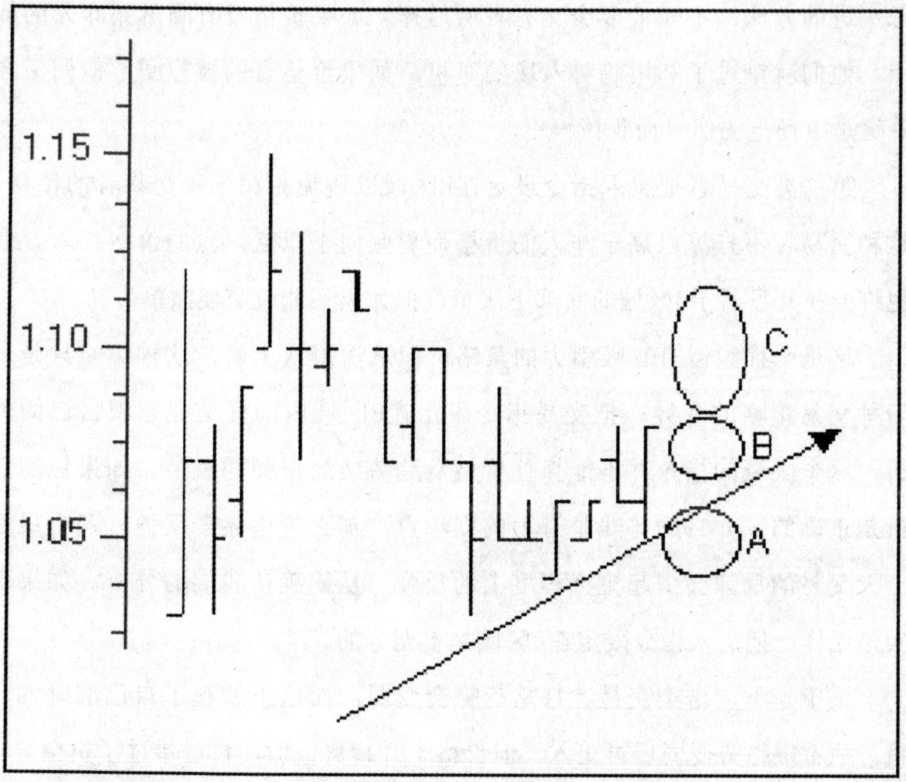

图1-2

这个交易者有三个选择，他通常的选择对于投资成功与否有重要的影响。一些交易者把买入指令设定于A范围内。他们打算以昨天的最低价甚至更低的价格买入，试图寻找刚形成的上升趋势中的暂时下调。然而这种以低于现值的价格设定购入指令的做法完全忽视了趋势分析。

他们想买股票，因为价格正在上升。但他们没有买入，期望价格下跃到趋势线以下再买。他们的分析和行动是不一致的。一旦交易开始，他们就计划把低于趋势线的收盘价作为退出信号，因为收盘价低于趋势线意味着上升趋势崩溃的概率变大了。然而低于趋势线的价格恰恰是他们本来打算买入股票的条件。

现在成功所依赖的趋势的操作方向却与自己的分析完全相反。这种逢低买进的方法，不知被多少交易者所追捧。如果价格没有回落到昨天的低点，他们就错过了利用趋势入场的时机。如果价格真的被拉回，他们又怀疑这是市场走弱信号而犹豫再三。

第二类交易者把买入指令设定在B区域以避免犯第一种交易者的错误。这种交易者不打算以高于昨天的价格而更倾向于以低一点的价格买入。他也许会在开盘后于B区域的底部下买单，但如果不能成交便撤单。

这是一种貌似具有吸引力的策略。但从深层次上看，这种策略只是第一种交易策略的变异。把交易指令限定在B区域内同样是在忽视自己的分析。这个区域的指令并不能抓住价格从趋势线处反弹的机会。如果他的分析是正确的，并且趋势线是有力的支撑点，那么价格还会反弹。图中最后一天交易的反弹会引起更大程度上的反弹，从而确认我们的分析。如果确实是这样，把买入指令限定在B区域是不充分的。

重申一下，这类交易者打赌趋势会变弱，而这正忽视了自己准确的分析。他希望趋势变弱后再买入，但价格上升趋势依旧，自己错过了机会。

尊重自己分析的交易者把买入指令设定在区域C。他期望价格从趋势线处反弹后会持续上涨。这种期望与自己的分析是一致的。他很乐意以市场价，或者高于昨天的价格买入。反弹进一步证明了自己的正确分析，因此如果需要，他会在一定范围内追涨。

我们用上述例子来说明这个问题，然而一般的结论仍然是适用的，图1-3给出了进一步的解释。区域A中，忽视自己分析的交易者有大概45%的机会买入。价格趋势越强、越坚定，买入的机会就越少。价格一旦触到趋势线就会反弹，所以一般不会停留在这个区域。

把买入条件设定为高于前一天价格的交易者有更好的机会加入到上升趋势中。我们看到在区域B有60%的机会。概率会随着趋势的强度和持续性有所变化。而当价格向趋势线回调的时候可能性更大。在这个区域指令一般会被执行。

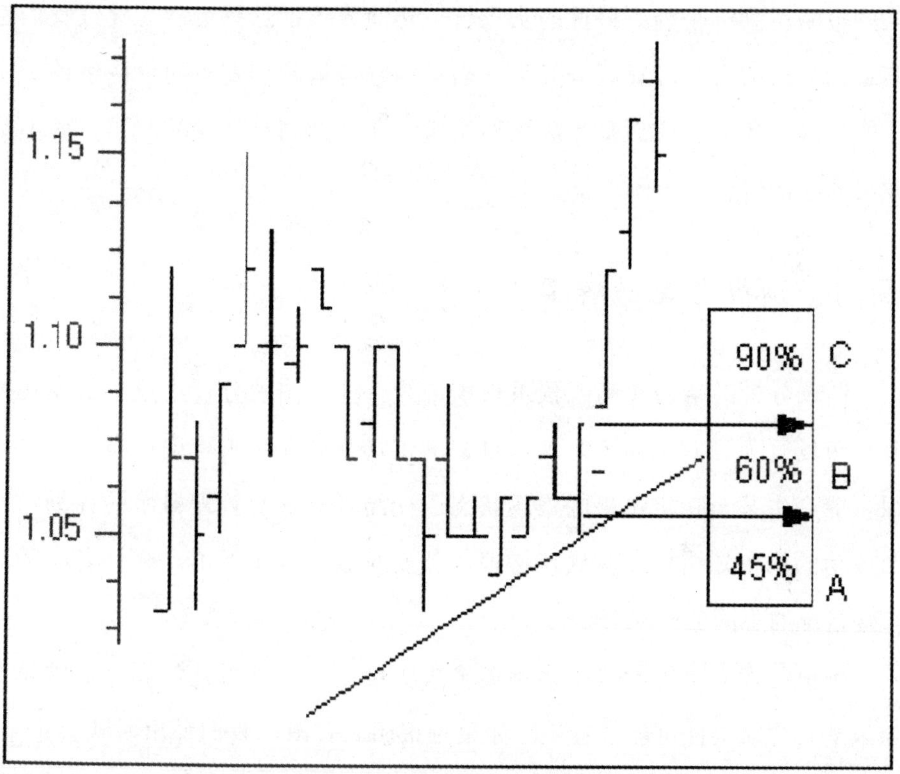

图1-3

最成功的策略是把执行指令设定在C区域，这是这个例子中唯一成功的策略。交易者认可自己分析的结果，因此他以交易日最好的价格买进，而不去和昨天的价格表现作比较。他可能会付出比昨天更高或更低的价格。反弹的特点与自己的分析一致，他就会交易。他对自己的分析有信心，他的购买策略也反映了这一点。

这种策略有90%的成功率，失败则是发生在股价疲软下行，跌破上升趋势线的时候。在这种情况下，他可能当天买入，但当他发现当天收盘价发出卖出信号后就于第二天卖出。趋势线是有力的工具，但不是百分之百可靠的。在趋势确定的时候，虽然失败的概率会减小，但也会有例外。

入场时我们不一定要以当时点位的市场价格买入。我们可以通过制定某些策略得到一个当天最优的买入价，然而应该把这些策略与导致我们忽略最初分析的买入打算区分开来。当强的趋势被我们期望的价格运动所确认的时候，我们就应该毫不犹豫地买进。我们炒的是今天的股票，而不是昨天的确认信息。

预测、预报与交易概率

图表分析经常与预测或预报市场混为一谈。图表分析用量、价变化来分析市场行为。对交易者来说，过去的市场表现在很大程度上有助于辨识很可能产生某一特定结果的市场状态。交易者有一套管理概率的计划。一个成功的将军知道什么时候该撤退，什么时候该弃车保帅。交易者会随着市场情况的不同随机应变。

预报用最大可能的状态来预期未来股价运动。预报是告诉我们大体在未来某一时间事件可能会发生。如果预报明天有雨，我们外出时就会带伞，因为可能会下雨，但我们并不知道具体什么时间会下雨。预报是交易与投资的分界线。当我们发现信号，我们就能预报未来一段时间的股价运行。

预测则不同，它高度确定事件发生在某一特定时间，就像说上海复兴路和西藏路的拐角处有交通灯，在星期天上午的10点38分交通灯会变成红色。这就是预测。它的含义倾向于高度的确定性，尽管有时候预期的偶然事件恰好发生，但把偶然事件与准确的预测区分开来是很困难的。

在新加坡我在茶馆遇到一个老华人，我们一起喝绿茶聊天。他告诉我很多年前有一个人说他会是个短命人。“但你很老了，他说得不准。”我说。他不同意我的看法并解释说他说的可能没有错。从此，他改变了自己的生活方式。在新加坡被日寇侵略之前离开了这里，然后在战争结束后才回来。他时刻避免灾难并活了下来。交易者应该跟这个例子中的老者学习，时刻警惕金融市场中的灾难，学习辨识灾难并采取措施避免它的发生。

成功选择股票

常胜的投资者和交易者知道他们不能预知市场表现，他们也知道任何交易的结果不是输赢参半，然而他们在辨识概率天平的倾斜方向上更为有技巧。这不是纯粹瞎猜。他们充分利用技术和图表指标来分析概率的天平会向哪边倾斜。除了知道概率在市场中的作用，成功的交易者和投资者也会将交易管理与完备的止损措施下的资金管理相匹配。这样使成功的交易对投资组合收益的贡献很大，同时确保失败的交易对投资组合收益的影响最小。

迷惑的和一般的想法是成功交易的主要障碍，这里有一系列错误的和令人迷惑的假设。

- 股价不是上升就是下降，因此上升的概率永远是50%。
- 很难使正确的交易方向的概率大于50%。
- 高于60%的一贯的成功率是值得怀疑的，因为我们知道股票只有50%的可能性上涨。
- 交易实际上就是预测，我们用图表和技术分析来预测将会发生的一切。
- 所有成功的交易是这样的：如果交易100次，会有50次赚，会有50

次赔。总体上赚钱的唯一方法是在交易中撞一次大运，狠赚一笔。

- 一般的指标都是可信的，因为它们被广泛地使用。
- 通常的想法导致了不寻常的结果。

这些被普遍接受的观点也许有助于解释为什么如此多的人在市场中失败。这些观点不是我们在交易时所用的观点。让我们解释第一个误解——股价只能上升或下降，因此上升的几率总是50％。

图1-4显示了为什么这个假设是错误的。它显示了一只持续了几周或几个月横盘走势的股票。价格走势用价格条来表示。如图所示，现有状态将持续下去。证券价格有三种走势，而不是两种。它可以持续横盘、上涨或下跌。这里我们借用一下英国科学家艾萨克•牛顿提出的物理定律。牛顿定理提出物体（价格)在受到外力之前将会保持原来的运动方向，一旦在运动过程中遇到外力就会发生偏离。在市场条件下这也许意味着一个重要的新闻事件能有足够的影响力使股价走向偏离甚至改变趋势。

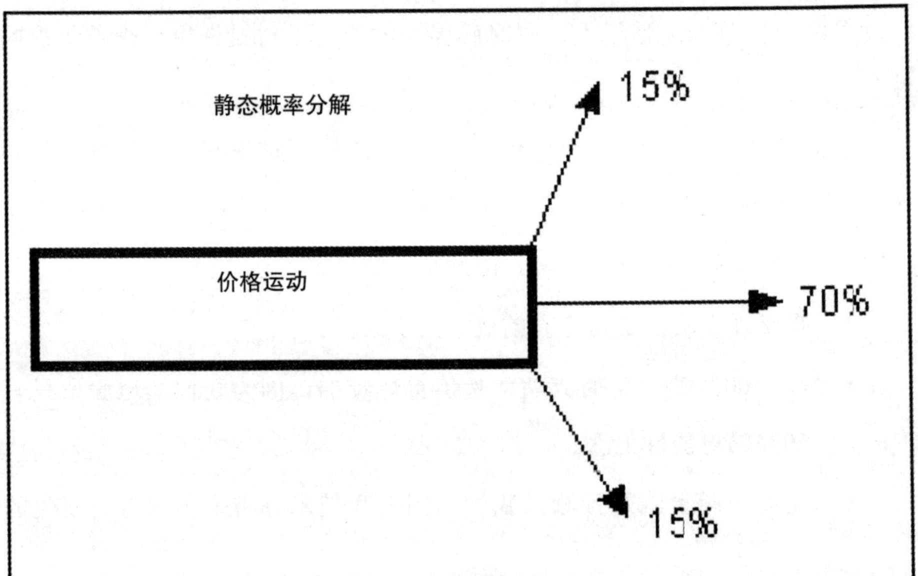

图1-4

我们不能依该图显示的信息来预测、估计、知道或者猜测新闻事件。事件是不可知的，因此我们只好研究我们已知的信息，这里面（如图1-4所示）含有价格向不同方向变动的概率。价格可能会上升，或者下降，但变化不是随意的，相反现有的价格运动有很大的惯性。

图1-4显示趋势持续的可能性有70％。我们很高兴地承认这是依据我们对市场表现的细致观察得出的可信的猜测。这一原则成为我们每月的《技术分析指导》分析市场的基础，而且这个观察值是我们的亚洲及澳大利亚交易简讯周刊对案例投资组合经过11年实时监控而得到证实的结果。你可以把这个概率估计为80％甚至更高，但我们认为太高的话就没有给重大事件的影响留出足够大的空间，而太低的话又不能反映价格的惯性。

如果我们认为有70％的可能性价格持续盘整，就留有30％的空间上涨或下跌。这里我们很高兴地承认上涨或下跌各有50％的可能性。这意味着从总的价格移动范围来说，我们把30％的可能性平分为两部分——15％的可能性上涨，15％的可能性下跌。

值得重视的是很多交易者接受了对市场和市场行为的大众观点，这使得他们不能很好地理解股价趋势与概率的关系。现在趋势有70％的可能性持续，图1-4显示现在在横盘整理。这意味着很简单就能使正确的交易方向的概率超过50％。只要顺着趋势方向交易，价格就有85％的可能性继续横盘或者上升（70％横盘＋15％上涨），这就意味着你将会有85％的机会以进价或高于进价的价格卖出获利。

改变趋势的概率

当我们把趋势向某个方向倾斜，概率的分解就会发生很大的变化。横盘趋势是相对平稳的，向上倾斜趋势是动力十足的，这表明很多人有兴趣购买，而购买行为不断把股价推向高点。

我们的兴趣永远都是价格以后的走势。价格条的末端显示了我们所有的信息。牛顿物理定律依然有效。价格最可能持续原来的方向，直到遇到反方向的或更强的外力。这些外力改变了股价的运动方向，或者使方向发生偏转，改变概率的分解。

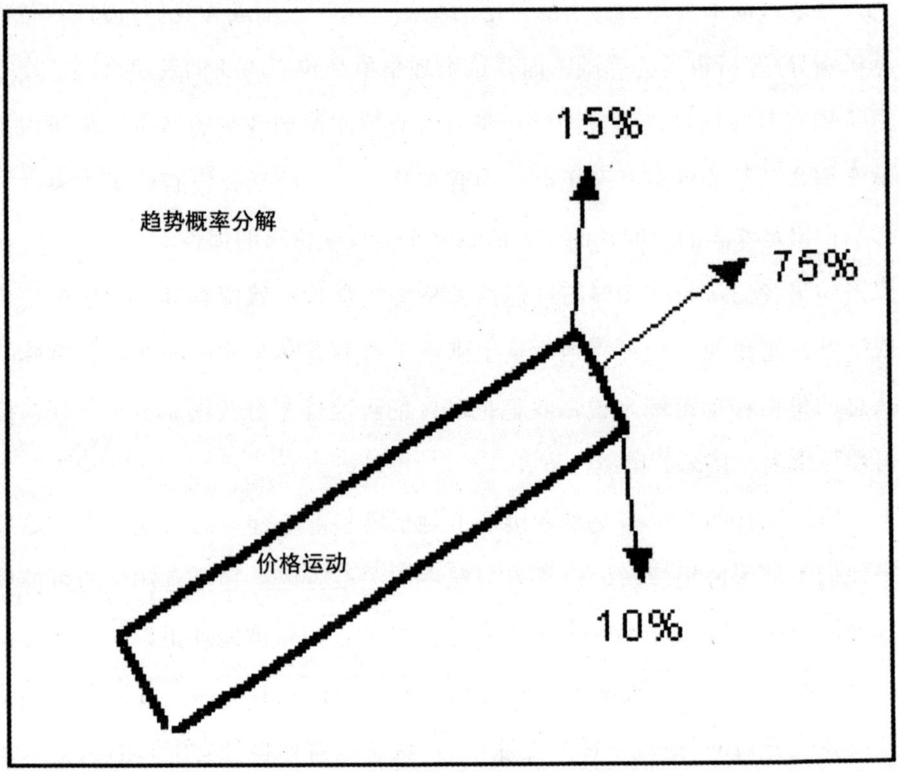

图1-5

价格上升趋势是对价格上涨动力的衡量，增大了上涨趋势持续的概率。图1-5中把这个值增加到了75%。在某些情况下，当结合下面几章的其他的选择标准，甚至会达到80%。这种简单明了的思想与关于市场和价格行为的普通的想法截然相反。这种趋势下，价格上升或下降的概率不是50%对50%，而是有75%的可能性持续现有的状态。趋势的增强也增大了位于趋势线以上的价格泡沫。这一点是很重要的。

不像图1-4中的横盘整理，上升或下降的概率既不是50%，也不是各为15%。价格继续冲高的概率仍为15%，而反趋势的作用，即价格下降的概率却低到了10%。压倒性的90%的概率支持趋势持续，或者处于当前的价位，或者更高(75%趋势持续+15%继续上涨=90%)。

这就是趋势交易的力量。挑选一只类似这样的股票，获利的机会全都站到了你这一边。选择一种有90%的可能性持续其趋势的股票进行交易，就不难理解为什么在我们的每周时事通讯中的案例投资组合平均10年的交易成功概率能达到73%甚至更高了。

如果趋势持续的话，为什么时事通讯中交易的成功率没有达到90%？答案很简单。这是由人为错误，或者更准确地说，是交易者倾向于运用突破交易技术在向下趋势下捞底造成的。这样可能获得令人兴奋的很高的收益。同时他们也承担了巨大的逆趋势操作的风险。我们用一系列专业技术和指标来增加成功的概率，但我们也承认这种交易方式本身比趋势交易有更大的风险。图1-6所示解释了其原因。

这里我们借用英国科学家牛顿的重力理论。股票价格也受“重力”的作用，下降时要比上升时快。比较任何向上的趋势与向下的趋势，大多数下降的速度更快，从而改变了概率的分解。

向下的趋势有80%的持续可能性，下跌的概率保持15%。经过我们多年的交易观察，这种现有趋势加强的状态意味着卜跌趋势将会持续。结合这些分析，可以确定95%的可能性下行趋势依旧(80%趋势持续＋15%下跌＝95%)。

在任何下跌趋势中，只有5%的可能性出现止跌、反转和变为上升趋势。我们可以通过使用一系列技术工具研究那5%的可行性的区域来增加成功的概率。然而，总的来说，如果我们这时买入并期望趋势反转，失败的概率比其他类型的交易大得多。这类失败是导致我们的时事通讯中的案例成功率只达73%的部分原因。我们在时事通讯中也检验了一系列其他失策的交易方法，一些已经体现在刚才所说的不成功的例子里面。结果体现在我们的样本中，致使总体成功率进一步下降。

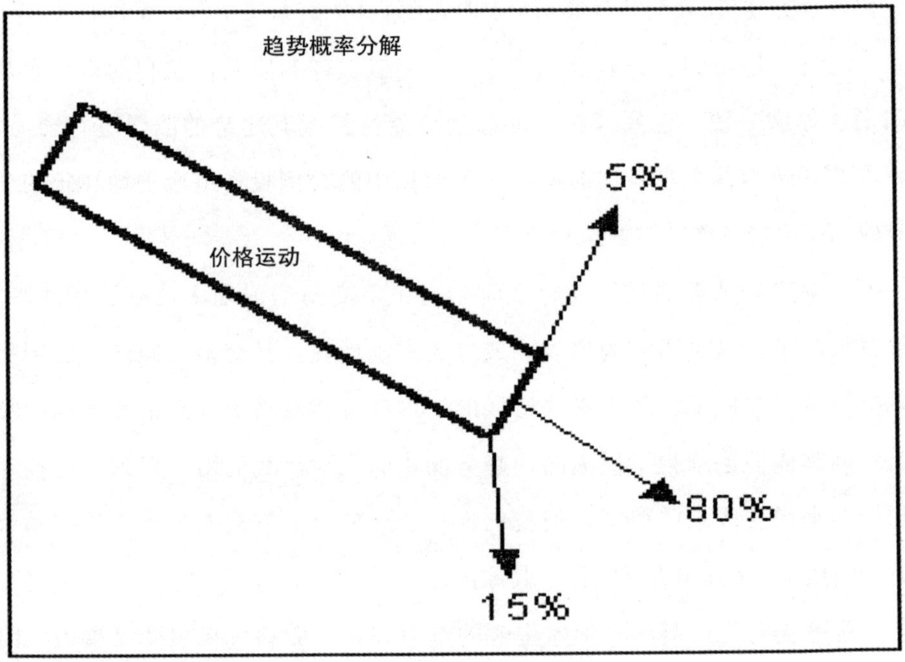

图1-6

更好地理解市场行为中的概率分解有助于理解为什么以下两种假设是错误的。

- 好于60%的一贯的成功率是值得怀疑的，因为我们知道股票只有50%的可能性上涨。

这种假设是错的，因为上涨趋势的可能性很大的时候，借助高概率可以取得高成功率。

- 交易其实就是预测，我们可以用图表和技术分析来预测即将发生的事情。

尽管这一条被许多投资家重复了一遍又一遍，但它依旧是错误的。这种普遍的人云亦云的观点，运用起来效果平庸甚至会失败。它很少能取得连续的成功或者好于市场的表现。

一些人认为价格上升和下降的概率是一半对一半，因此他们很满足55%的成功率。被自己的无知所蒙蔽，他们不能理解连续选择股票的成功率能达到70%甚至更高，从而错过了真正的机会。

风险并不等同于收益

这些令人蒙受损失的错误的观点并没有随着概率观念和趋势行为观念而停止。通常的观点认为所有成功的交易一定有大赢家打破50：50的胜负平衡。

高收益意味着高风险，或者我们经常听到的玩火自焚，我们不加怀疑地接受警告。高收益并不一定伴随高风险，只有当我们选择打算坐享其成，而不采取风险管理措施的时候才是这样。投资和交易管理就是管理风险。我们在接下来的几章会做详细的分析。

图1-7中的强趋势图显示的是阻碍成功的通常的假设。这是一只澳大利亚证券市场的股票，但其表现和上海、纽约、香港、伦敦或者新加坡的大同小异。很多人认为通常的指标是可信的，因为其被广泛应用并见于报端。其他一些指标是通过一些私人的和秘密的改动，从这些普通的指标衍生出来的。事实是这些流行的指标几乎没有一个是一贯可靠的，有些与用抛硬币来打赌没什么两样。用这些指标及其衍生指标，无疑成功的概率会在45%到55%之间。其中一些指标的可靠性甚至比抛硬币还差，但它们在交易指导书中被广泛引用，而且经过所谓大师们的认可，我们便相信了其有效性。

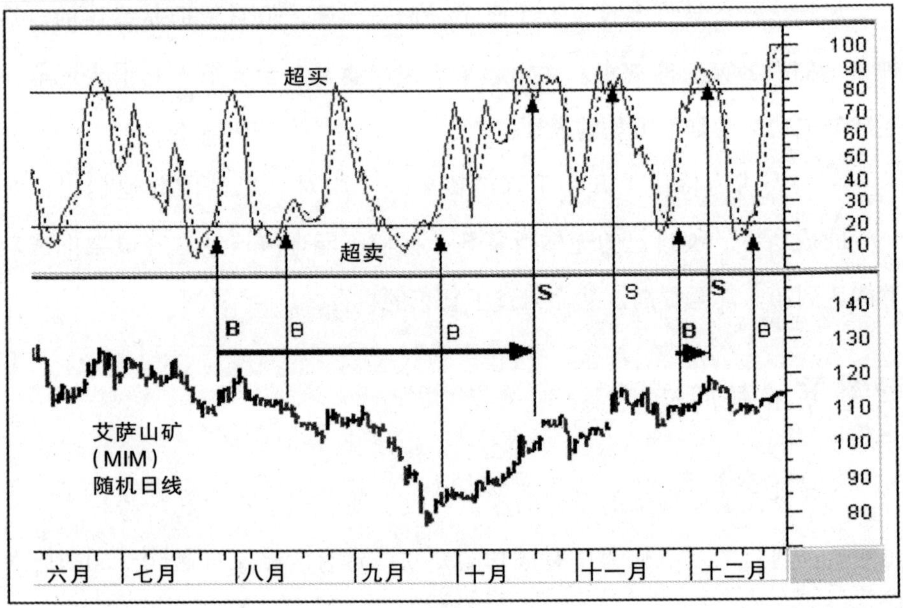

图1–7

研究这个随机游走的价格图可发现，一共有8个交易信号，但只有两笔交易发生，即第一个买入信号与其后的第一个卖出信号。8个信号中我们有理由期望看到由买入和卖出信号决定的4个完整的交易过程。这里我们只看到了两个，因此这个指标的可靠性不过50%而已。真正的问题在于决定哪一个买入信号是有效的，然后决定哪一个卖出信号是有效的。当我们事后再看的话这个问题很容易，但实时进行操作时恐怕很难决定。

更糟糕的是，两个标记出来的交易当中，只有一个是成功的，略有盈利。另外一个却赔得很惨，尽管价格图显示的主要趋势的变化能带来超过30%的收益。

普通的想法导致普通的结果。不加辨识便接受的观点导致糟糕的交易。在这本书中，我们致力于展示给读者概率在市场中的作用，更好地理解这一点，就能提高在选择和管理趋势交易中取得成功的可能性。

第二章　赚钱没有秘密

在上海和深圳证券交易所有5000多只股票上市，并且这个数字还在每月增长。通过勤奋的调查，你可能真正了解其中的10只或30只，但这样忽略了其余绝大多数，而其中不乏有很好机会的股票。你需要一个方法，指导你发现并抓住机会，本书会满足你的需求。

很多人把炒股当作赚外快的兼职，目的是多赚点钱。如果你不是这种类型，那么你很可能是抱着赌徒的心态，想一夜暴富的人。

那些打算放弃工作、专职炒股的人和那些打算赚点额外收入的人中，后一类人关注的是资本有效利用。他们并不像赌徒那样追逐暴利。他们寻求资本充分利用，而不是以收益的大小为中心。

使你的资产保值、增值并发现最好的收益是交易者和投资者基本的工作。从哪里开始、如何开始是人们通常关心的问题。成为一个全职交易者的通常的问题如下：

- 我需要成为一个专职证券交易者吗？
- 投资者和交易者有什么区别?
- 我该如何优化我的学习曲线?
- 我应该买一些什么样的图书、资料，参加什么样的学习班？

- 哪里可以得到独立的分析?
- 我该读些什么?
- 我需要那些通常很贵的独家信息吗?
- 我该从哪儿开始?

只有我们相信可以通过学习就能在市场中取得成功，我们才能迈出第一步。向前看一下，一旦我们开始了这个旅程，不久就会遇到一个拦路虎——如何发现合适的交易和投资机会。这个问题一开始还算简单，之后困难的是从名单中的10到15只股票中只选一只。找到最优的股票意味着我们得对每一只股票进行深入的检验。这本书的每一部分都会展示如何应用这些测试，并结合最终的表现检验。这些检验是：

- 选择检验;
- 视觉检验;
- 趋势线检验;
- 用顾比复合移动平均进行的特征检验;
- 用顾比倒数线进行的买入点检验;
- 头寸大小检验;
- 表现检验。

全职还是兼职

我需要成为一个全职的证券交易者吗？简单的回答是“不”。像任何技巧性职业一样，全职的证券交易者相对较少，他们通常为一些机构工作。全职的个人证券交易者更少。这是一种与其他职业不同的技巧性职业，它同时具备兼职的因素，很多成功的交易者一周只花几个小时用于交易。交易技巧既适用于买卖一只股票，也适用于多次买卖多只股票。

当我介入股市后，炒股很好地充实了我的工资收入。对市场投资的积极管理每年能给我带来8万元甚至更多的收入。炒股无疑是我存储资本的最好途径。

图2-1显示的是一组样本收益，是由我的学生用业余时间炒股取得的。他们在澳大利亚的达尔文参加了8周的课程学习，在课程刚开始的时候对金融市场知之甚少。我们应用的是一个简单的趋势交易策略，后面的内容会对其进行讨论。在8个星期中，他们获得了16%的周交易资本收益率。而这段时间大盘下跌了13%。

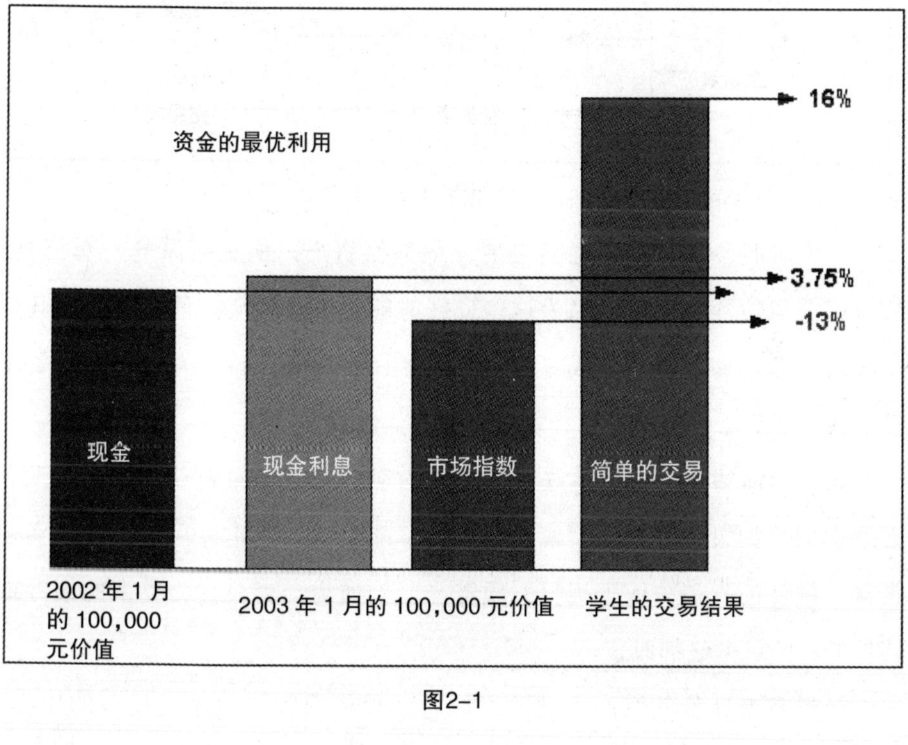

图2–1

交易者还是投资者

交易者和投资者有什么不同？这是一个普遍的却不准确的问题，因为这是一种令人迷惑的非此即彼的区分方法，而实际上应该分成三种。正确的区分是图2-2左边的方法。

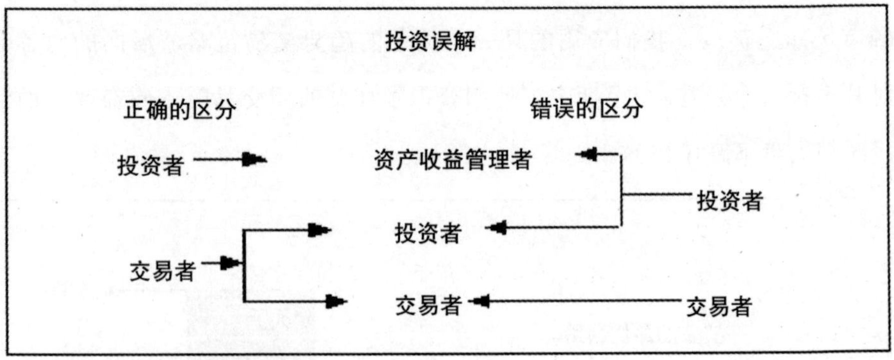

图2-2

投资者是一个资产收益管理者。他购买资产，例如上海的一套公寓、政府或公司债券或证券，因为这些资产能够产生现金流。他尤其关心其资产收益，即利率、息票率或者股利。他在计算的时候首先看看自己投资了多少钱，然后看看这些原始投入会带来多大的收益。

如果当前的资产价格下跌，但收入的现金流量和原来一样，他就没有必要卖掉。如果资产价格大幅上升，这可能会诱惑他卖掉当前资产，实现收益。额外的收益被用于买另一项资产，例如另一套公寓、更多的债券或其他低价的可分红的股票。

当投资者评价其资产表现的好坏时，他使用收益与原始投入的比率，而不是与资产的当前市场价的比率。

交易者有不同的目的。他打算以某个价格买入，然后以更高的价格卖给别人。收入来自买卖的价差。交易是商业活动的基础。不管你卖的是罐装食品、电视机、电脑、办公家具还是证券，原理是不变的。我们企图以某一价格买入，然后转手高价卖出。我们在上升趋势中买入股票，因为几天、几周或数月后可以以更高的价格转手。

普通的分类(见图2-2的右边)与正确的分类是不同的。我们通常所说的投资把资产收益管理和交易活动混在了一起，这样很容易使我们感到迷惑。事实是这样的。

“投资者”以合适的价格买入分红的股票并“长期”持有。事实上他是一个资产收益管理者。

“投资者”买了前景良好的工业部门的股票。他愿意出高价，是因为他认为以后能获得资本收益。他认为自己是投资者，但事实上他是个交易者。他买股票，因为他相信以后别人会从自己手中买走，也许“长期”就能得到更高的价格。

“投资者”买曾经一度坚挺却经历了几年低迷的股票。他买入是因为相信随着公司产品的改良、管理的改善或其他所有的原因，下跌将会停止。他这时低价买入并相信别人会在以后从自己手中买走，也许时间越长，价格会越高，因此他准备一直等。而在他等的这段时间没有任何收入。他的收益取决于最终的资本获得。他是在交易，而不是投资。

“投资者”买表现抢眼而不分红的股票。它会持续上涨几个月，然后才下跌。下跌趋势持续几年，这个“投资者”仍会持有。事实上，他甚至会追跌，买入更多股票，因为现在的价格比当初的进价还低。他的意图是将来以比自己付出的价格更高的价格卖出去。他的收益取决于买入和卖出的价格差。他也许认为他是一个“投资者”，因为他在和一个有名的、引人注目的、受人尊敬的企业作交易，但他的目的和买入小公司股票的“投资者”没什么两样。两者都是打算以更高的价格卖出，都属于交易，而不是投资，因为他们唯一的收益来自低买高卖。

资产收益管理者的行为和“投资者”完全不同。然而，“投资者”这个词的通常用法把资产收益管理和买卖证券的交易混为一谈。在这本书中，我们所说的投资者不是指资产收益管理者。这里的“投资者”指那些想通过交易获得资本利得利益并信奉“长期持有”理论的人。

花一点时间来重新检验一下你已有的“投资”。如果你打算将来以更高的价格卖出，那么这本书最适合你不过了。

交易时间和风险

普遍的看法是交易与投资的区别也与每次交易花费的时间有关。交易者短期持有股票几天或几星期，投资者长期持有股票几个月或几年。实质上交易和投资的区别是对风险而非时间的理解。一个交易者也许会在上涨趋势中持有几个月的股票，而他不把自己当成一个投资者。

投资者和交易者真正的区别在于他们如何对待市场暴露的风险，见图2-3。投资者通常在购买证券之前首先评估风险。他们注重分析，关注股票的选择风险。投资者经常花很多时间选择一只最好的股票。他们倾向于基本面分析方法——调查市场份额、公司活动、管理水平和财务报表。这些分析是很重要的。

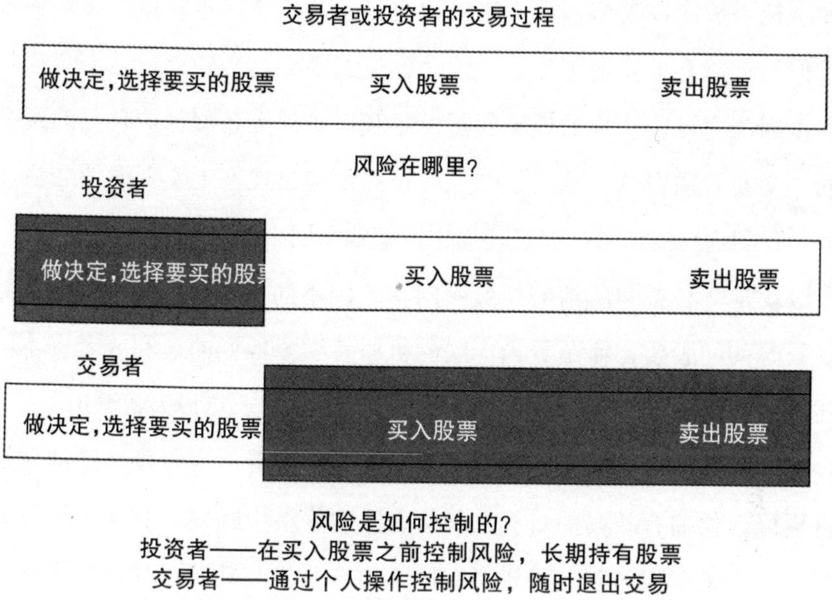

图2-3

在长时间的分析之后，投资者买入所选股票，然后忘掉这一切，因为他们相信投资最困难的阶段是找到合适的股票。这些投资者通常相信自己做出了正确的选择。他们不在乎价格的起伏，因为他们相信这只是价格的小幅震荡。当上升趋势变成明显的下跌趋势，他们仍继续持有，因为他们坚信自己的分析是正确的。拉瑞威廉斯，一位美国交易者兼作家，曾说投资者是市场中最大的赌徒，他们下注，然后坚定持有。

交易者采取不同的方式。他也对股票和公司作完整的分析，花时间寻找交易机会。他也许用和投资者同样的分析方法，或者寻找其他的不同类型的分析结论。区别并不在于他如何选择股票，而是买入之后如何管理。交易者认为他买入股票的那一刻风险最大。他知道市场有权利夺走自己的利润或者资本。他接受市场的考验，也接受市场的结果。如果市场走向和自己的分析相背离，自己认赔服输。

如果很不幸，你去某些市场可能会遭贼偷窃。你可以通过提高警惕，例如总把手放在皮夹或钱包上来保护自己不被盗窃。不管你准备得多么充分，你知道总有被盗的可能性，因此你倍加小心。金融市场是一个危险的地方，因为它可以使你的钱瞬间蒸发。我们必须准备好保护自己的资产和利润。交易者懂得这一点。他知道真正的危险出现在他买入股票之后，因此他一看到危险的信号，就迅速撤出，把钱拿回来。

这就是交易者和所谓的投资者的本质的不同——并不在于他们打算持有多长时间的股票，而是看当下跌的价格吞噬掉他们的盈利或者资本时他们各自如何反应。交易者在实现盈利后，或者遭受一点损失就退出。

买入股票以后，精明的投资者如果学习交易者对待市场风险的做法会做得更好。他们有相同的目标——从上涨的价格中赚钱。交易者通过积极管理其交易来实现盈利。投资者在面对市场价格波动时，通过积极地管理其投资来赚钱。他们打算持有多长时间和通过价格上涨赚钱毫无关系。

学习资料

我应该购买一些什么样的资料、书籍、软件或者参加哪些研讨班？初学者知道自己很外行，因此买一份推荐股票的周刊也许是富有诱惑力的选择。其中一些是不知名的团体或组织出版的，另一些则是出自著名的机构。绝大多数的情况下，这些出版物建议买入，偶尔也建议卖出，但一般都不会解释买入的原因，只凭发行人的经验和信誉要求读者接受购买建议。

这些出版物不会教读者如何交易。交易者并不能从中学到任何有用的东西。很多情况下，读者所学到的全都是坏习惯，尤其是当需要处理不可避免的交易错误的时候。

从指导和教学的角度看，知道如何处理交易错误对生存至关重要。从大众的角度看，股票选择中的错误是有消极影响的。读者希望看到好的点子，这才是他们花钱买这些出版物的原因。广告词不停地强调本杂志的预测如何准确，并挑选几个成功的例子作证明。这是很好的广告，有助于提高发行量。但不幸的是，广告和现实中的交易经常是两码事。

忽视失败反映了许多新手对待其投资表现的方式。他们忘了在2004年4月以5.3元买入的代码为600107的美尔雅，后来跌到了2.05元。他们的注意力却转向了其他表现不俗的股票。

这里有一个检验这些出版物和经纪人的建议与现实是否相符的例子。

从图2-4中我们可以看到价格在缩水了90%之后依然没有卖出建议。花些时间核对一下杂志上对同只股票的买入建议是否有匹配的卖出建议，其结果足以吓倒严肃的投资者或者交易者了。

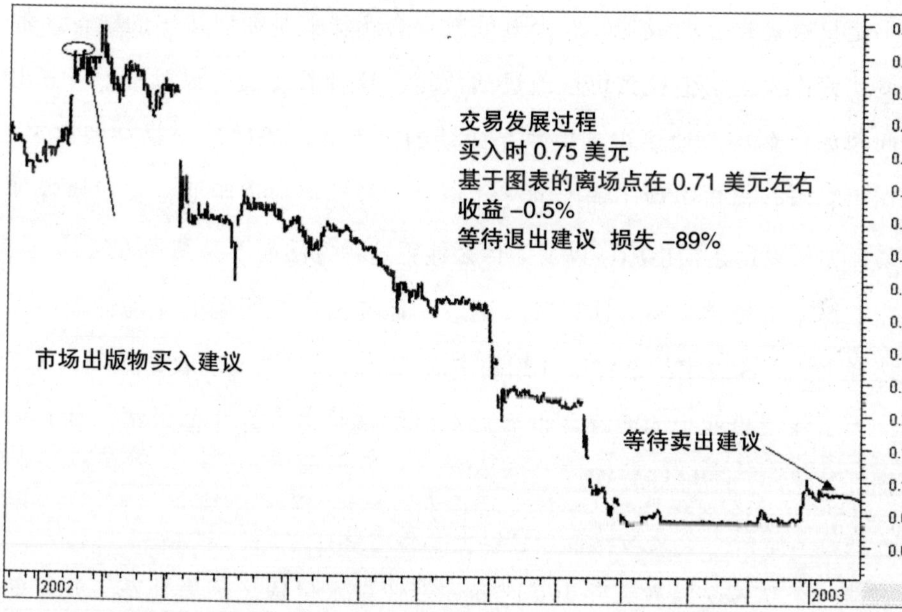

图2-4

一份市场报告推荐买某只采矿业股票，而没有卖出建议发布——甚至当这只股票明显将被摘牌的时候也没有！这种100%的损失并没有被包括在投资组合的计算中。另外一个市场报告推荐一只价格为0.75美元的媒体股票，两周后趋势崩溃，一年之后这只股票的价格变成了0.1美元。整个过程没有给读者卖出提醒。

还有市场报告推荐给读者一只0.85美元的股票，当股价达到1美元，处在明显的趋势顶部之后趋势崩溃，价格跌到0.6美元。这时报告建议读者继续持有。读者备受鼓舞地在整个下跌过程中紧捂股票，因为他们被告知股价会被重新拉起到1美元甚至更高。16个月之后，股价才达到1.05美元。

一个普遍的特征是这些出版物缺乏任何的保护资本和收益的止损观念，也就是说，没有进行风险控制，因为出版物的销量取决于它的准确的预测能力。它们没有兴趣教读者如何进行交易。

一个好的教练，或指导性出版物，应该花相同的时间分析自己的失败，而不是只宣扬自己的成功。一个好的教练会解释他是如何得出的结论，他强调如何作决定，他检查可以改进的决定。这种教练关注风险控制——出现问题如何解决。他认识到失败是成功的一部分。失败的交易被找出来，并在投资组合报告中做了详细的会计记录。教练提前说明他打算如何管理交易，如何设定止损措施，以及为什么他用这种方法而不是其他方法。

教练分析每种交易方法以使其更好。他提出一个明确的交易计划，设定选择、买入和退出的条件。计划的最后一个方面是交易的收益预期。

为了保持事业上的颠峰，世界冠军老虎伍兹请了好几位教练。他有一个挥杆教练，一个推杆教练。

你怎么获得一个交易教练？有以下三种方法。

请一个私人交易教练并为其时间和专业技术付钱。因为他花了几年的时间来学习，因此他的时间是要付钱的。教练一般只教几个学生。

参加学习班，也许是一般的交易学习班，或特定技术学习班。它们都不是免费的。如果你想在能教你如何自主交易的真正的学习班环境中体验真实的辅导，你可以花钱参加研讨班。在这里面参与者的交易经验不是白来的，因此他不会免费与人分享自己的经验。

订阅一种指导杂志。美国杂志《Active Trader》《Technical Analysis of Stocks and Commodities》和《Your Trading Edge》提供了学习资源。

他们也不讨论目前的个人买入和卖出机会。他们的重点是开发技术和工具。北京出版的《证券市场红周刊》杂志不属于教学工具，但其对股票的分析很精彩。

我们在中国每月出版的《应用技术分析指导》是在世界范围内的为数不多的辅导读物之一。它给我们一个审视我们自己以及其他交易者的机会，我们在现有市场环境下发现、评估、选择和管理不同的交易机会，我们知道很多人没有时间或能力去开发和应用不同的交易技术，因此股市简讯提供了一个用专业的角度合理地发布这些想法的平台。《股市通讯》是一个选择交易技术和机会的周刊。我们用理论案例研究交易，用每周报告的形式实时地管理和监控，来论证和评估一系列交易技术。《股市通讯》可以从www.guppytraderscn.com网站获得。

独立分析

哪里能得到独立的分析？交易和投资分析应该是客观的。图表和技术分析的一个优势是它们使用客观的数据——价格，任何感兴趣的人都可以从市场中得到。个人交易者如何应用和解释这些技术是个人选择的问题。

基本面分析依靠公司每年的报告和媒体评论中的数据。它使用外部指标，例如审计师和会计师给出的数据。特殊目的下它也使用其他的数据。基本面分析从一开始就是一个个人过程，因为所用的数据几乎都不可能独立核实，即使是资产负债表，也不总能告诉我们完整的情况。

读书是实惠的

我该读什么？打算成为兼职或专职交易者的新手应该读书，读书，再读书。这是获得市场教育的最便宜的方法。根据感兴趣的领域选择特定读物，然后把心得写出来，看看对你来说是否有用。市场中有很多机会，其中一些更复杂。我们不能抓住每一个机会，然而在我们选出适合自己的读物之前，知道哪些是可用的也是有益的。

有很多不错的书，我们推荐几种：Alan Hull、John Murphy、 Martin Pring、Robert Deel、Jack Schwager、Louise Bedford、 Chris Tate、Tony Oz、 Thom Dorsey、Alexander Elder的书都是值得购买的。

在网站www.guppytraders.com中的Traders Reading链接下有超过400种读物。许多书都是很贵的，没有什么比花40到120元甚至花500到900元买本外文的书，却发现和上海或深圳市场没什么关系更令人讨厌的了。书分几类，从认真的交易者“必备核心”的书到对市场相关知识有强烈兴趣的“扩充知识面的书”，你可以按照需要和兴趣有选择地购买一些。

我自己写的书列表如下。

目标	书名	适合者
想对交易了解更多?	《股票交易》	初学者至有经验者
想对图表了解更多?	《图表交易》	初学者至有经验者
想对战术了解更多?	《市场交易策略》	初学者至有经验者
希望提高你的交易成果?	《最佳交易》	有经验者至专业人士
想多了解短线交易?	《短线交易》	有经验者至专业人士
希望在残酷的市场中生存?	《熊市交易》	初学者至有经验者
想理解风险交易?	《趋势交易大师》	初学者到有经验者

新手一般开始交易时用业余时间做些小投入，只用一种技术做模拟交易。当成功几次后就考虑用这种技术去做一笔交易，并确保不可避免的失败不会带来太大的损失。

渐渐地他变成了一个全职的交易者。每一次成功，不管多小，都是很重要的。关注资本收益，金钱就会滚滚而来。

没有秘密

我关注着中国、中国香港、新加坡、美国、马来西亚、澳大利亚、泰国和欧洲的股票市场并参与交易。我在所有这些国家和地区举办研讨会，每个国家和地区的人都认为市场是被那些有内部信息、有知识的人操纵的。

很多人相信市场中存在阴谋，那些“知道详情”的人占无钱无权的弱者的便宜。在美国就存在所谓的“哄抬股价,逢高卖出”，我总是被问道：“当市场或证券被辛迪加或其他有内幕消息的人操纵的时候，怎么可能赚钱呢？”

真正的问题并不是操纵，而是我们在什么时候成了“操纵者在以我们的牺牲为代价获利”的普通观点的受害者。很多人坚信操纵者赚的话我们一定会赔。这是一个很大的误解。在被操纵的证券上一定会赔钱的说法是没有道理的。没有定理说我们不能加入被哄抬起来的上升的趋势。市场不过是给所有人一个平等的机会，应用图表和技术分析工具来克服被操纵市场本身的缺点。为了打败操纵者，我们只需要认识上升趋势并且按照明智的、确定的交易原则交易。我们可以用很简单的工具做到这一点。

图2-5所示为一只受操纵的股票，我们用它来说明技术分析方法可以克服被操纵股票产生的“不利”。

我们以图中的最后一天为基础开始简单趋势分析。10月出现了几个趋势改变的信号，上升趋势显而易见，10日和30日移动平均线交叉后分开。

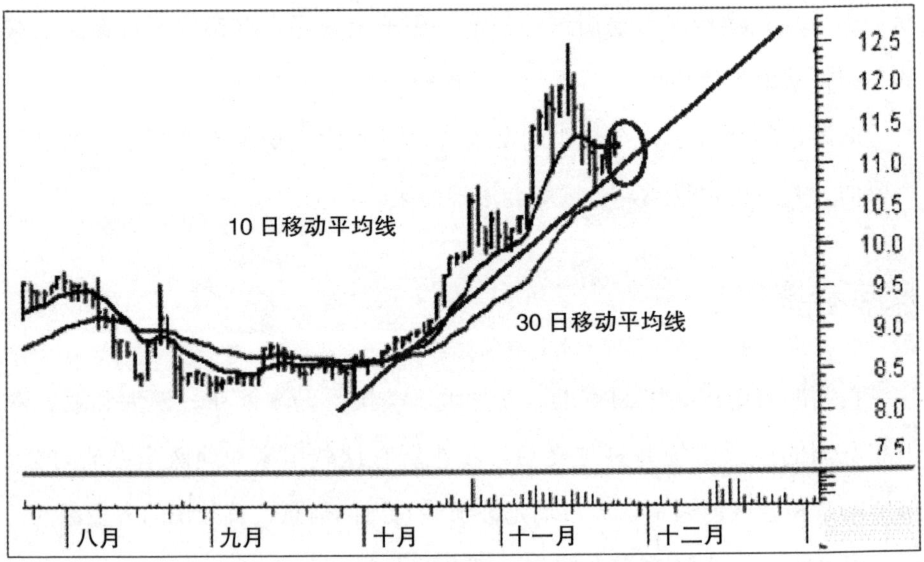

图2-5

如图2-5所示，有足够的信息可确定地画出最初的趋势线。

11月的图显示最初进入的交易者获利回吐后股价有一个小的回拉。这个回拉提供了一个低价买入后加入趋势的机会。这是一个中期趋势反弹的机会。

在技术分析基础上，任何股票，不管有没有被操纵，只要显示这些技术特征，就应该买入。买趋势会持续的股票是明智的决定。

这些决定都是根据同样的图在同一时间作出的。最终结果不但取决于我们何时决定买入——如果我们确实交易这只股票，也同时取决于我们何时退出交易。

图2-6是这只股票一年以后的走势图。在这三个多月时间里的某个时候是理想的退出点——取决于你的目标。价格横盘整理到直的趋势线的右边，这是一个通常的退出信号。精明的交易者以33元的价格卖出。

一年当中，10日移动平均线第一次跌破30日移动平均线。这个交叉确认了直边趋势线显示的退出信号。交易者在10月份得到确认信号后并不情愿以32元的价格退出这个诱人的交易。

一个好的退出决定还需要其他的依据吗？两个有力的趋势改变信号已摆在眼前，还有两个月的机会以32到33元的价格退出。对于任何一个信赖这些图示信号的人，这将是一个获利190%的机会。

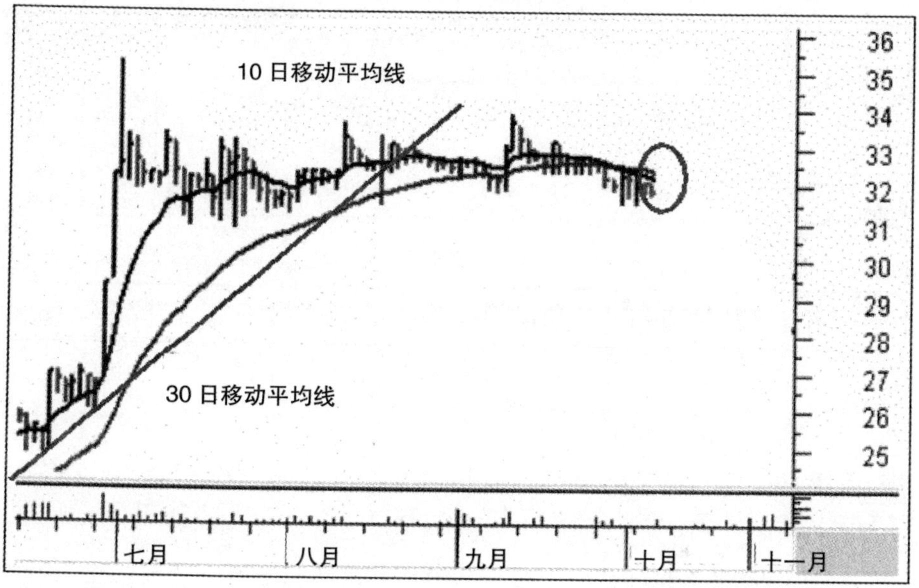

图2-6

机会面前人人平等。我们使用同样的信息，机会人人都有。这是一笔很赚钱的交易，只要用直边趋势线以及10日、30日移动平均线就可以。

以上的结论有一个问题。

图2-7显示，这只股票的价格在过去的12个月中被严重地操纵了。

你的任务就是辨别操纵者开始买入股票和抛售股票的时机。他什么时候吸筹，什么时候抛出？当你试图确认这些时机的时候，请想一想另外一个问题：这种操纵和你从股票中获利190%的能力有什么区别吗？

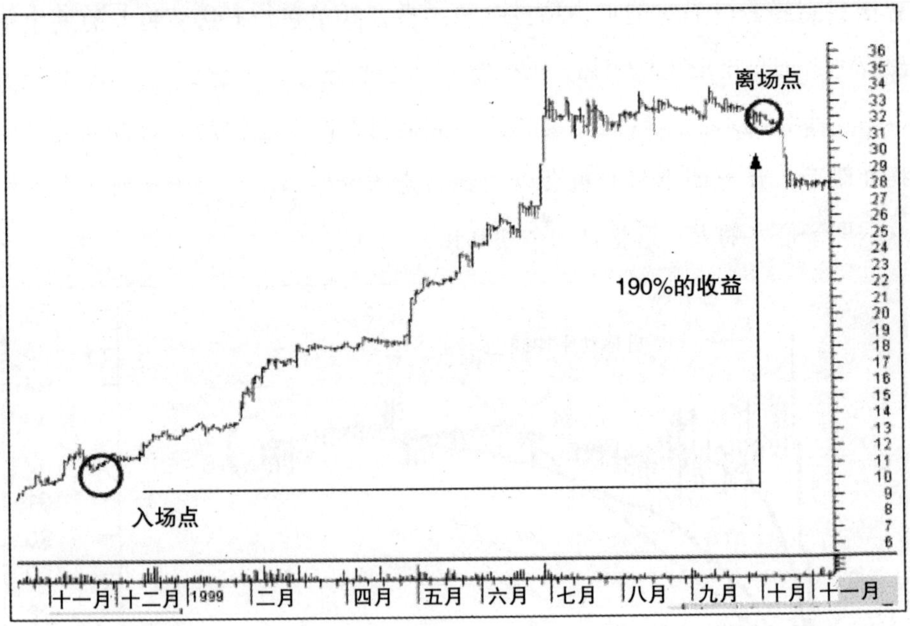

图2-7

揭示操纵

K先生是操纵中科创业的主角，他曾把操纵的细节披露给财经杂志，其过程惊心动魄。

图2-8显示的买入点基于正确的图表分析。它抓住了K先生在1998年11月开始吸筹、中科创业(000048) 价格开始上升的机会。市场中所有人都关注价格运动和趋势发展。我们买入的决定基于呈现出来趋势的图表和技术指标。通常我们不知道是什么发起了趋势，虽然我们可能根据一些新闻披露或者工业部门的变化做一些猜测。在这个案例中，趋势的启动是K先生大量吸筹的结果。

截止到1999年4月，K先生已经囤积了大量的股票。他没有交易这些股票，这就意味着股票“供给”比需求小。看到价格从11元涨到18元，交易者惋惜自己错过的机会。他们只能从打算以18元卖掉股票的人的手中买进——当然这些人不包括K先生。强劲的趋势吸引投资者的参与，他们只能通过相互竞价来获得已经很少的股票，结果股票价格不可避免地被再次拉起。

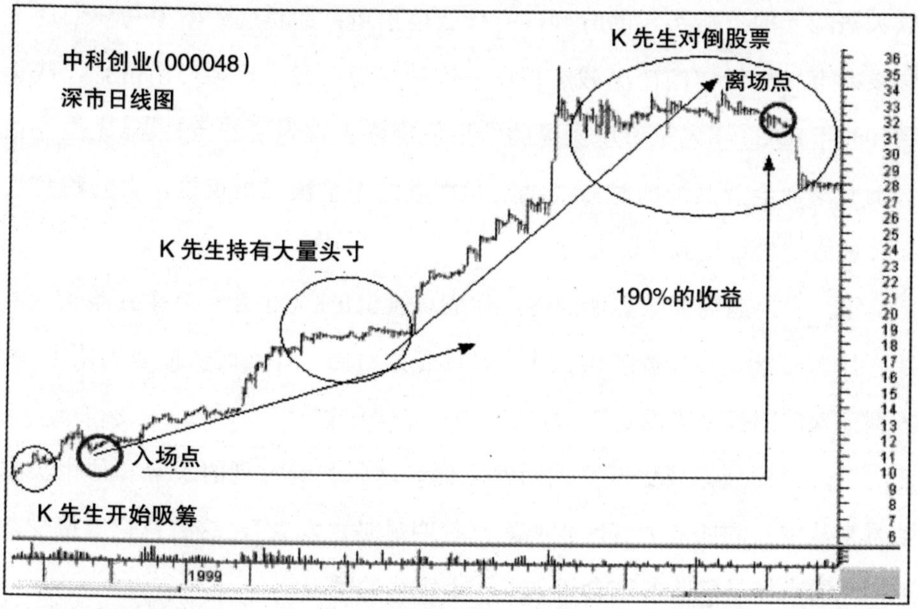

图2-8

K先生不断积累的大量头寸意味着可供交易的股票越来越少，这有助于推高价格，既然需求未得到满足，随后上升的价格和趋势吸引了更多打算加入趋势的交易者和投资者。K先生甚至不用做任何事情，市场中交易者的贪婪就达到了他所想要的结果。贪婪体现在不断上升的价格上。

K先生并不满足190%的利润，贪婪不只限于普通的交易者。在1999年7月，他开始在朋友之间买卖股票。他借钱给朋友和同伙。当他卖出的时候，朋友们便买入，然后他们再把买的股票卖回去，这被称为对倒，因为同样的股票在同一帮人之间买卖，以造成一种交易活跃的虚假表现。交易产生在相互合作的几个相关的人之间，这是明显的市场操纵。值得注意的是，对倒是在1999年6月份股价从26元涨到35元之后才实施的。这期间的上涨是由于股票的稀缺，而不是操纵。

对倒的效果出乎意料，价格横盘整理了几个月，因为相关方大笔买卖股票，使得供给和需求相差无几。当交易活动显示如果你等待的话，你可以大概32元的价格买入的时候，为什么要出更高的价呢？结果与我们通常假设的市场操纵中的情况截然相反。这种行为引发了许多卖出信号。截止到1999年11月，K先生市场操纵的结果使价格下跌到了28元！当K先生停止对倒股票而静观其变的时候，供给和需求的不平衡又出现了，上升趋势继续并最终把价格推到了60元。

第一个问题需要诚实地回答。你成功辨识出K先生什么时候开始买入股票、什么时候开始大量囤积、什么时候开始对倒、什么时候抛售股票了吗？大部分人的回答是“没有”。

第二个问题需要更诚实地回答。你对这些关键时刻的了解和你用技术信号来从中获利的能力有区别吗？回答明显是“没有”，这给我们所接受的被操纵的市场是危险的信念树立了一个巨大的挑战。

尽管价格被操纵，那些用通常的图表分析和进行风险管理的交易者仍然有巨大的机会获得实实在在的利润。别人的动机并不重要。我们认识机会和管理风险的能力才是决定我们成败的关键。

尽管有操纵，我们运用图表和技术分析仍可获得收益。成功并不依赖于知道别人的动机。我们的信念是，或对或错，市场被操纵并不应该成为依靠正确的图表和技术分析原则达到成功交易的障碍。好的图表分析和好的风险控制在所有的市场中和所有的市场条件下都能带来利润。本书后面的部分会教给你如何改善这些技巧，从而比别人更有竞争力。

第三章 合伙人还是乘客

股东通常认为自己是公司的合伙人。这种合伙协议来自早期的去香料群岛的危险航行和英国在印度的帝国主义活动。这些航行最初由一小组商人——合伙人资助。后来这些小组扩大了，变成了联合证券公司，理念是为股东分担风险，分享收益。这是经典的、过时的关于股东和公司关系的理解。

这是一个很强的观念，经常在股东的哭诉声中听到，尤其是在公司发布了意外的结果或突然披露重大问题的时候。股东相信自己被误导了，因为他们认为他们是合伙人——合伙人本来有资格被通知到。

这个经典的观念对像沃伦·巴菲特这样的投资者来说是真理。梦想成为投资之王的小投资者没有看到他们自己与沃伦·巴菲特的重要区别。他所采取的几个重要的措施是小投资者望尘莫及的。当巴菲特投资一个公司的时候，他通常或者在董事会中占有一席，或者对董事会的管理行为有重大的影响力。他才是一个公司真正的合伙人，而小投资者永远不可能，因为小投资者所持有的股票数量仅占公司总股本的很小一部分，不足以对公司的经营、决策产生影响。很多股东相信他们能和公司重要人物扯上关系，拥有从上海或深圳股票市场买来的股票使他们相信他们是公司的重要组成部分。这种白日梦是危险的幻想。

如果你确实是公司的合伙人，像在上海上市的代码为600086的多佳公司，那么你可以：

- 参与管理决定。
- 帮助雇佣和解聘重要职务的人员，以确保公司成功发展。
- 设定公司的战略方向并帮助制定未来出现的竞争性挑战的应对方案。
- 接受延长低收益的期限，因为你有能力影响管理决策的类型。
- 为企业成长投入更多的资本。

幕后的合伙人对公司的经营有重要影响，虽然其也许并不参与公司的日常管理。股东不是合伙人，股东的行动仅限于买代码为600086的多佳或其他公司的股票。

尽管所有根据都显示这些股东不是合伙人，但仍有许多自称为投资者的股东相信他们是公司的合伙人。在市场中这是最致命的信条之一。

相信自己只是乘客

正确的选择是现实地接受我们是谁，接受我们在市场中的角色。如果我们抛弃我们是合伙人的欺骗性观念并接受我们只不过是乘客的主张，那么我们立刻会发现一系列不同的机会。我们只不过是沾别人点光，就像一个路边的旅行者，我们寻找一个通往我们方向的车辆。我们不知道车辆的最终目的地，但是我们知道它们的方向是否和我们想去的地方相同。后来车辆也许会走小路，走相反的方向。如果确实是这样，我们下车，再一次站在路边，搭乘另一辆开往我们目的地的车。

如果我们幸运的话，我们乘车直接到达了目的地。这是一张通往盈利的单程车票。然而，大多数时候我们发现旅程是由许多短途旅行组成的。我们从点1到点2，但我们经过了不同的途径。当车辆——股票——急转弯，我们只需要下车并等待下一班去往我们目的地的车。

请注意这种搭乘的方法并不能确定每一段路的长度。这不是一个人以时间为基础的策略，我们可以决定搭乘8个星期。只要趋势持续朝向我们的目的地，策略就不会改变。我们并不关心是投资者还是交易者、是长线还是短线，这些区别无助于理解成功的本质。更好的选择方法可以帮助我们辨识市场工具，它搭乘我们去往目的地。例如，云天化(600096)在2003年10月到2004年4月期间，搭载着股东一直朝着正确的方向前进。

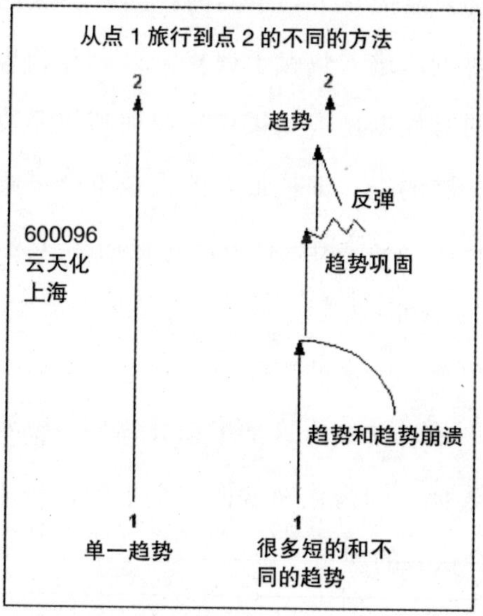

图3-1

如图3-1所示，把左边光滑连续的趋势与右边的进程相比较。右边从点1到点2的进程更加困难，需要4段分开的由不同类型的趋势组成的路程。搭乘第一只股票的人，当趋势崩溃、方向变化的时候逃脱了。搭乘第二只股票的人，以横盘趋势的巩固为结束。价格只是停止上升并横盘整理，是选另一只股票的时候了。第三只股票以明显但短暂的反弹为结束，然后被迅速抛弃，交易者作出最后的选择，重新加入趋势。图的左右两边都显示了交易者从1点到2点的搭乘路线，都没有试图预测或控制所发生的一切。

每个人都专注于自己如何对价格方向的变化作出反应。

这个简单的观念对许多市场参与者来说极难被接受，因为他们不想屈服于控制。他们不情愿承认他们没有能力影响司机——管理者。他们相信他们是合伙人，他们不接受自己只是搭便车的乘客。

寻找搭车

交易者或投资者只能控制市场中的两种因素。这就是他们进入交易的时刻和退出交易的时刻。进入依赖于选择一只上升趋势的股票，退出意味着当股票趋势改变的时候抛出。如果你站在邯郸的路边等去北京的车，那么你应该选择往北行驶的车。即使最蠢的人也不会搭乘一辆向南开往广州方向的车，然而投资者经常使用这种方法。他们称其为“低价买入绩优股”策略。

如果你作为一个乘客乘坐的车停止往北走，然后向东或向西转，或者转圈并开始向南走，乘客就知道这是下车并等另一辆车的时候了。乘客有自由和能力来作出选择，因为他知道他在车上受司机的支配，他接受自己是一个乘客而不是合伙人的现实。

用图3-2中的顾比复合移动平均线指标(这个指标将会在第二部分做详细的讨论)考虑代码为600103的上海股票——青山纸业的日线图，把这个指标作为一个路边的路标。你打算向价格上升的方向——向北走，但这个路标指向南——价格下跌的方向。路标不会告诉你前方的路况，不会警告你前方结冰或者路上有坑，但它告诉了你道路的方向。图示指标不会警告你意外的糟糕的收益报告、公司倒闭或任何使股价下跌的细节。

指标只显示股价正在下跌。如果你打算找价格正在上升的股票，那么显然具有这种指标的公司的股票就不该买。如果你相信自己与所买的每种股票是合伙关系，那么你旅行的价格方向会令你大跌眼镜。市场对那些欺骗自己的人是不能容忍的，它迅速打破过时的观念。也许这就是如此少的人能做得很好的原因。

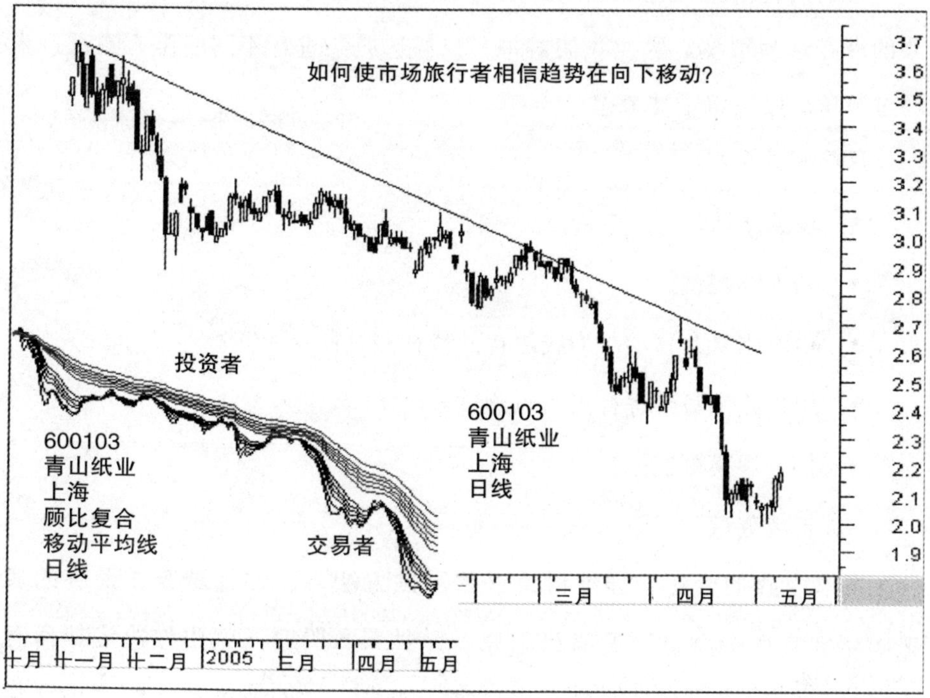

图3–2

有两种方法来辨别我们打算交易的股票。第一种是用别人的研究来辨识哪里会是热点。这包括独立的股票分析。

那些经常用更多技术方法的人经常用移动平均交叉检验的改进方法。简单浏览一下图表，你就会看到许多已经确立的上升趋势。趋势没有什么格外不寻常或显著的地方，很多可以用10日和30日指数移动平均线的结合来定义。当用两条移动平均线的时候，许多人寻找交叉点。如果我们打算抓住股票的上升趋势，这并不是很有用，因为用交叉点不能辨识高概率点。在趋势得到确认后不久就抓住趋势并利用趋势会增加成功的概率。

压力测试

我们的目的是在已经确立的趋势中搭乘价格运动的车来分一杯羹。搭乘的潜在选择很多，因此我们对每一只候选股票进行不同的压力测试，未通过测试的股票将不被考虑。

这些测试是：

- 视觉测试；
- 趋势线测试；
- 用顾比复合移动平均线进行的特征测试；
- 用顾比倒数线进行买入点测试；
- 持仓规模测试；
- 表现测试。

本书中我们会逐一详细讨论这些测试方法，它们都结合在最终的表现测试中。这些测试完全取决于你。一旦买入股票，就由你决定如何有效地执行交易计划。我们已知止损价，如果它真的被触及，你会迅速作出反应吗？你能够通过决定何时退场以减少损失或保护利润，从而控制表现测试的结果。你的行动决定成败，这种个人行为是决定谁将成功的最关键的因素。

你的决策和你的交易纪律决定了你选择的交易能否通过最终表现测试。大多数时候，问题不在于我们对股票的选择，而在于我们不能认真地执行已准备好的交易计划。这是一个交易心理学的问题，在本书的最后一部分我们会有所涉及。我们已经考虑了一些寻找候选股票的有用的方法，但不是所有的股票都具有相同的吸引力，因此在下一部分我们应用视觉测试去发现那些吸引人的股票。

第四章

美丽的图形

渔夫用自己首选的方法到达喜欢的捕鱼地点，可能是基于一个钓友的建议或者沿着小溪边攀爬以找到鱼用来藏身的岩穴，也许是用最新的全球卫星定位技术得到确切的位置或者通过撒一些诱饵到水里来吸引小鱼，从而吸引大鱼。不管他如何找到钓点，一旦他开始钓鱼，他必须选择最好的渔具。他会用鱼钩和鱼坠钓河底的鱼还是用水面上的鱼饵引诱鱼来吃？他实验了几种方法并结合使用，直到有鱼咬钩。有经验的渔夫用一系列测试，从选择鱼钩的大小开始。一个大一点的钩子会漏掉很小的鱼，但强度足够钓大鱼。

交易者进入市场用同样的方法。我们的目的是抓住好的交易。有时我们抓到一个获利60%甚至更多的比较大的交易。大多数时候我们只抓到了10%到40%的小的获利，而放弃了那些获利小于10%的小的交易。时常我们错过了交易就像丢了一条鱼一样。当鱼把线拖到石头里，渔夫就打算舍弃鱼钩，而不是整个鱼杆。当交易变得困难的时候，交易者致力于损失一小部分资本。

在选择交易的过程中我们所用的测试是：

- 选择一只合适的股票交易。我们可以用别人创造的大家都用的方法或者用市场技术扫描的方法加入逐渐显现出来的或已经确立的趋势。

- 通过观察价格图进行视觉估计检验，我们称其为目测。这是本章的主题。
- 趋势线检验，以确认趋势和决定易于管理的交易。
- 用顾比复合移动平均线进行特征检验，以决定趋势的性质。
- 用顾比倒数线进行价格检验，以设定止损和利润保护条件。
- 头寸大小检验，为交易包括风险管理设定具体的参数。
- 表现检验。这是最简单的一个检验。交易不是赚钱通过检验，就是赔钱未通过检验。

每天市场中都有数以百计的交易机会，它们以不同的形式和大小出现。这是一场选美比赛，美丽存在于旁观者的眼睛里。吸引我的交易也许对你来说没什么吸引力。作为私人交易者，我们选择自己最感兴趣的交易类型。这是与我们的个人偏好、倾向、才能和技巧相配的个人选择。

来到市场中，有很多引起你注意的不同类型的交易机会。交易纪律要求我们专注于一种类型的交易机会。这是值得培养的纪律，企图交易各种类型的股票需要太多的资金。即使如此专注，选择的范围通常也会超过我们拥有的资本数量。第一个残酷的市场定律告诉我们，10%的损失并不能由10%的收益补回来。第二个残酷的市场定律告诉我们，我们永远不会有足够的钱去交易我们发现的所有的机会。

我们应用的测试用来从众多股票中选择最吸引人的趋势交易候选股票。在此过程中，我们不考虑那些非趋势交易类型的股票。我们也许不免会错过一些虽然没有通过测试，但却取得很高收益的股票。没有一项技术是完美的。只要应用该项技术每次都能找到一些成功的股票，我们就已经很满足了。

我们对名单上的潜在候选股票进行简单的目测，以便对每一只股票有一个直觉上的判断。一共有4种主要的趋势组合。趋势可能上升、下降、横盘，或者复杂到难以辨认。我们只需要其中的一种——上升的趋势。

这种价格类型以很大的概率在未来的几天、几周、几个月或者有时几年，持续相同的方向。

孩子的游戏图

辨别趋势的特征简单到孩子都可以做。作为有经验的交易者，我们做起来却更难，因为我们考虑了一些其他的因素。我们越有经验，就越难从简单的角度看价格运动图，越难理解明显的信息。相反我们被收集来的公司的基本信息搞得心烦意乱。我们的分析被最近的新闻事件，以及我们认为这些事件对股票的影响给扭曲了。有经验的技术分析者发现自己很难不去想象随机指标或相对强弱指标的样子。

所有这些偏见模糊了从价格运动图中得到的直白而又简单的信息。价格或者上升，或者不是。如果不是，或对上升趋势有所怀疑，那么我们就把它从候选股票名单上删掉。我们总会错过一些看上去不好但后来证明很好甚至未来表现非凡的股票，这是完全可以接受的。当牵扯到钱的时候我不会瞎猜。在实实在在的资产面临风险的市场中，我从不玩猜谜游戏。这不是彩票，这是对概率大小的冷静的评估，而且趋势的明显方向就是一个极好的出发点。

好在这种筛选所用的工具并不比用眼睛更复杂。我们只不过看看屏幕上的图，或者打印出来挂在墙上，或者切换电脑屏幕。它看上去仍然是上升的吗？如果回答依旧是肯定的，那么我会把这只股票添加到准备进行下一轮趋势线检验的候选股票名单中。

图4-1所示的趋势是很简单的。毫无疑问图4-1(a)所示的是上升趋势，图图4-1(b)所示的是下跌趋势，图图4-1(c)所示的是横盘走势。我们用本章后面的内容检验在做这种决定时的细节，但我们也可以到此为止。这个图所显示的内容总结了我们在第二步的选择检验系列——所有的检验中所要做的，它是如此简单，因此很多人本能地继续寻找更多细节和更多的复杂因素，这些都是没有必要的。在成功交易中，最重要的一点是认识到仅仅在清晰的趋势中进行交易就是最有力的策略。

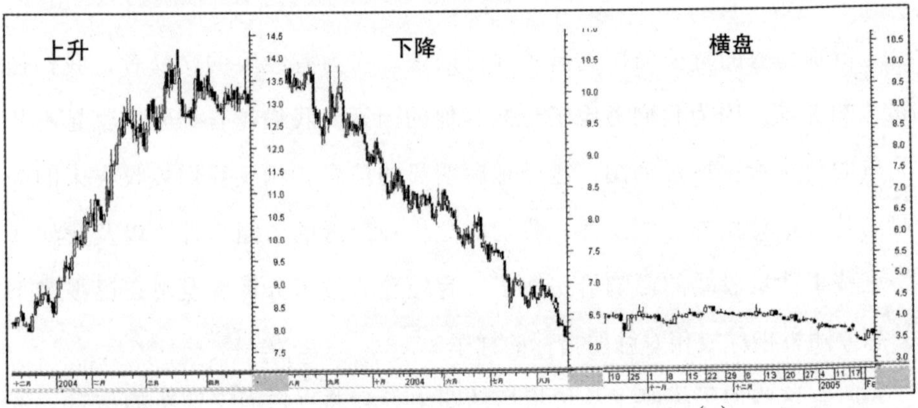

(a) (b) (c)

图4-1

选择检验中成功的关键是临时搁置你对所考虑的公司的偏见和情感因素。你最初的测试名单也许是基于很多不同的原因而选出来的，也许包括《证券市场红周刊》中的有利报道，《人民日报》上的关于公司的一个好的报道，上海或北京电视台的报道。目前你只有一个任务——忘掉所有这些信息而只关注股价走势。

当这种选择测试结束的时候，你可能会重新评估用其他信息选出的候选股票。你可以依靠趋势走势来确认自己所选的股票是否正确。在别的方面，某些股票也许很吸引人，但如果股价走势图显示价格持续下跌，那么这是一个严重的警告信号。交易这样的股票会埋葬你的资本。

趋势美

上升趋势是股价运行的4种主要组合之一，它可以被进一步细分为三个组成部分，如图4-2所示。这种分法反映了趋势形成、发展和最终上升趋势的结束。第一部分出现在下跌趋势刚刚转变为上升趋势时，见区域B中的粗线，这是新趋势最弱的地方——像一个正在学走路的孩子，在他自信地大步走向未来之前有很多错误的开始。在这些区域交易时，交易者需要具备突破交易技巧、高水平的止损纪律和接受错误开始的能力。在区域B加入趋势需要经验和技巧，虽然新的交易者一般都对这种价格运动感兴趣。

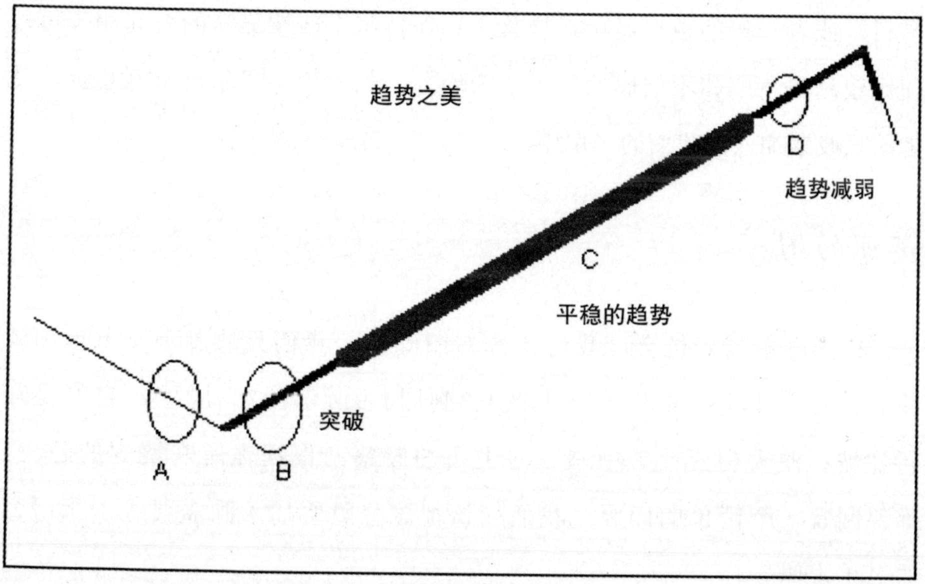

图4-2

第二个区域是强的、全面发展的趋势，用最粗的线表示，这是趋势最稳定的部分。我们会在下面的几章讨论识别这些趋势状态的工具，C区域也许是最好的入场点。这时趋势风险较小，交易易于管理，因为趋势波动减小了。这样价格突然下跌，触及止损条件，损失交易资本和利润的机会就很小。

趋势的第三个区域包括上升趋势最终减弱并崩溃的时期。通常有很多警告信号提示我们趋势变弱。这种信号应该加以注意，因为趋势崩溃时下跌会很快，如果不及时退出的话会损失可观的利润。在趋势反转晚期加入趋势，即在区域D，是最坏的进入选择。

在A区域进入是最危险的。交易者赌现行的趋势会发生反转。灾难经常发生在拐角处，当下跌趋势重新获得动量后会继续向下移动。不幸的是，这个区域会吸引很多新的投资者买入股票并倔强地于整个下跌时期持有。他们认为挽回面子比省钱更重要。

当我们第一次看到价格图的时候，我们寻找趋势开始的迹象，或者趋势已经确立。我们应该用一致的时间框架进行分析。我的偏好是把260个交易日，或者一年的数据展示在屏幕上。保持每个新图显示的时间相等可以使比较趋势角度和不同股票行为更为容易。如果价格显示为上升趋势，就把这只股票加入到我们的名单中。

美丽的图

找到一系列好机会，我们从价格图开始，我们只通过观察条形图就能看出很多事情。请检查一下图4-3到图4-9所示的7只股票，它们是在新加坡、澳大利亚或者中国上海上市的股票。根据你所观察到的趋势，你要回答一个简单的问题：我们应该把这些股票加入到需要进一步研究的名单上吗？

你的决定以图示日线中前一交易日的收盘价为基础。你在考虑明天是否买入股票。本章末尾我们会给你简短的分析和选择。我们选择了相关的价格细节，因此并不是每一幅图都显示的是一年的价格运动。然而，我们保证这种特写不会扭曲价格和趋势运动。

没有一幅图包含交易量。在选择阶段，交易量是次要的因素。低交易量的或者交易活动不稳定的股票在以后的测试中被排除掉了。我们主要的兴趣是价格和趋势的方向，因为这就是成功的基础。

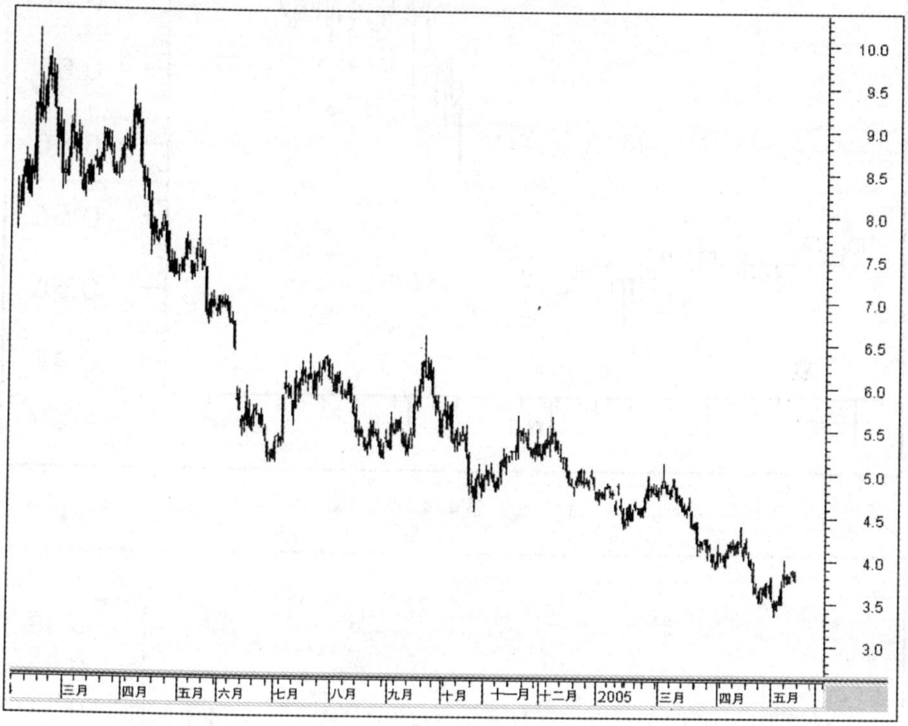

图4–3

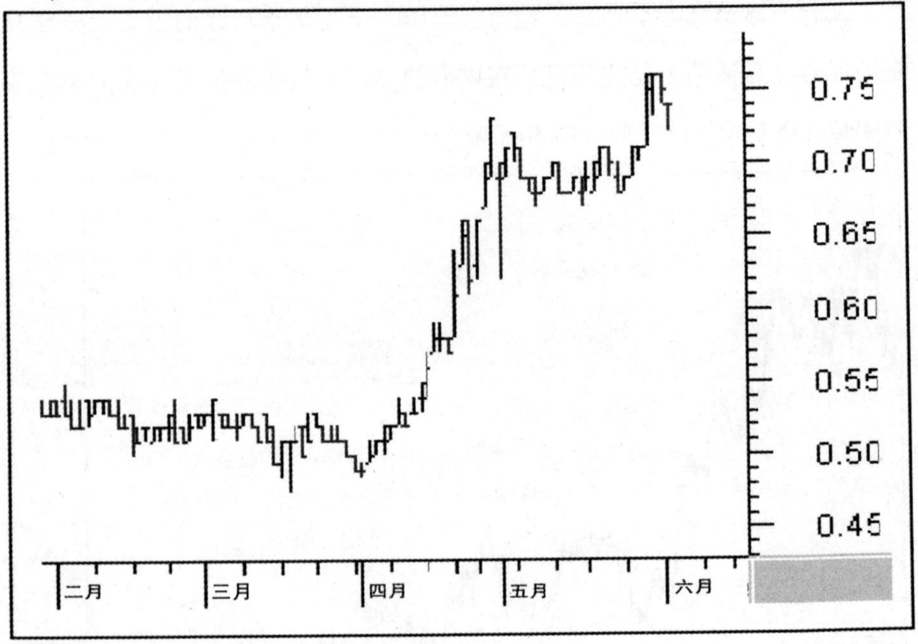
0.75
0.70
0.65
0.60
0.55
0.50
0.45
二月
三月
四月
五月
六月

图4-4

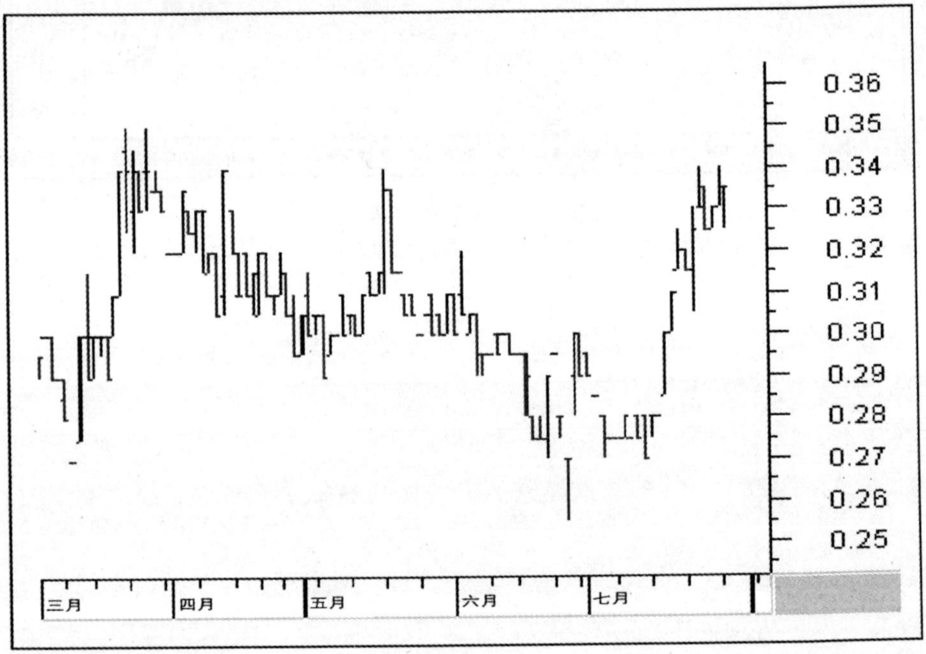
0.36
0.35
0.34
0.33
0.32
0.31
0.30
0.29
0.28
0.27
0.26
0.25
三月
四月
五月
六月
七月

图4-5

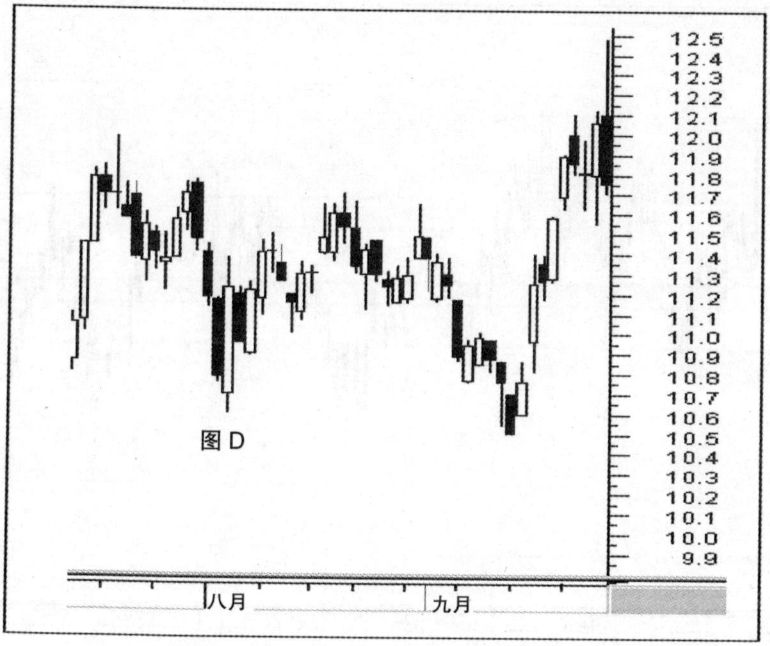
12.5
12.4
12.3
12.2
12.1
12.0
11.9
11.8
11.7
11.6
11.5
11.4
11.3
11.2
11.1
11.0
10.9
10.8
10.7
10.6
10.5
10.4
10.3
10.2
10.1
10.0
9.9
图 D
八月
九月

图4–6

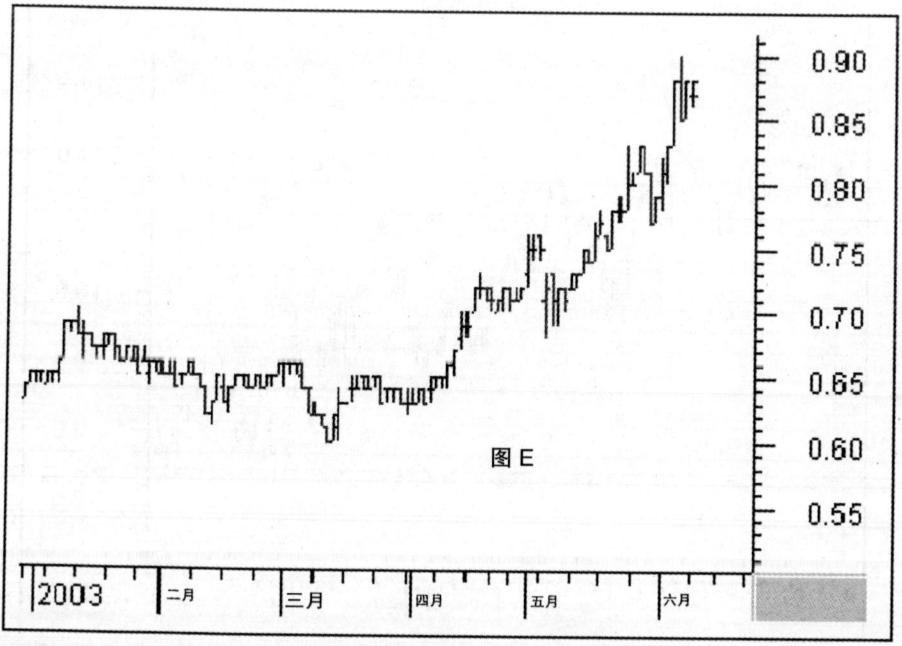
0.90
0.85
0.80
0.75
0.70
0.65
0.60
0.55
图 E
2003
二月
三月
四月
五月
六月

图4–7

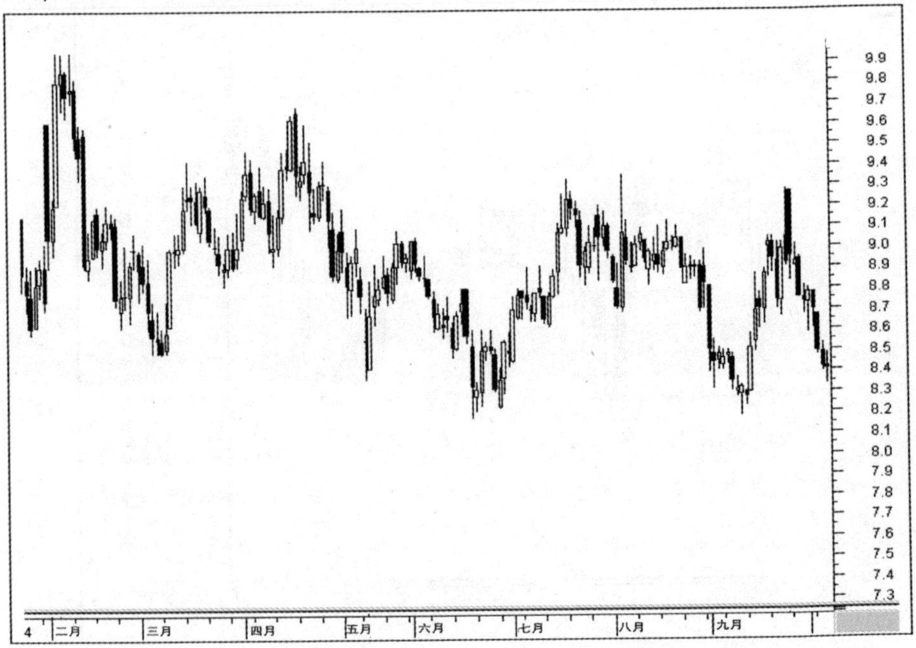
9.9
9.8
9.7
9.6
9.5
9.4
9.3
9.2
9.1
9.0
8.9
8.8
8.7
8.6
8.5
8.4
8.3
8.2
8.1
8.0
7.9
7.8
7.7
7.6
7.5
7.4
7.3
4
二月
三月
四月
五月
六月
七月
八月
九月

图4-8

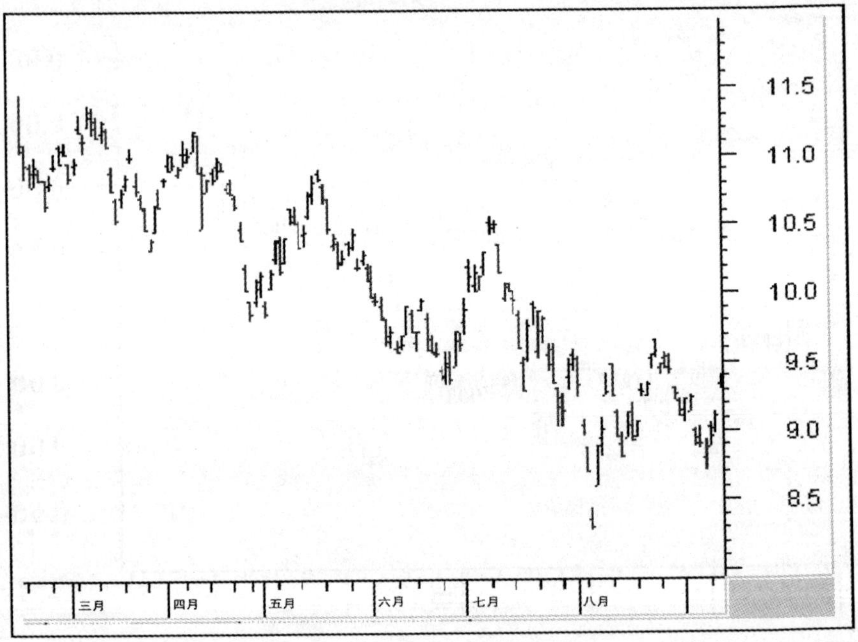
11.5
11.0
10.5
10.0
9.5
9.0
8.5
三月
四月
五月
六月
七月
八月

图4-9

美丽的分析

图4-3马上被排除，因为没有上升趋势的迹象。以9.80元买入的交易者在几个月后会有64%的损失。

图4-4提供了一个明显的加入已确立的趋势的机会，该趋势开始于约8周以前，因此它已经有时间来证明其强度。以0.74元的价格买入，几个月后交易者会从交易中获得154%的利润。这只股票被列入我们的名单。

图4-5表现出了一个趋势突破机会。持续几个月的下跌趋势已经改变。新的趋势刚刚形成，并仍然处在最初的反弹趋势突破阶段。喜欢交易趋势突破的交易者会选择这只股票，在以后的几个星期中能获得42%的利润。

图4-6表现出了另一个趋势突破机会，以11.20元买入的两个月后可获利30%。

图4-7所示为一个完美确立的趋势交易。趋势已经确立了约8个星期。这是一个光滑的趋势，伴随着稳定的价格运动。这种趋势没有很大波动，或者大的价格差，每天的最高价和最低价的差别也相对不变。这是稳定的趋势积累，具有这种特征的股票是不错的选择。以0.87元的价格买入，在以后的几个月中可以带回家87%的收益。

图4-8中没有明显趋势，因此立刻被从候选名单中删掉。

图4-9所示为一个下跌趋势，因此没有理由进行下一步测验。

你同意这些选择吗？如果我告诉你我们排除的公司当中有大公司呢？它们是BHP Billiton，图4-4；三联商社(600898)，图4-3；Sally Malay Mining，图4-5；长江电力(600900)，图4-8。

我们所选的包括上海能源(600508)，图4-6；小公司Timbercorp，图4-4；Great Southern Plantations，图4-7。这也许会使你对自己的选择感到不舒服。外部的知识扭曲了我们的选择过程，因为我们试图把自己知道的信息与股价联系在一起。我们喜欢选择一只股票，我们认为它会涨，因此我们在图上寻找证据来支持这种偏见。在下一节我们再检查一些影响客观现实的障碍。

对通过测试二的股票，我们应用测试三到六对其进行检验。最后，只有Timbercorp剩下。我们选择了真正美丽的图表了吗？根据表现测试，结果一目了然，Timbercorp的收益是154%。如果我们确保自己最初的选择过程专注在市场的现实而不是我们的偏见上，那么我们就会增加成功的机会。我们自己认为股票很好有什么用呢？重要的是市场的想法，而这可通过记录在价格图上的价格运动透露出来。美丽是个人的观点，交易者必须确保自己认为的图表的美丽能够真正赚到钱。

第五章
趋势线管理

当我们制定交易管理解决方案的时候，趋势线是最有用的。我已经接受有关趋势线经典的解释很多年了，并花了很长时间来改进画趋势线的规则。在我完成许多交易后我开始认识到趋势线的画法和成功的交易间并没有太大关系。对趋势线的经典的理解和应用是有偏差的，因为它倾向于把所有的精力放在如何画出完美的趋势线上。这种方法把画趋势线与利用趋势线分裂开来。我们的目的是成功地交易，趋势线是计划和管理工具，而不能告诉你如何管理交易。下面我们检查这些方法的重要区别。

我们通过画趋势线来理解趋势是如何发展的，因而我们能决定何时买入，以及确保以后在上升趋势转为下跌趋势时卖出。画趋势线是交易计划的重要组成部分，有三个方面的关系，它们是：

- 市场；
- 趋势线；
- 我们的交易计划，这里面包括了对正在进行的交易的管理。

很多交易者专心于前两个方面的关系，并认为第三个方面会自动发生。经典的方法专注于市场和趋势线的关系，因此我们仍然乐于相信趋势线在一定程度上定义了市场，如图5-1所示。这就是为什么我们如此关心准确地画趋势线。

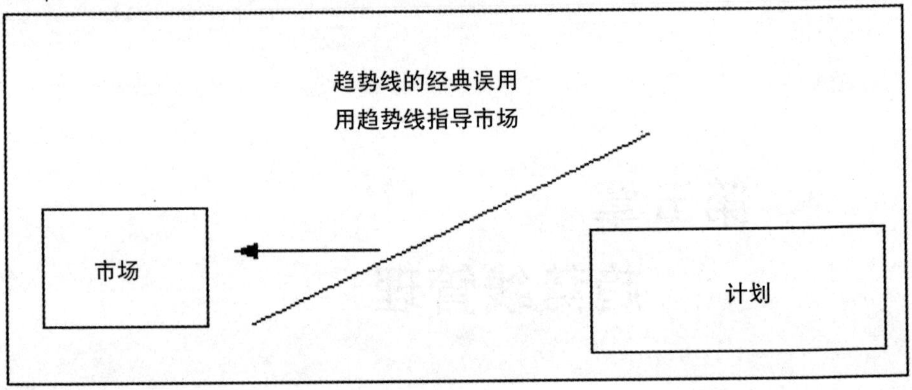

图5-1

我们知道市场不会意识到我们所画的趋势线的存在，但这并没有阻止我们去做一些好像它们真有关系的事情。我们的假设意味着我们的计划是用趋势线来定义趋势并驾驭市场。这个想法中关键的关系是趋势线和市场之间的关系。这就是为什么画趋势线如此重要。如果画错了，那么我们就认为我们错过了加入趋势的机会。

前面的内容关注的是更好地画出趋势线，它是由画图能力或抓住未来价格运动的能力决定的。错误地应用趋势线，将其作为预测工具，自然会给那些批判图表和技术分析的人以很好的靶子。

趋势线和市场的关系(见图5-1)是经典趋势线分析的核心假设。而这个假设是错误的，因为趋势线的绘制完全是为自己用的，它反映了我们对市场或股票的分析。我们会更清楚两者之间的关系，如果我们重申一下趋势线的目的的话。

- **趋势线的目的建立在趋势持续的概率基础之上，来定义我们对股票的分析，从而使我们能作出一个交易管理计划。**

趋势线的目的不是定义市场的未来表现，趋势线的绘制定义了我们预期的交易计划。把趋势线绘制得越有效，应用前面章节所说的规则，就能越好地确定概率的分布和辨识变化。然而，交易的成功并不依赖于我们把趋势线画得多好。交易的成功依赖于我们面对价格运行到趋势线以下时如何做出更好的反应。

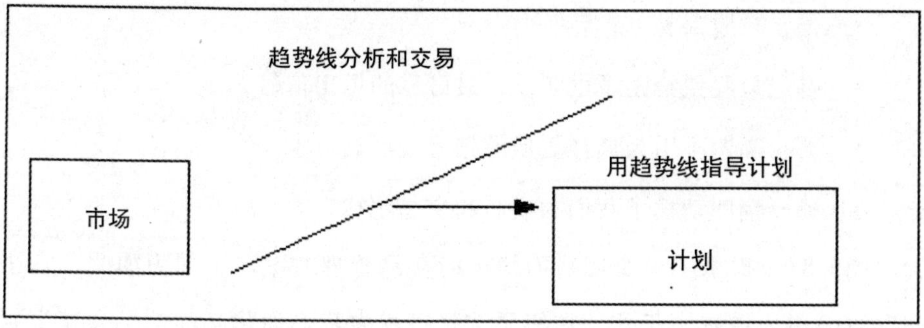

图5-2

市场、趋势线和交易计划三者之间正确的关系由图5-2表示出来。我们的交易行动和趋势线的价值是联系在一起的。我们用趋势线来指导计划，而不用趋势线去指导市场。这两种趋势线概念的差别是很重要的，因为它反映了对市场不同的方法。

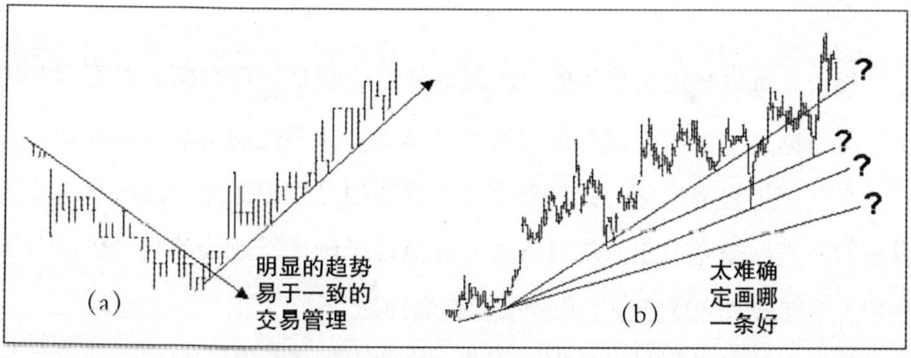

图5-3

图5-3总结了趋势线在交易管理和选择中的重要作用。趋势线告诉我们未来该做些什么。它既不会告诉我们市场将会做什么，也不会预测市场如何发展。收盘价位于趋势线以下就意味着我应该结束交易，因为按照我的分析，趋势不再可靠了。以后我们可能会争论趋势线的准确性，但我们永远不要怀疑自己画的趋势线给出的退出信号的重要性。

从交易管理的角度把图5-3(a)和图5-3(b)做一下比较并记下你对这些问题的答案。

- 哪一只股票易于管理?
- 哪一只股票给出了最明显、最可靠的退出信号?
- 哪一幅图不用为选择更低的趋势线而烦恼?
- 哪一幅图动摇了我们的决心和交易纪律?

图5-3(a)提供了一个明显而简单的交易管理方案，正因为如此，它比图5-3(b)更为首选。记住，在股票选择过程中我们通常必须把机会减少到一只股票。我们寻找原因放弃名单中的股票，因为我们的目标是把20到30只有吸引力的股票减少到一只——那只最可能成功的，这最终取决于我们管理交易的能力。

趋势线管理

趋势线是用来定义趋势的，因此更好地绘制是很值得的，但更重要的是，趋势线是用来定义我们如何管理交易的。我们控制交易的关键是确定买入点和做出卖出决定。我们对市场和股票的分析把买入和卖出与一系列设定的条件联系在一起。这些条件可能是高于顾比倒数线的收盘价、两条移动平均线的交叉或者高于趋势线的收盘价。

我们不能确定所有这些指标或者动作的引发条件是正确的，但这些指标发出的信号有很高的成功的概率。当选择一个指标用来确定买入或卖出点的时候，我们尽力把指标和股票的特征或交易机会相配，以确保高的概率位于对我们有利的一边。我们应用严格的计算来设定止损条件，同时在当买入决定被证明是错误的时候也具有灵活性。这些在以后的章节中会讨论。保护资产的止损卖出决定与我们对个别股票的理解、对其未来的信念、我们分析的强度或者任何其他特定股票的相关信息都没有关系。止损卖出决定与价格朝相反方向运动所引起的资本损失是相关的。

显然我们的目标是选择最好的指标组合来减少我们错误地卖出交易的次数，我们旨在确保出现卖出信号就意味着趋势的结束。然而，选择方法的长期准确性还不如无论何时出现信号都要始终如一地作出反应重要。我们不能制订一个交易计划却在买入股票后就抛到一边。我们在每月的《技术分析指导》中跟踪一个理论上的投资组合案例，在澳大利亚股市中，过去10年的结果证明了严格的止损对交易成功是多么重要。

交易线触发点

趋势线的位置是很重要的，因为它是买入或退出我们的交易计划的基础，因此不能随便乱画。趋势线站在我们和市场活动之间。当我们做交易计划的时候，我们用价格点来做买入和退出的决定。这些价格点是动作触发点。当我们扣动枪的扳机的时候，枪会射出子弹。当我们扣动趋势线上的扳机的时候，我们开始交易。趋势线也是一种定义哪个价格很显著，哪个价格不重要的方法。交易的性质——日交易、短期、长期——决定哪一个价格对我们预期的交易是显著的。

趋势线是定义趋势中价格点的值的辅助工具。趋势线应尽量绘制准确，从而给我们交易的趋势以确切的价格反应触发点。然而，成功的交易依赖于当这些价格触发点被触及的时候我们如何反应。我们在价格触发点上作出反应，因为这和我们的分析相一致，而未必是因为它准确地定义了市场行为的发展。图5-4所示的价格运动图显示趋势线分析和交易管理是结合在一起的。

趋势线分析结果不一定和趋势在接下来的几天或几周中的表现相一致。

当趋势线分析发出退出信号，我们不知道趋势线绘制得是否正确，只有未来才能证明。如果趋势线被证明是正确的，即看到下跌趋势出现在退出信号之后，那么我们就可以用同样的方法画另一条趋势线。

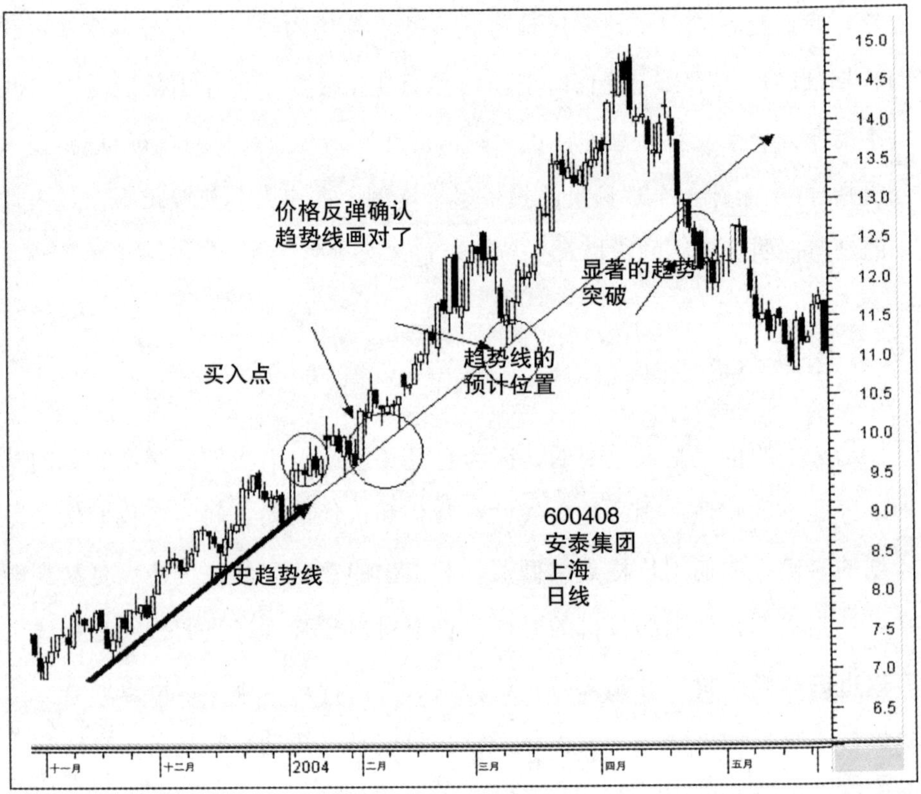

图5-4

如果趋势线画得不对，触发点发出了错误的信号，即价格反弹并继续上涨，那么我们得重新考虑绘图方法，或者认为这是偶然现象而继续用以前的绘制方法。

市场中充满着迷惑，我们永远不知道该去信谁。我们必须相信和依靠自己的分析。如果不这样，那么我们的交易确实就变成了猜谜。趋势线分析给我们的交易计划提供了框架。它决定我们何时买入，在什么条件下卖出。一旦我们买入股票，成功就依赖于我们何时卖出。卖出决定依靠趋势线分析，它是由预测未来的趋势线给出的。事实上在退出的那一刻，我们并不能肯定所画的趋势线是否正确，但我们可以肯定的是自己获利了没有。

趋势线交易计划

这一段的论述不同于对画趋势线和市场活动之间的关系的经典理解。在我经历了一些画了精确趋势线的交易后，我发现趋势线作为交易管理的工具更有效了，但那些我没有坚持交易计划的交易失败了。我开始明白交易的成功和趋势线没有关系，而是和建立在趋势线上的交易计划有关。

更重要的是，我发现当我把趋势线画错的时候——后来的价格运动证明下跌是暂时的，并不是发生了趋势改变——严格地按照我的计划交易，仍然能获得成功并赚到钱。交易的成功与否取决于当建立在趋势线基础上的交易计划的扳机被触及的时候我的反应。趋势线的准确性对交易的成功影响甚微。如果我不按照计划交易的话，即使有完全精确的趋势线也不会成功。而如果按照计划交易的话，即使趋势线画得不准，也并不排除成功。一旦我明白市场、趋势线和计划之间的关系，我不再为是否准确地确定了这条线而着急。

一条比较好的趋势线能更有效地抓住现在和未来的价格运动和真正的趋势结束信号。一个更为成功的交易者会在当买入和卖出信号与建立在交易计划基础之上的分析相一致的时候行动。趋势线对市场没有影响，但对你的交易计划有很大的影响。这种关系是应用趋势线取得成功的关键。

如果突破是错误的，或者形成了一个稍微低一点的平行的趋势线，我们总可以重新加入趋势。这会产生另外的交易成本，但可以把这看作保险溢价。如果突破趋势线是崩盘的信号的话，忽略这个信号会遭受沉重的打击。我们不知道那时会发生什么，但根据我们的计划我们知道退出信号已经发出。我们唯一能控制的是根据趋势线分析作出的买入和卖出决定。

在寻找最好的交易机会时，趋势线是测试步骤的第三步。第一步测试是选择一些候选股票，第二步是用视觉测试删掉那些不是处于上升趋势的股票。像图5-3中的这种易于画趋势线的股票会在这一轮选择中胜出，因为它的易于管理增加了做出明确卖出决定的可能性。

可以画出多条有效趋势线的交易很难管理，因为很容易找到借口在第一个退出信号发出后不作出反应。当我们很难确切地定义趋势线的时候，一旦出现退出信号，我们就会变得优柔寡断。有技巧和经验的交易者能有效地管理这种复杂的退出信号，但在有明显趋势、简单、易于管理的交易出现的时候，我们没有必要去接受这么高难度的挑战。我们优先考虑那些趋势明显、易于管理的股票，而放弃那些有多种管理方法可以选择的股票。

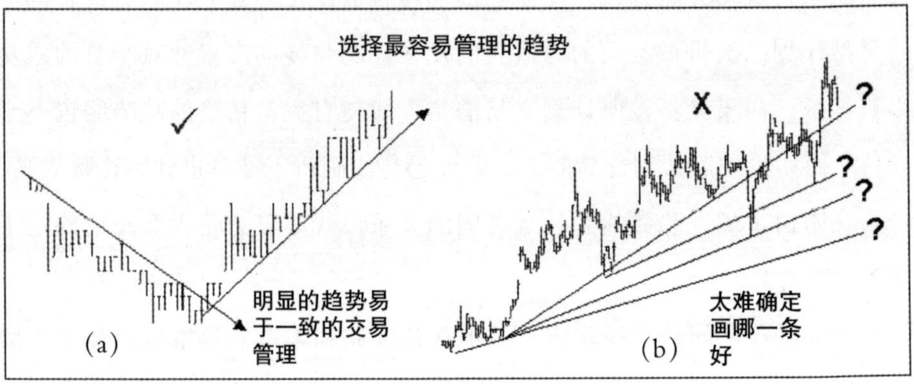

图5-5

第二部分

测试趋势特性

第六章
市场的特征

一些趋势特征很糟糕，有可能突然崩溃。另外一些移动缓慢，一天天慢慢地增加你的收益。它们并不像那些能在持续几周的短期趋势中迅速上升的股票或者处于预定时间结束的加速抛物线趋势中的股票那么吸引我们的注意。

分辨不同趋势的性质，比如快、慢或加速抛物线，以及趋势的特征，比如有很好的支撑而可靠、交易极其活跃、交易价格有很大泡沫等，可以提供给我们重要的交易机会。它允许我们选择最合适的交易策略、最好的交易工具来管理所选择的交易。把长期下跌趋势中的价格反弹看成新趋势的开始是很愚蠢的。如果我们的错误分析使我们相信上升趋势将会持续，那么当价格反弹崩溃后我们仍会倾向于持有股票。我们使自己相信价格反弹后的下挫是暂时的，而上升趋势会继续。这样的想法使我们走向灾难。理解趋势的性质和特征是下一轮测试的目的。

我们以市场调查来开始交易的辨识和选择过程。我们迅速把朋友、报纸和杂志或者我们的经纪人推荐的股票集中在一起。我们又通过对股票价格数据库的技术扫描加入了更多的股票。在很短的时间内我们就得到了这么多潜在的交易机会，因此我们必须决定哪些需要进一步调查。我们作为交易者的任务是选择最好的一只，因此我们用进一步的测试把它找出来。

当人们在明显的趋势中将股价不断推高时，我们希望加入到趋势当中。我们用目测法来找出那些正处在上升趋势中的股票。我们想让概率的天平倾向于有利于我们的一边，因此我们寻找那些能走强的股票。很多最初的股票未通过目测。

在以前的选择中，我们展示了如何应用趋势线来选择容易管理的交易。这个过程虽然减少了最初名单上的候选股票数量，但相对我们可用的资本来说余下的股票还是太多。我们还得用其他的选择测试来进一步筛选。所有通过前几轮测试的股票都处在上升趋势中，但上升趋势的特征也许是不一样的。

图6-1中的股票是几种不同类型趋势的明显例子。并不是你所看过的每一幅走势图的趋势都能这样明显。我们用顾比复合移动平均线来定义趋势的特征。这比只用两条移动平均线更为有用，因为顾比复合移动平均线抓住了趋势的特征和市场中的两种主要力量——交易者和投资者——之间的关系。我从1995年就开始用顾比复合移动平均线，但直到1997年才在我的《市场交易策略》一书中公之于众，从此以后这个指标一直未变，但其在不同交易情况、市场和金融工具中应用的范围和成熟度有了很大的提高。在后面的几章我们会详细介绍这些发展和其在不同交易情况下的应用。

记住，在这个测试中我们寻找以高概率持续的稳定的趋势。这一部分的前三章主要和这有关。剩下的顾比复合移动平均线的章节从交易管理的角度上说也很重要。顾比复合移动平均线的应用能帮助我们在趋势确实结束的时候更好地作出退出决定，因而我们能避免根据暂时的价格下跌作出错误的退出决定。

我们对每一只候选名单上的股票应用顾比复合移动平均线进行分析，那些不具备好的趋势特征和合适性质的股票被从名单中删除。顾比复合移动平均线是Guppy Traders Essentials、Metastock、OmiTrader和其他日线图程序中的一个标准的工具。它存在于像Metastock Professional和NextVIEW这样的日间图软件中。顾比复合移动平均在OmniTrader中作为系统选择测试的工具，能提高应用者的筛选能力，交易者通过它的数据库搜索，可以找到应用顾比复合移动平均线发出买入信号的股票。顾比复合移动平均指标是由下面要讨论的一组移动平均线组成的。

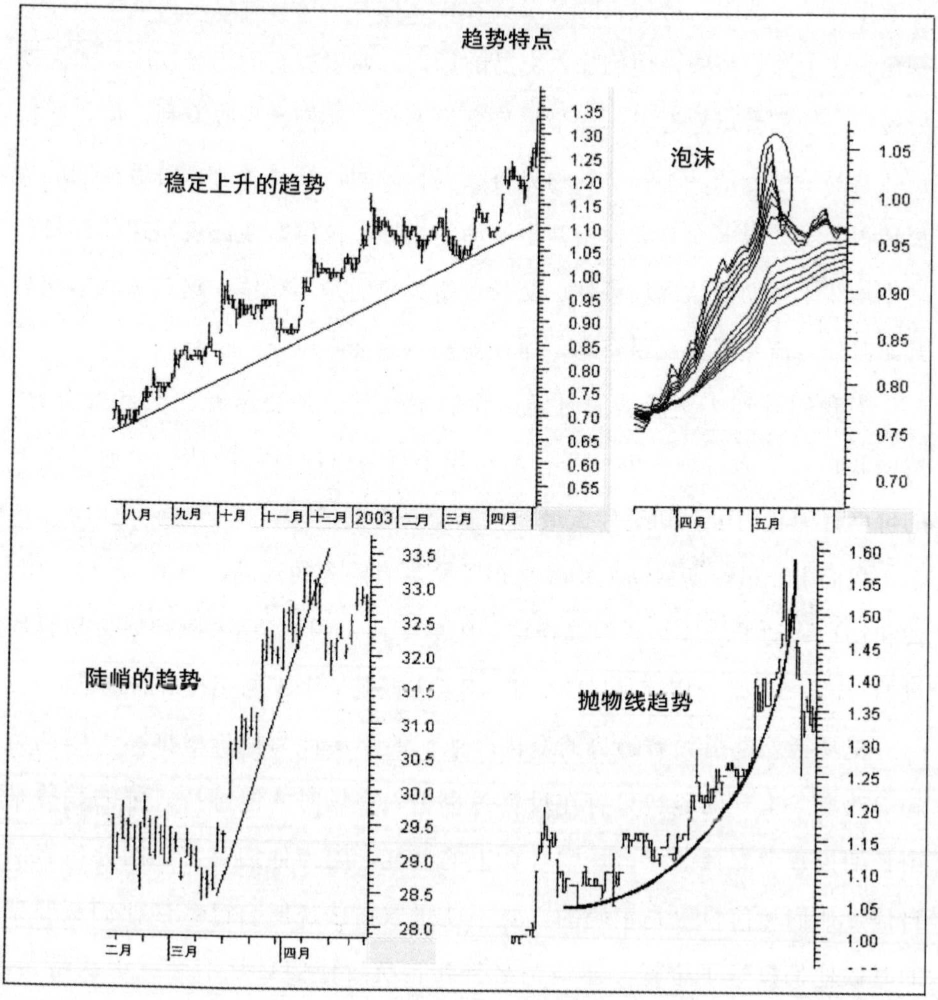

图6-1

追踪隐含的活动

很多人相信市场是由看多和看空的人创造的。他们错了。市场是由交易者和投资者创造的。顾比复合移动平均线是一个用来追踪市场中两组人群行为的指标，这两组人群代表的是投资者和交易者。交易者总是在试探趋势的变化。在下跌趋势中，他们加入交易的行列，期望着新的趋势发展。如果期望落空，他们会迅速退出；如果趋势变为上升，他们就坐收渔利，但仍坚持短线交易管理方法。不管上升趋势持续多长时间，交易者总是对潜在的趋势反转很警觉。很多交易者使用基于波动的指标，像倒数线或者短期的10日移动平均线来帮助确认离场条件。交易者所关注的是不赔钱。这意味着当交易开始时他会避免损失交易资本，而在获利后他会避免损失收益。

当我们看到买卖活动的时候，我们不知道谁是交易者，谁是投资者。然而我们可以通过现在的交易行为和投资行为作出良好的估计。通过以下的价格行为我们可以知道什么最能代表交易者的活动。

我们用一组短期移动平均线来跟踪交易者隐含的活动，有3、5、8、10、12和15日移动平均线。我们选择这一组数字，是因为3天大概是周交易日数量的一半，5天是一周交易日的数量，8天大概是一个半周交易日的数量。

交易者总是引领着趋势的变化。他们的购买行为把价格推高，以期待趋势改变。上升的趋势只有在投资者也进入市场时才能维持。强的趋势是由长期投资者支撑的。市场中有真正的赌徒，因为他们对自己的分析充满自信。他们相信自己是正确的，要不就采取措施说服自己。当他们买股票的时候他们投资了金钱、感情、名誉和自负，他们只是不愿意承认错误。这也许听上去有点言过其辞，但想一下你对凤凰股份(600679)的投资，以26元的价格买入的股票现在跌到了4元。这是赔钱的买卖，但这只股票依然存在于很多人的投资组合中，也许你也是其中之一。

投资者花更多的时间认识趋势中的变化，但他们总是跟在交易者的后面。我们使用30、35、40、45、50和60日移动平均线来跟踪投资者潜在的活动。它们的平均值每交易周增加一个。在最后的平均值数列中，从50天到60天我们跳过两周，因为我们最初将60日移动平均线作为长期趋势的基准点。

这些移动平均线的组合反映了顾比复合移动平均线最初的发展，我们关注的是，不同时间框架下的移动平均线的交叉点所传递的是价格和价值相一致的信息。自从1997年我们就放弃了对这种指标的解释和应用，我们会在以后的章节中讨论其发展。顾比复合移动平均线是在移动平均线的两个缺陷里发展出来的：第一个是缺乏未来股价运动的信息，第二个是交叉信号的延迟。

通常短期移动平均线向上穿过长期移动平均线就是上升趋势信号。在有关交易的著作中，他们总举出最完美的例子——移动平均线的交叉紧跟着新的上升趋势。实际的交易经常更为复杂，图6-2所示的两幅图能说明这个问题。当两条移动平均线几乎收敛到交叉点的时候，并不能提供未来价格或趋势运动的有用的信息。

我们不知道哪一幅图意味着趋势的崩溃或者持续。如果作出正确的选择的话，我们就坐等趋势持续向上。如果选错的话，趋势会迅速崩溃并吞噬我们的资金。这两幅图是以10日和30日移动平均线的交叉点为决策点的。它们看上去几乎一样。要是我们以前买了股票，那么这个信号会使我们作出卖出决定。不幸的是，其中的一只股票在后来的几个月中价格上涨了63%，而另一只下跌了17%。你能根据移动平均线选出盈利的股票吗？

在这个例子中作出正确的回答居然不是靠判断，而是靠运气。尽管移动平均线的交叉点被认为很有力、很可信，但在重要的转折点上我们不能有效地在图6-2(a)、(b)中作出选择，因为我们不能用两条移动平均线的组合来理解趋势①。

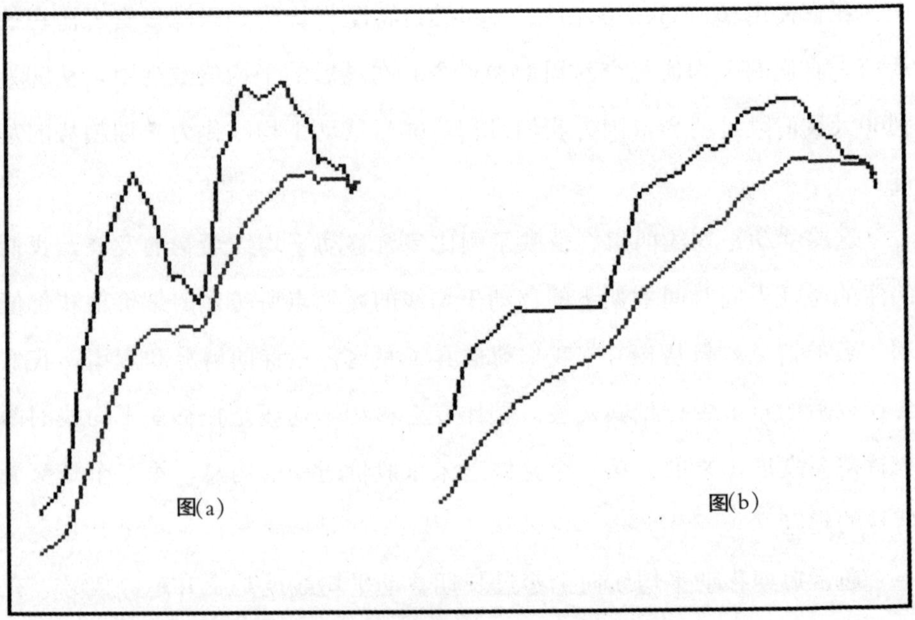

图6-2

虽然比较两条移动平均线是有用的交易方法，但在理解趋势的性质上并不是很有用。它没有给交易者足够的概率分解的信息。通过顾比复合移动平均线可以明显地看出和理解概率分解，这些信息可以应用到我们刚才所说的退出问题上。图6-2(a)、(b)所示股票最终的价格走势如下。图 6-2(a)中的股票是彻姬塔。这只股票在以后的 6 个月中不断上涨，比交叉点处的价格增加了 63%。图 6-2(b)中的股票是 Capral Aluminum，它在以后的 6 个月中下跌了 17%。如果我们只关注移动平均线的交叉点，我们会失去它所能传达的其他一些信息——市场对股票的估价以及对现有趋势的支持。

①我们会在以后的几章中探索这些交叉的可靠性含义。现在我们只是指出，信号不可靠是引导我们寻找解决方案的出发点，从而使我们能更好地理解趋势的性质和特征。

顾比复合移动平均线发展的第二个出发点是真正的趋势反转和移动平均线的交叉发出买入信号之间的时间差。我们关注的是从下跌趋势到上升趋势的转变，我们首选的警告信号是准确而又简单的直边趋势线。然而，一些趋势突破点是假的，直边趋势线不能把假的趋势突破点与真正的趋势突破点区分开来。

在一些情况下，基于10日和30日移动平均线的交叉点能以很大的可能性确认趋势反转的真实性，但交叉信号通常在最初趋势反转信号出现的几天之后才出现。由于该信号基于每日收盘价，故其时间的滞后便进一步延长。我们今天发现了交叉信号，如果勇敢的话，我们会在明天买入。一般的交易者会等上几天以确认交叉，这又在真正的交叉后耽误了几天才买入。时间的延误意味着自己开始交易时价格已经大幅增加了。

对移动平均线的时间延迟的标准解决方法是应用短期移动平均线，这样可以及时发出交叉信号，它和直边趋势线发出的趋势突破信号会很接近。一些不同时间段的移动平均线的组合见图6-3。问题是移动平均线的时间段越短，其发出的信号就越不可靠。

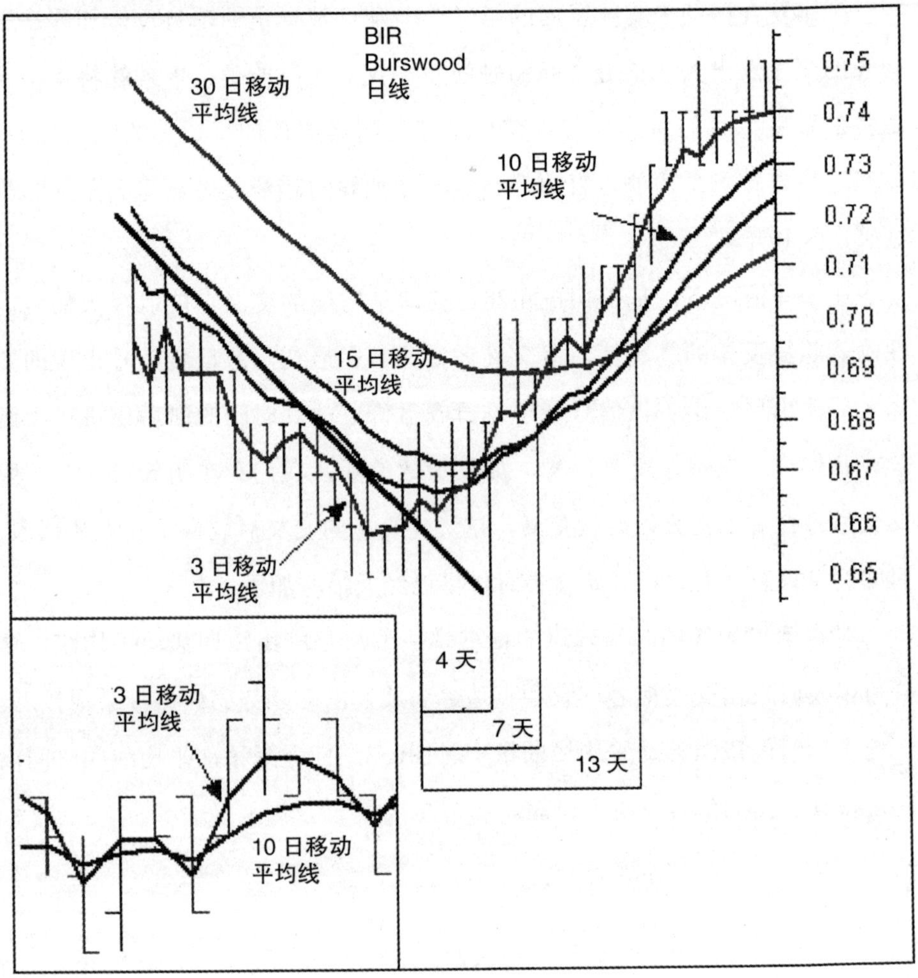

图6-3

发现顾比复合移动平均线

意外和幸运在顾比复合移动平均线的发现中起了很大作用。在研究这些移动平均线时，我最初只用一条移动平均线来测试股票。1995年，所用的图表程序限制了能同时显示在屏幕上的移动平均线的数量。为了方便，我用了最大值——6条短期移动平均线。后来我清除了屏幕内容，只剩下最初的完整的条形图，并应用6条长期移动平均线。当这些短期和长期的移动平均线显示在一幅条形图中的时候，5个显著的特征出现了，它们是：

- 6条短期移动平均线(后文中简称为“短期组”)重复出现密集和稀疏的形态。
- 6条长期移动平均线(后文中简称为“长期组”)重复出现密集和稀疏的形态。
- 运动形态在不同的时间框架上是分形重复的，这种分形重复性是新的混沌理论的特征。这些短期和长期移动平均线对于理解交易者和投资者潜在或隐含的行为是有用的。
- 组内移动平均线和组与组之间移动平均线的离散程度提供了理解趋势和趋势变化的方法。
- 同步性不依赖于每条移动平均线的长度。在主要的趋势转折点，长期组和短期组会同时发生收缩。这证明直边趋势线产生的信号是有效的。

从这些特征中我们可以得出结论，这将成为顾比复合移动平均线应用的基础。

- 移动平均线之间的关系可以被认为是价格和价值的关系。两组移动平均线的交叉表示的是在两种不同的时间框架上价值的一致。在一个连续竞价的市场机制中，价值和价格的一致是暂时的。这种一致经常出现在趋势方向发生大的变化之前。顾比复合移动平均线成了一个辨识趋势发展可能性的工具。

顾比复合移动平均线中所用的这些广泛的、先进的关系在图6-4中做了总结。在这一部分接下来的几章中，我们会一一探讨这些关系的识别和应用。

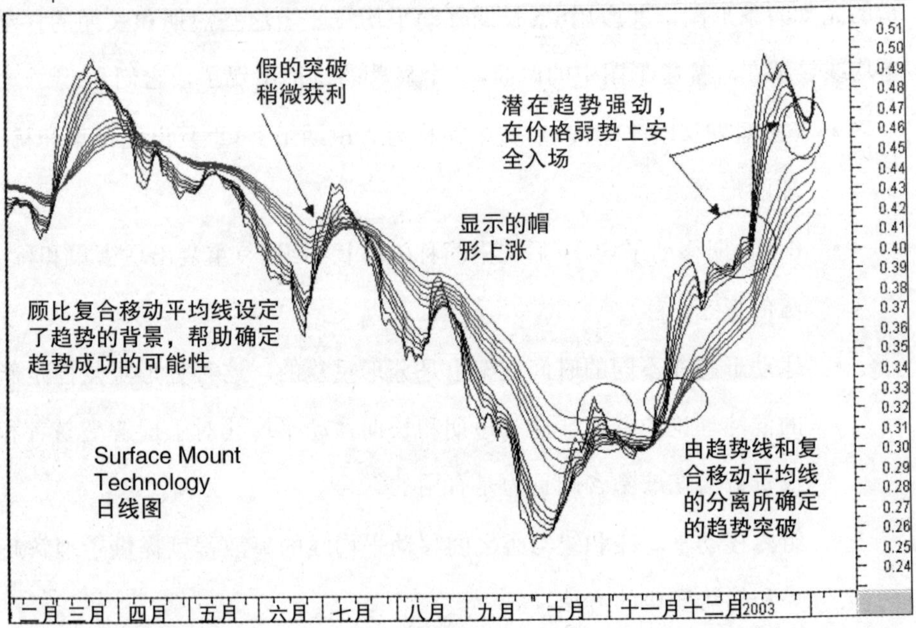

图6–4

这幅图表明了顾比复合移动平均线最直接的应用。它在V形趋势变化中很有效。它不是用来消除移动平均线计算的滞后性的，而是通过检验价格和价值之间的关系来确认初始趋势突破信号。一旦最初的趋势反转信号被顾比复合移动平均线确认，交易者就能自信地加入趋势突破的交易。

图6-5中的澳大利亚联邦银行日线显示了顾比复合移动平均线的经典应用。我们从收盘价高于直边趋势线的趋势突破点开始。竖线表示价格突破之日的决策点。我们需要确定这个突破信号是真实的，股价会继续上行。几个月之后，在一个下降趋势中，最初的突破失败了，并沿着图示的粗黑线运行。这是趋势线的性质发生变化的信号，它从突破之前的阻力作用变成了突破之后的支撑作用。

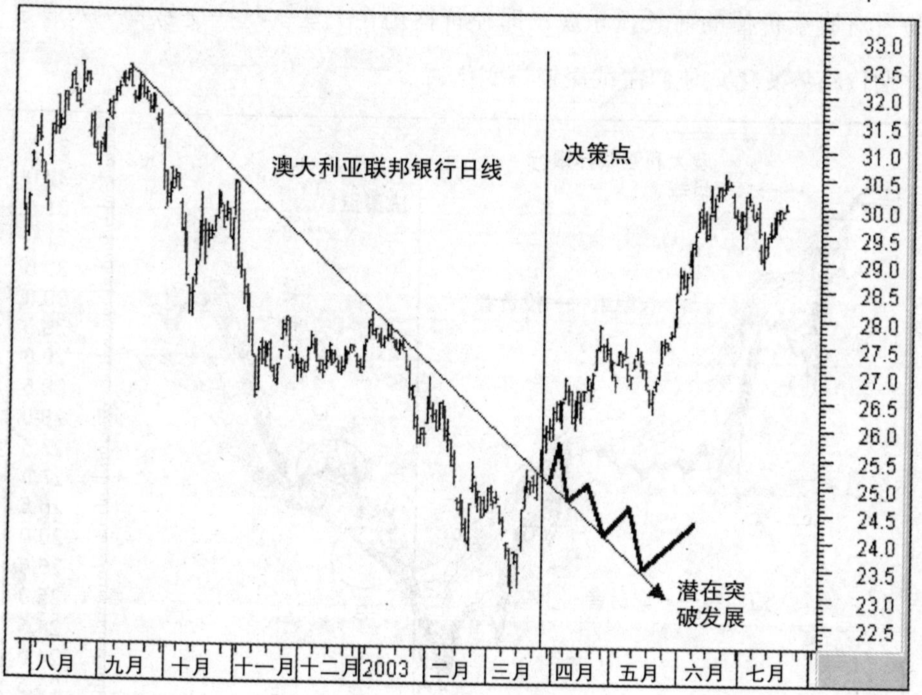

图6–5

发现特征

应用顾比复合移动平均线可以评估直边趋势线发出的趋势突破信号的可靠性。我们先看那组短期移动平均线，它能告诉我们交易者的想法。从图6-6的A区域中我们可以看到平均趋势线的收缩。这意味着交易者认为价格和价值相一致。澳大利亚联邦银行的股价已经很低了，因此许多交易者相信其内在价值高于市价，买入这种便宜的股票是很有利的。不幸的是，很多其他短期交易者也得出了相同的结论，他们也想以这个价格买入，一场竞价战形成了。怕失去机会的交易者为了确保能买到股票，就必须出比竞价对手更高的价格。

短期组的收缩显示了价格与价值的一致。短期组平均线的扩散显示交易者对股票价值的前景很乐观，即使价格仍在上涨。这些交易者买入股票并期待趋势变化。他们在试探趋势变化。

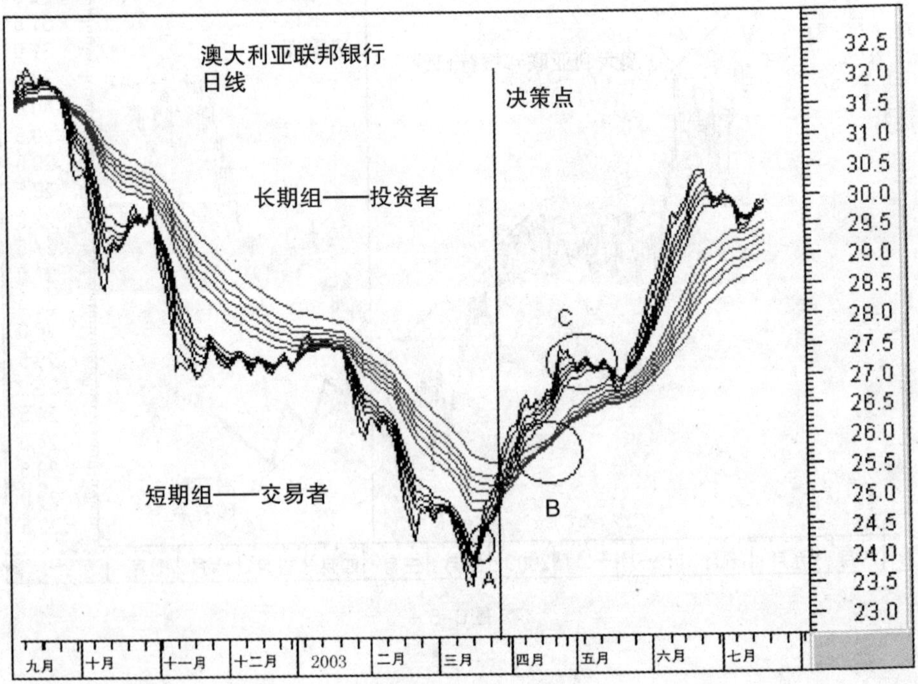

图6-6

我们用直边趋势线来显示趋势反转可能性的增加。高于趋势线的收盘价是趋势方向中潜在变化的信号。当出现这种信号的时候，观察到短期组的运行方向和分离程度都发生了变化。我们知道交易者相信股票有好的前景。我们想确认长期投资者也如此有信心地买入。

长期组平均线组在决策点有收缩的迹象，并开始改变方向。值得注意的是，线束收缩得越快，信号就越确凿。即使是我们通常认为会明显滞后于任何趋势变化的最长的60日平均线，也转而向上。长期组的收缩表明了同步关系的存在，这使得顾比复合移动平均线如此有用。这种收缩和方向的变化告诉我们趋势反转可能性的增加是真实可靠的。这鼓励我们在决策点出现后尽快买入股票。

顾比复合移动平均线反映出市场情绪发生了巨大的转变。即使是通过60日移动平均线也看得出来，以后我们会看到如何用这个指标来发现可信赖的趋势变化的提前信号。长期组的这种收缩并最终交叉的现象发生在B区域内。趋势变化被确认了。投资者之间对股票价格和价值的一致认同是不能长久的，因为一旦出现这种认同，一些人就会看到机会。很多投资者错过了B区域的趋势反转，而现在趋势被确认了，他们想加入价格运动。一般的投资者能动用的资本大于交易者，因此他们的行为对市场的影响更大。

后来者只有当自己的出价高于竞争者才能买到股票。在发展中的趋势中，原先的趋势越强，越早买进股票的压力就越大。不断增高的竞价支撑了趋势，这可以通过长期组的持续上移并相互分开表现出来。长期组分开的距离越大，潜在的趋势就越有力。

在这只股票上，交易者坚信趋势的变化，只有一部分交易者获利回吐。这可以从区域C中的抛盘看出来，但力度不是很强。短期组下探到长期组后便立即反弹。长期组显示投资者在股价暂时疲软时抓住机会吸筹。长期组的离散程度保持相对不变，确认了新兴的趋势。

在价格上涨12%之后，短期组出现了暂时的崩溃。短期交易者实现短期利润后退出，这一点可以从短期组的收缩和回落中反映出来。当长期投资者进入市场并买入暂时疲软的澳大利亚联邦银行时，交易者意识到趋势得到了有力的支撑。他们的交易活动增加，因此短期组反弹后分开，并大致平行于走势持续上升的长期组平均线。

顾比复合移动平均线辨识出了市场对澳大利亚联邦银行的看法的重大改变。短期组和长期组的收缩证实了由高于直边趋势线的收盘价发出的趋势突破信号。使用顾比复合移动平均线的基本应用方法，交易者有了必要的信心在图示的决策点买入澳大利亚联邦银行。

直接应用顾比复合移动平均线也能使交易者识破虚假的价格突破点。

有时候价格会上行突破趋势线，但不会形成新的趋势。图6-7中的直边趋势线显示下跌趋势有变为上升趋势的迹象。联邦血清实验室的价格图显示了两个假突破的例子。我们从决策点A开始，陡峭的下跌趋势明显被高于趋势线的收盘价穿破。如果这是一个真正的趋势反转信号，那么我们在任何移动平均线发出交叉信号之前都有机会早点加入趋势。

该趋势突破很快便夭折了。如果我们又去观察图中决策点B，那么我们可能选择画另一条如图6-7所示的趋势线。这幅图利用了3个月之前的信息，因此我们知道第一个突破是假的。用这些信息，我们设定了第二条趋势线。那么这一条就可靠了吗？如果我们是正确的，我们加入了新的趋势。如果我们是错误的，我们会在持续的下跌中遭受损失。直边趋势线本身不能提供做出好的选择的足够的信息。

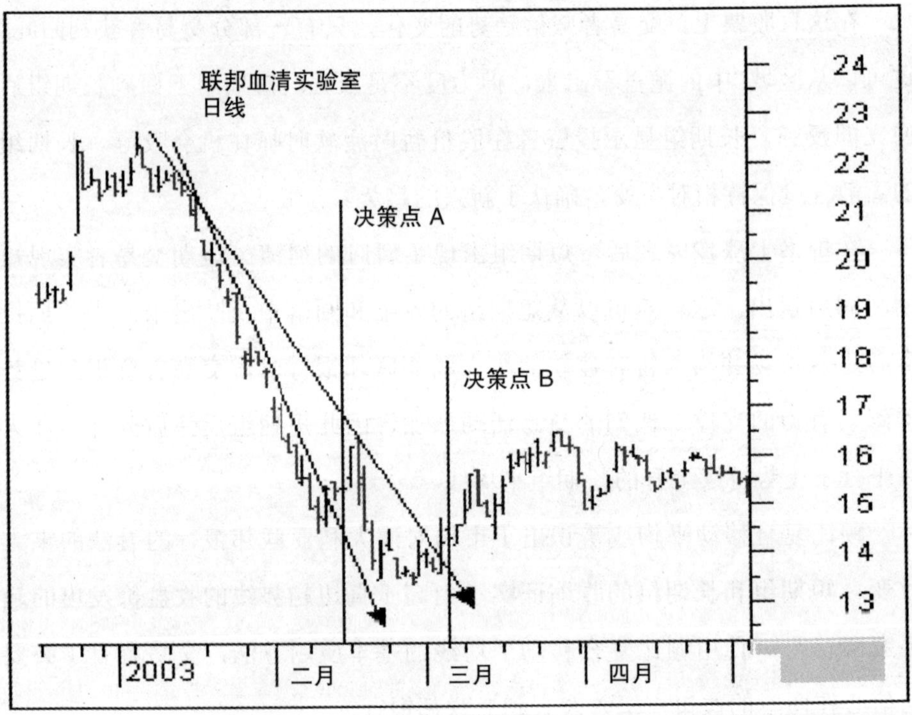

图6-7

概率与顾比复合移动平均线

当我们把顾比复合移动平均线应用到图6-8中时，我们就会对突破发展成为新的上升趋势的可能性有更好的理解。关键的问题是长期组的离散程度及其趋势的发展方向。在A、B两个决策点上，长期组平均线都分得很开，投资者并不喜欢这只股票，因此每当价格上涨，他们就趁机卖出。股票价格在他们的卖盘的打压下持续走低。

长期组与短期组之间的距离水平也使得两次反弹成功改变趋势方向的难度加大。最有可能的结果是股价轻微反弹后回落并持续下行。这种情形使得交易者和投资者纷纷抛售联邦血清实验室。

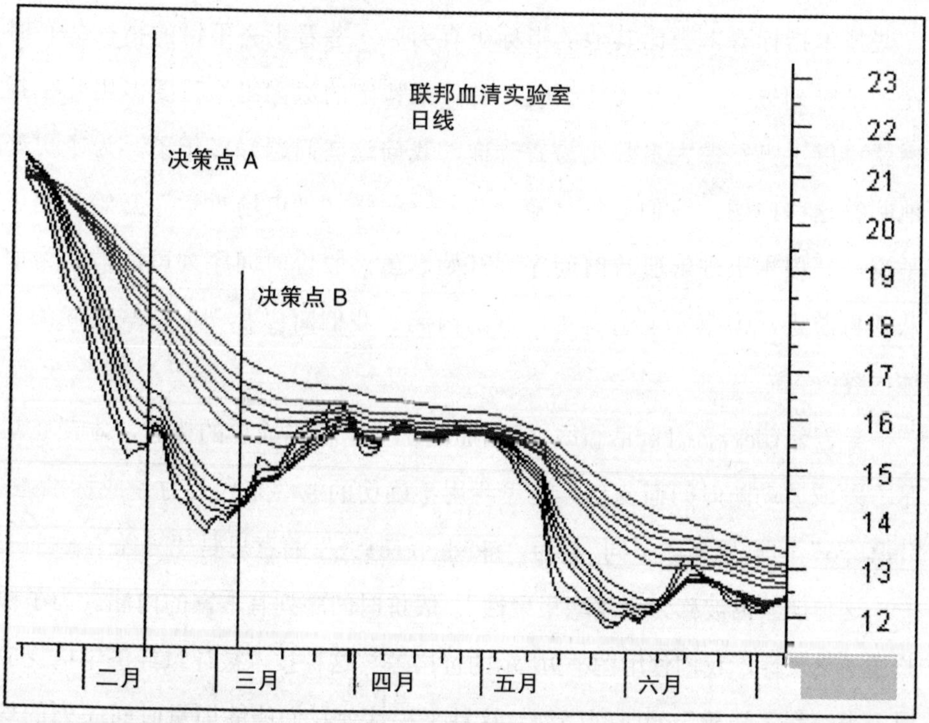

图6-8

继续往前看，我们确实看到了长期组和短期组收敛到了一起。此外，长期组开始收缩，暗示投资者在4月和5月对价格与价值一致性的认同正在增加。在3月末，10日移动平均线收于30日移动平均线之上，发出了经典的移动平均线买入信号。

使用顾比复合移动平均线时我们就要忽略这个买入信号，因为顾比复合移动平均线的收敛关系暗示它不会发展成为新的强趋势。这种分析基于对顾比复合移动平均线所揭示的关系的深刻理解，我们会在后面的几章探讨这些策略。

附录1：波动集聚行为

由Adam Cox最初发表在《技术分析指导》上，图表由Trade Station提供。一些技术指标看上去比其他的指标更有力。一些看上去不错的指标却有时在关键时刻失灵。这是为什么呢？有什么特定的原因吗？只要多用几个指标就可以了吗？像大多数交易者一样，我问这些问题好多年了。为了更好地回答这些问题，我们必须从第一步———建立“市场哲学”开始。也就是说，从根本上理解股价时间序列开始。虽然股价时间序列可能被认为服从随机游走，但事实上它有更丰富的内涵。我们简要看一下这些内涵的主体内容。

异方差(Heteroskedasticity)描述的是一个相当简单的概念，本质意思是方差或波动随时间而变化。这里我用不确切的波动来代替方差或标准差。“Hetero”的意思是“不同”，而“skedasticity”的意思是“方差”。

这种现象也被称为“波动集聚性”。股价时间序列有丰富的内涵。为了检验波动集聚性，我们使用图6-9所示的价格差。这种技术被计量经济学广泛应用，来获得“平稳”的时间序列。这种平稳性使我们能够衡量时间序列的均值和标准差。西太平洋银行的收益序列显示类似钟形分布，见图 6-10。

时间	股价	收益率
1	10	
2	10.20	(10.20－10.00)/10=2%
3	10.50	(10.50－10.20)/10.20≈3%
4	10.35	(10.35－10.50)/10.50≈－1.4%

图6–9

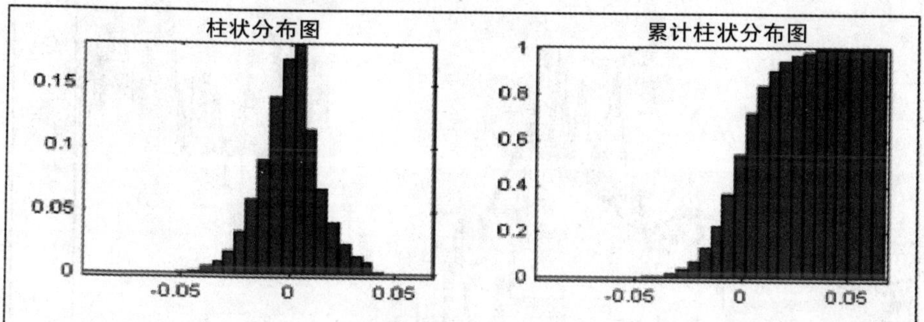

西太平洋收益分布

图6–10

波动非对称性

股票价格时间序列也呈现另一种现象——非对称波动，与异方差(Heteroskedasticity)有关。股价在下跌过程中的波动往往比上升趋势中的大。这种现象可以用杠杆效应来解释。波动在下跌过程中较大是因为股价下跌后要追交保证金。由追交保证金引起的卖盘把股价推向更低，因而下跌的惯性比上升时要更大。这种现象不只是由卖空引起的。做正常买空交易的投资者也许会以市价卖掉股票退出交易，而卖空的行为却不会使股价更低。

顾比复合移动平均线在价格水平上能反映异方差行为和自回归过程，却不是一个摆动指标。顾比复合移动平均线以有效的方式描述了这一现象，见图6-11。戴若·顾比在《股票交易策略》中写道：“……我们所看到的信号不是价格，而是行为。”这个指标能在价格水平上显示现象或行为的程度以及显示买空和卖空方向性特征，这些都是单一波动指标所不能表示出来的。很多摆动技术，包括随机摆动指标，是简单的平均过程，并不能显示波动集聚性的作用。

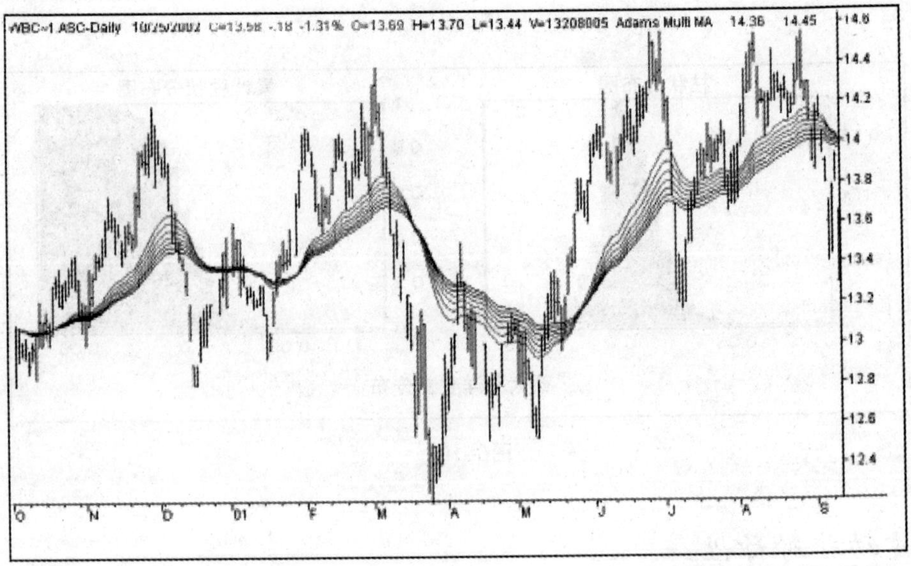

顾比复合移动平均技术以简单而有力的方式显示波动扩展和收缩的程度

图6-11

顾比复合移动平均线以一种简单而有力的方式描述了异方差和序列自回归，同时保留了价格方向的性质，这是单一波动指标做不到的。它在动态地显示这些现象或行为的程度以及显示买空和卖空的方向性特征上也有优势，这些也是单一波动指标做不到的。

对异方差的其他信息和其他技术指标有兴趣的读者可参考以下网址：

www.ozemail.com.au/～adamcox。

第七章
跟踪交易者和投资者

金融市场是由交易者和投资者，而不是由看多和看空的人主宰的。用于描述交易者态度的词汇不能用于描述市场运行。一个交易者可能会看涨或是看跌，这取决于市场条件和自己交易的进展。这些情绪会发生变化，但交易者对待市场活动的基本方式、短期观点和积极的风险管理是不会变的。市场不是一个单一的组织或机构，市场中的人们想法各异。这是一个解决多空双方矛盾的机制。在每个认为股票会涨的人背后都有一个认为股票会跌的人。市场交易机制使得这些矛盾得以解决。卖出股票的人拿到了钱，同时买入股票的人找到了机会。

这种广阔的市场机制中存在两组人——交易者和投资者。他们的活动决定着趋势的性质和特征。知道这两组人正在做什么，我们就能用有效的工具来分析趋势和选择最好的交易策略。

顾比复合移动平均线给这两组人提供了行动指南。他们的移动平均线代表了各自的行为。我们的个人行为同市场中的其他人并无大异，我们的想法和反应被市场中的其他人放大了很多倍。更好地了解我们在给定条件下的反应可以使我们更好地判断别人会如何反应。

有经验的交易者知道心理学在交易成功中起了至关重要的作用。对这种作用的最初理解使得我们能从容地面对恐惧和贪婪。不用付出太多的劳动就能赚到大把的钞票会对我们的行为产生许多意想不到的影响，其中一些影响是内在的，不容易表现出来。

当我们辛辛苦苦赚来的钱被下跌的市场吞噬的时候，恐惧便随之而来。这可不是像主题公园里玩过山车那样能保证安全的令人激动的游戏。我们会做出意想不到的反应，交易不总是令人感觉很好。贪婪和恐惧是引起的最基本的情绪。当我们摆脱这些原始情绪时，我们会发现很多其他的因素起了作用。

有经验的交易者知道成功不仅取决于对市场的了解，也取决于多么了解自己和自己的动机。在细节上每个人都有不同的心理反应，但渴望增加成功交易的心理因素是有用的。这些会最终反映在顾比复合移动平均线的关系上。

投资者行为

我们从投资者的行为开始，这也是那些为银行和其他组织管理投资基金的基金经理们要面对的特别的问题。这些问题包括在市场中转移大笔资金的需要、监管环境和普遍存在的高水平的羊群效应，这意味着他们不断与竞争对手比较评级、投资组合以及表现。基金经理和大投资者有数以千万的投资。当他们买入公司的股票时，通常打算长期持有。他们有耐心持有股票，而这种支持使股价变化减小。

他们的调查员花很长的时间调查公司并采访经理以了解公司，包括其营业状况、赞助商和产品。这是很重要的决定，一旦做出决定就很难改变。结果是基金经理对趋势发生变化反应缓慢，这会使趋势呈现出特殊的性质，从而产生很多交易机会。

在西方市场中有很多机构基金，其中有很多是以投资组合权重为基础进行操作的。在很大程度上，这些权重决定了它们持有多少现金和债券，多少国内股票或者国际股票。当市场处于牛市时，它们可能持有10%的现金、10%的债券、60%的国内股票，剩下的20%是国际股票。10%、10%、60%和20%就是投资组合权重。

在更特定的水平上，相同的权重会被应用到金融市场中的每个工业部门。基金经理按一定比例持有主要部门，例如零售业、采矿业、交通、能源和公共事业部门的股票。个人投资者用相同类型的分析，当黄金的价格上涨需求上升的时候，很多投资者更关注中金黄金(600489)，他们期望黄金开采公司的股价比江西铜业(600362)增长得更快。投资组合中黄金股票的权重会变大，而其他矿业股票权重会变小。

这种权重配置也适用于战术层次，也被用于在煤炭部门选择股票。权重公式能帮助决定投资组合中南方航空(600029)或东方航空(600115)的比例。股票在积极投资组合中的权重被经常检查并做出合理调整。在一些市场中，谨慎的监管条例规定要限制基金在某些特定部门中的权重。在美国，很多基金必须投资蓝筹股，不允许投资一些外国公司、不分红的小公司和成长型公司。这种谨慎的监管对不同的基金要求不同，它们对趋势的特征有重要的影响。

我们用一个例子来说明顾比复合移动平均线是如何反映投资者行为的。在2003年初黄金价格开始上涨的时候，很多基金投资组合中黄金股票的权重偏小。当黄金价格上涨后，在投资组合中增大黄金股票的权重就变得尤为重要。市场中黄金股票的权重已经发生变化，这对很多旨在复制市场指数表现的基金，例如“指数跟踪基金”来说是非常重要的。如果黄金部门的重要性从5%增加到15%，那么指数跟踪基金就必须把黄金股票在其投资组合中的比例从5%增加到15%，从而来继续复制市场指数表现。这提供了一个有用的方法来理解顾比复合移动平均线是如何反映投资者表现的。

图7-1所示为黄金开采公司利希尔黄金公司的顾比复合移动平均线的长线组。假设每一条移动平均线代表一个机构指数跟踪基金经理的买入活动或意图，最上面的那条代表基金A的买入活动，最下面的那条表示的是指数跟踪基金B的买入活动。虽然每个基金经理都想买入利希尔黄金公司的股票，但他们需求的紧急程度有所不同。基金A一直没有觉察到黄金价格的上涨。当金价开始上升，他们认为上升不会持续，因此他们并没有买入。然而金价进一步上涨，此时基金A发现自己低估了金价，现在他们急切需要增加像利希尔这样的黄金类股票到投资组合中，以使自己加入到表现更好的部门中，从而跟踪指数。增持利希尔的股票也确保了股票在工业部门中的分配能准确反映潜在各部门对大盘上涨的贡献。

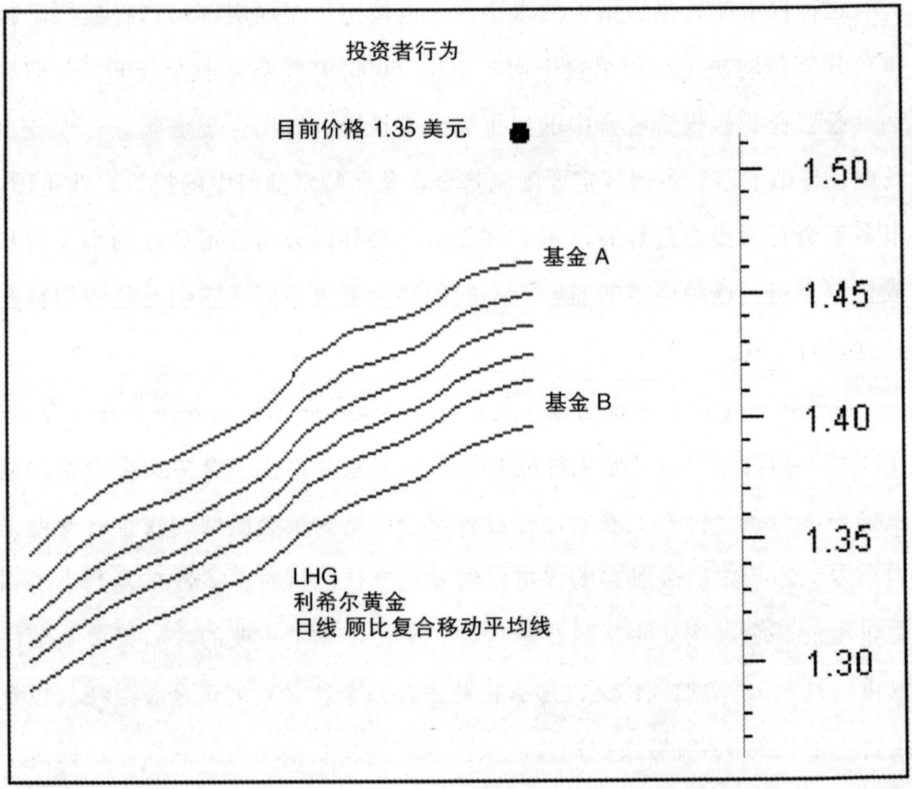

图7–1

指数跟踪基金B更为聪明，他们的投资组合中黄金类股票的权重比较合适。当金价持续上涨并好于其他工业部门股票的表现时，他们想增持一些利希尔的股票，但并不是很着急，他们能等到价格回落后再采取行动。

顾比复合移动平均线之间的距离显示了这些指数跟踪基金的需求差别如何反映在市场活动中。

当利希尔的交易者以1.53美元的价格买入的时候，投资者并不打算和这些把股价推高的交易者竞争。基金A在股价回落到1.47元就买入股票，因为他们不能等到股价继续下跌。他们需要迅速增持黄金股票，因此在1.47美元时就买入。

对基金B来说，他们已经持有了很大一部分黄金股票，因此并不急于买入，直到股价跌到1.4美元才开始行动，因为1.4美元的低价对基金B来说也是很有诱惑力的。长线组的离散程度反映了投资者对股票需求的急切程度。上升趋势中平均线之间的距离很大，意味着投资者依旧很渴望买入股票。那些认为自己将错过机会的投资者准备付出比已经大量持有黄金股票的投资者更高的价格来买入股票，而这些持有大量黄金股票的投资者只会在低价时买入股票。

平均线的分离宽度证明了趋势的强度，宽的分离代表强的趋势，窄的分离代表弱的趋势。当交易者以较低的价格——1.47美元到1.45美元之间甚至1.40美元——卖出股票时，有很多投资者和机构基金买入股票。0.07美元范围内的卖盘的压力被投资者吸收。如果长线组收缩，那么也许只有两分钱范围的卖盘压力能被投资者吸收，而这很容易使得卖盘大于买盘。这样的趋势较弱，很可能崩溃。

个人投资者的需求和基金经理的不太相同，但影响是一样的。如果你原先就买入了利希尔的股票，那么当金价上涨时，你的表现和基金B相似。如果在金价上涨期间你没有持有利希尔的股票，那么你的反应就和基金A的相似。这些普遍而基本的行为使得我们在评估趋势强度和特征时，能通过顾比复合移动平均线来推断投资者的行为。

交易者的行为

市场活动基于价格和价值的偏离。从个人角度看，我们所做的一切都被别人不断重复着，交易行为被相同类型交易者的活动放大了。当我们买入股票时，我们希望买到物超所值的股票。我们寻找低价股，加入竞价的行列来买入，而不是卖出。如果我们相信澳大利亚电信的价值是6.71美元，而其市价为6.00美元，那么我们会以6.00美元的价格买入，不管我们是如何知道其真实价值是6.71美元的。我们可能会用基本面分析，依靠经济报告，根据自己的判断或者用一系列图表和技术分析。我们甚至可以把澳大利亚电信的市价与其30天移动平均的均价（6.71美元）做比较。重要的是我们对这个信息如何反应。如果我们自己得出这个结论而别人却没有看出来，那么就很容易以6.00美元的价格买入澳大利亚电信。我们不用去和别人竞价，因为没有人意识到这只股票的市价与其未来价格的巨大差别。

当然，这种幸运的情况在真实的市场中并不普遍。一旦澳大利亚电信达到6.00美元，就有很多人，甚至成千上万的人意识到其价格和价值的关系。并不是所有人都会行动。一些人可能正缺乏资金，另一些人可能打算等到价格下跌到5.90美元甚至更低再买。然而，我们知道有很多人相信，对澳大利亚电信来说，6.00美元是一个很好的买入机会，我们可以通过众多买入指令看出来。

我们来看一下图7-2所示的交易指令屏幕，人们都渴望以6.00美元的价格买入澳大利亚电信。然而不幸的是，已经有9个买入指令排在了我们的前面，这对我们来说是关键问题，它限制了股价的波动。有9个人打算以6.00

美元的价格买入没什么可吃惊的，因为他们采用了和我们一样的分析方法和工具。我们都相信澳大利亚电信的价值是6.71美元，毫无疑问我们是如此碰巧。但我们还有一个问题，只有1000股股票愿意以6.01美元卖出，却有10个人准备以6.00美元的价格买入，他们总共的需求是20000股！

匹配价格和价值

	买入指令流		卖出指令流		
交易者C	$ 6.00	2000	1000	$ 6.01	
	$ 6.00	2000	1000	$ 6.11	
交易者B	$ 6.00	2000	1000	$ 6.21	
	$ 6.00	2000	1000	$ 6.31	
	$ 6.00	2000	1000	$ 6.41	
	$ 6.00	2000	1000	$ 6.51	
	$ 6.00	2000	1000	$ 6.61	
	$ 6.00	2000	1000	$ 6.71	大家认同的价值
交易者D	$ 6.00	2000	1000	$ 6.81	
我们最初的买单	$ 6.00	2000	1000	$ 6.91	
	$ 5.90	2000	1000	$ 7.01	

图7-2

图7-2中显示的是简化的指令结构，为了使例子简单，我们将卖出指令流冻结。价格和价值的差别会持续多长时间？答案取决于我们如何对待买入机会。如果我们相信差别很可能持续一段时间，那么我们会待在指令流的底部。如果我们相信差别不可能持续很长时间，那么我们必须击败其他的竞争者，把买入价定为6.11美元。我们打算买入2000股澳大利亚电信，唯一的办法就是把竞价提高到6.11美元。

下一步所要发生的一切依赖于很多因素。6.11美元与我们的目标值6.71美元之间仍有很大差别。交易者B很担心突然出现的6.11美元的竞价可能使自己失去以合适的价格买入澳大利亚电信的机会，因此他决定撤掉原来的买单。他想买2000股股票，因此他不得不以6.21美元的价格买入1000股，以6.31美元的价格买入另外1000股。即使现在提高了竞价，但仍然低于所估计的6.71美元的价值。交易者B以右边的卖价买入了股票。

图7-2显示10个交易者得出了相同的分析结论。他们在市场中下买单把自己的分析付诸行动。他们所能执行自己分析的唯一方法就是比他们的竞争者出更高的价格。这是一次令人激动的经历，价格一点点接近其真实价值——6.71美元——最疯狂的交易者以这个价格买到股票。

处在指令流前面的交易者C现在看起来就要完全失去机会了。尽管他对自己的分析和情绪有信心，但他也可能决定追高。毕竟他认为澳大利亚电信的价值是6.71美元，现在价格涨到6.31美元，就是别人也相信澳大利亚电信至少值6.00美元的证明。于是在自己分析和情绪的双重驱动下，他撤掉原来的买单，以6.41美元和6.51美元的价格买入总共2000股。

交易者D有一个很坏的习惯——他的分析是正确的，但却因为太胆小，不敢追高，从而错过机会。这次他决定硬着头皮买入。他以6.61美元和6.71美元的价格下了2000股澳大利亚电信的买单。

波动周期

这是一个简单化的例子，但是下一步所要发生的也很重要，因为它完成了一个波动的周期。当价格和价值一致时，波动减小。我们用我们自己的例子来说明这个问题。我们认为澳大利亚电信的股价在6.00美元时是被低估了。我们以6.06美元的平均价格买入了澳大利亚电信，这和我们所估计的真实价值6.71美元相比还算是便宜的。现在澳大利亚电信的股价涨到了6.71美元，我们就没有必要再持有这只股票，除非我们能合理地预计其价值比6.71美元还高。如果它的价值真的高于6.71美元的话，我们应持有这只股票，一直到其价格达到价值水平。

基于这种分析，当价格与价值相等的时候，我们以6.71美元卖掉澳大利亚电信实现利润。在这个例子中我们以6.71美元的价格卖出，因为我们并不认为澳大利亚电信会涨到超过其真实价值——6.71美元。

我们的卖出可能会在其他交易者中引发瀑布效应。记住，交易者对控制风险的两个方面感兴趣。第一是保护资本，第二是保护未实现的收益。价格的下跌吞噬掉了交易者C的未实现收益。他也看到了澳大利亚电信的价格上涨到所估计的真实价值，而现在他担心价格的下降是下跌趋势的开始。这不是他所希望的结果，因此他卖掉股票来保护剩下的一点收益。就这个例子来说，我们假设卖掉2000股会使股价下跌到6.41美元。

交易者都想保护资本，而交易者D现在已经亏损了。他卖掉了2000股，驱使股价下跌到6.21美元，这引起另一轮卖出。这种活动反映在日线图上，我们可以看到以6.01美元开盘，上涨到6.71美元，然后又回落到了6.01美元。把时间框架从一天放大到10天或是20天，我们就放大了波动。我们对价值的估计也许会发生变化，价格与价值的关系也会变化，但我们对这些变化的反应是不会变的。

在更广泛的市场中，个人的反应被复制了很多次。我们在个体层次上的行为过程被很多人在同一时间以相似的方式重复着。我们是市场中某一组人中的无名的组成部分，这一组人有共同的分析和共同的风险管理方式。我们的活动引发了波动，因为我们的交易目标是更紧密地匹配价格和价值。

我们的行为与市场中的其他人并无大异。我们的想法和反应被市场中的其他参与者放大了，并在长线组和短线组中反映出来。顾比复合移动平均线抓住了这些潜在的关系，在下一章中我们会展示如何利用这些信息满怀信心地加入已经确立的趋势。

第八章
理解趋势特征

顾比复合移动平均线提供了一个理解趋势的方法，据此交易者可以自信地评估趋势的性质和强度。进行中的趋势行为有三种基本类型，我们在这一章中针对每个类型都举一个例子，它们是：

- 快速移动的陡峭的趋势；
- 交易不太活跃的较长期的稳定趋势；
- 交易一贯活跃的长期趋势。

每个例子中的第一幅图显示决策点，即当交易者第一次发现交易机会时候的图表的样子。每个例子中的第二幅图显示趋势是如何发展的，最初的决策点用图中的竖线表示。第二幅图是用来显示顾比复合移动平均线是如何更有效地定义发展中的趋势的性质和特征的。

这几种趋势机会通过了我们的视觉测试和趋势线测试。我们如何决定加入这些趋势并选择最好的进入策略依赖于我们对交易者(由短期组表示)和投资者(由长期组表示)之间关系的了解程度。这种分析测试能进一步从候选股票中辨识出更好的候选股票。

趋势的性质是由投资行为决定的。强的趋势可以从长期组中线与线之间的宽度看出来。趋势的特征是由交易者的行为决定的。在一些特殊的强趋势中，短期组显示交易极不活跃，短期组平均线一直保持分开。在另一些不太稳定的趋势中，交易活动增加是因为交易者力图从价格波动中快速获利。这可以从短期组收缩和分开的频率上看出来。

我们关注的是交易者行为，因为趋势是通过长期投资者的行为来加强的。尽管不是毫无风险，但这些趋势交易机会使我们能以低风险进入市场，同时不用太费心地去管理交易。每隔几天对图表进行快速的浏览，就是所需要的所有监督管理。这使得这几种类型的交易适合于那些有全职工作、没有太多时间花在经纪人或者大额交易商那里的人。

这些趋势交易机会利用了最明显的顾比复合移动平均线的关系。我们并不关心趋势突破是如何发起的。我们也不需要判断在旧的趋势变化成新的上涨趋势的那个点上的平均线的收缩程度。我们的目的不是去识别趋势突破或预期趋势的变化。在前几章我们讨论过的典型的趋势突破情况下，尽早意识到趋势变化的交易者能获得许多有利的条件。然而风险也很高，因为我们的分析可能是错误的。这种趋势突破交易需要很高的技巧。然而当我们加入已经确定的趋势的时候，入场时机的选择也就显得不是太重要了，因为上升趋势可能会持续许多天甚至数周。成功仍然要依赖技巧，但在趋势确定以后，风险会比较低。

我们的兴趣是已经确立的趋势的性质和特征。我们寻找低风险、高概率的趋势交易机会。我们的目的有两个，一是加入上升趋势几周或几个月，二是在市场出现趋势变弱的迹象或趋势结束信号后退出交易。这两个目的的实现都不是看上去的那么容易。从理论上看，在形势一片大好的时候退出交易是有道理的，也就是说，既然我们不能肯定趋势的顶部，就应该在上升趋势中获利一段时间后并在趋势反转之前尽快退出交易。在实际中贪婪成为绊脚石。我们想从趋势中赚更多的钱，或者我们在上升趋势已经反转后仍坚持等待以更高的价格退出。顾比复合移动平均线帮助我们分析趋势，但只有遵守交易纪律才能使这种分析转变为成功的交易。

很多人把两条移动平均线结合起来分析趋势。在下面的例子中，我们也展示了标准的两条移动平均线指标。读者有机会可把这种指标与顾比复合移动平均线做一下比较。我们展示了顾比复合移动平均线是如何传递给我们更多有用的趋势特征和性质信息的。这些信息能使交易者发展更有效的交易策略。

快速移动的陡峭的趋势

我们没有必要一定成为其中一个首先发现有利机会的人。通常我们看到在几周内发展起来的趋势时，我们只有一个问题：加入趋势是安全的吗？这个问题经常被问起，尤其是当价格从盘整区域突破并以陡峭的趋势上升的时候，就像图8-1所示的中科英华(600110)。利用截选的蜡烛图所提供的信息，我们需要决定最好的交易策略。

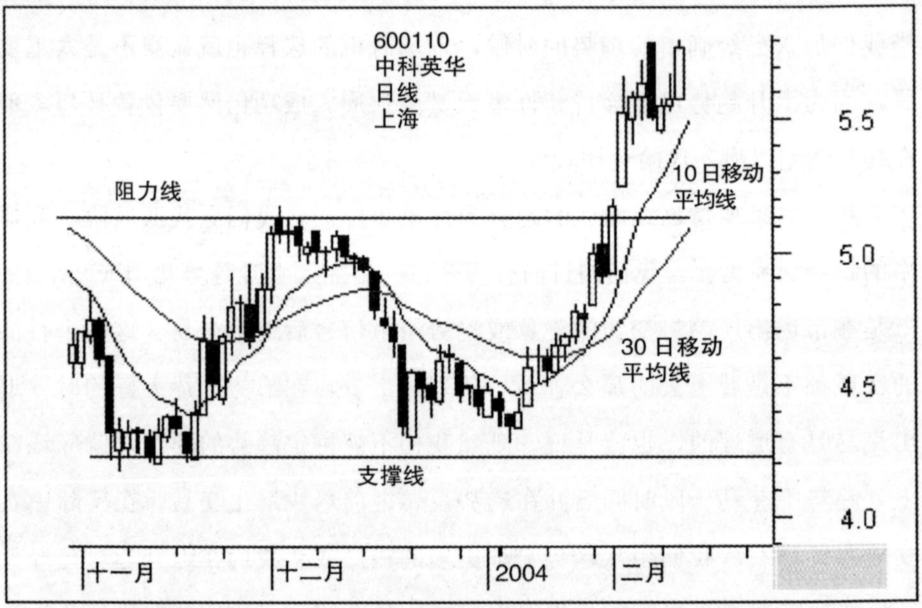

图8-1

利用价格图我们可能会避免加入趋势。趋势的突破是迅速的，趋势坡度是十分陡峭的，这是动量驱动交易的特征，这种趋势可能迅速崩溃。股价的停滞和下跌可能是趋势崩溃的开始。这种暂时的横盘运动也有可能是趋势持续的开始。为了能做出好的决定，我们需要理解趋势的特征。我们用交易活动的信息来做一下分析。

很多人只依靠两条移动平均线，10日移动平均线用粗的黑线表示，它远远高于30日移动平均线。当前的价格运动高于10日移动平均线，确认这是一个强而快速的趋势。它没有提供给我们额外的信息——趋势持续的概率是多大。移动平均线最有用的特征是短期移动平均线向上突破长期移动平均线，因为这是新趋势可能出现的信号。这是简单而有用的分析。但一旦我们试图更有效地利用这种工具，我们却发现两条移动平均线所提供的信息实在是很有限。

我们从图8-2所示的顾比复合移动平均线中所能得到的信息在决定加入趋势时更为详细和有用。竖线表示的是前一幅图中的决策点。我们用顾比复合移动平均线来理解这个发展中的趋势的特征。

我们注意到的第一个特征是顾比复合移动平均线在区域A中的活动，A区域与我们在决策点对股票的分析没有关系。在支撑区域精确地应用顾比复合移动平均线来辨识突破点是很困难的，但这并不会降低顾比复合移动平均线在评估趋势的性质上的价值。

我们首先想知道长期投资者的想法。看来他们很乐观。上升趋势一开始，长期组就迅速扩散成一条宽带。这条带越宽，趋势就越稳定，支撑就越强。虽然趋势很陡，但长期组的表现意味着投资者正在竞相买入。
长期组的发展分形重复了短期组的发展，只不过速度慢一些。

交易者的行为同样提供了趋势特征的重要信息。趋势是很稳定的。如果趋势突破是由投机交易控制的，由于交易者卖出股票迅速获利，我们会看到短期组重复出现扩展和收缩活动。

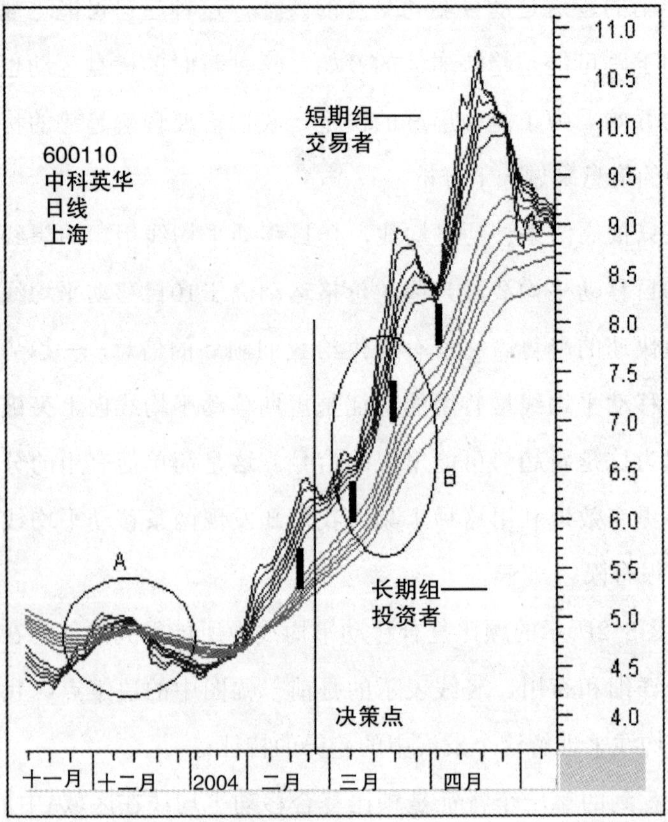

图8-2

短期组迅速分开并保持相等的距离。截止到区域B时，各条移动平均线几乎相互平行。扩展停止了，却并没有明显的收缩迹象，这意味着交易活动在增加。这个趋势受到投资者和打算进行短期交易的交易者的有力支撑。趋势是很强的，因此这些交易者现在倾向于在趋势持续时坚持持有股票。

最终长期组和短期组的分开程度(用粗的竖线表示)稳定了下来。这两组线以不变的距离平行运动。向前看一下可知在趋势发展过程中两组线的分开程度一直未变。

虽然这是一个由动量驱动的陡峭的趋势，但顾比复合移动平均线显示在决策点加入趋势风险很小。这个趋势有稳定的特征。这种类型的趋势能通过我们的候选股票选择测试。这是一个趋势中期入场的例子，因为我们加入的是已经确定了的趋势。

总之，顾比复合移动平均线提供了中期入场的辨认信息。

- 短期组明显分开并与长期组平行向上发展。
- 短期组频率不高的收缩和扩展意味着投机交易不是很多。
- 长期组中的各条平均线迅速分开，并保持稳定的平行关系。线与线之间也分得很开。
- 长期组和短期组的距离保持稳定，这确认了趋势的持续性。

以6美元的价格在趋势中期买入，用后面章节的技术在9美元时卖出，能在10周内得到50%的收益。

带有一定交易活动的较长期的稳定趋势

趋势稳定性取决于两个因素。第一个是长期投资者的支撑水平，它决定了趋势的性质，可以由长期组的分开程度与倾斜程度显示出来。第二个是投机交易的水平，它决定了趋势的特征，可以由短期组扩展和收缩的频率以及价格反弹和回落的程度显示出来。中科英华(600110)的例子显示长期投资者为趋势提供了有力的支撑，而趋势中投机行为相对较少。用这些关键的特征我们更容易分析图8-3中澳大利亚博罗公司股票的交易机会的类型。

我们和其他交易者一样，从价格图开始进行趋势分析。我们用的是条形图，但蜡烛图也能显示同样的信息。价格图是令人迷惑的，趋势很明显——长期的趋势线A加速上升，加速度由趋势线B定义，但目前的价格运动显示趋势不太明朗。我们可以选择画一条新的趋势线C，在价格暂时回落时它能提供加入这个总体上处于上升趋势的机会，但问题是价格可能一路回落到A趋势线。

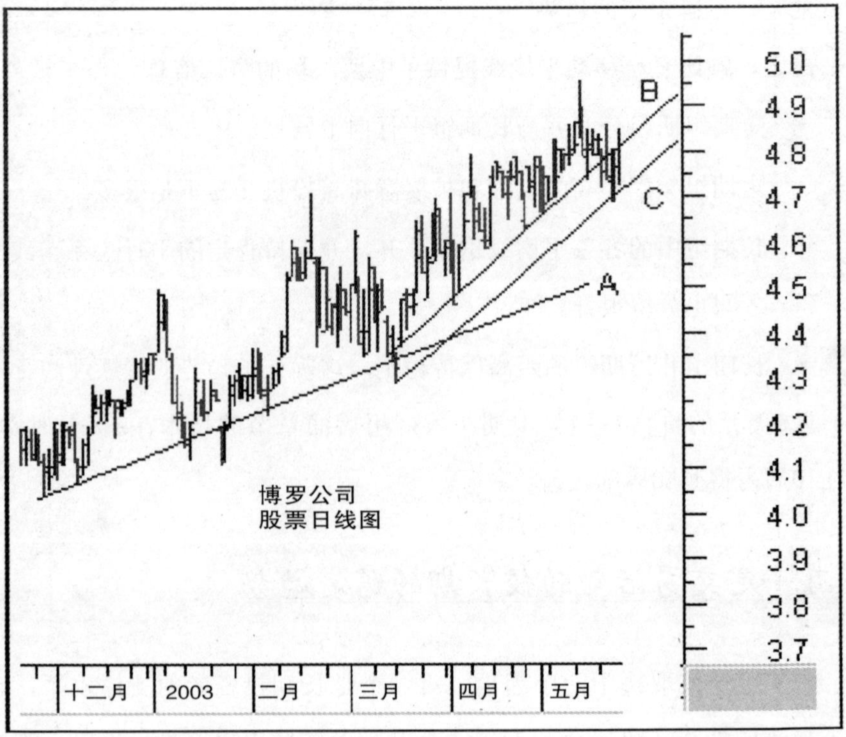

图8-3

看上去博罗公司股票提供了一个加入已经确立的趋势的机会。条形图不能提供给我们足够的信息做出自信的决定。相反，顾比复合移动平均线指标能提供更多趋势特征和合适的交易策略的信息。

我们从理解趋势的性质开始分析。从检验图8-4中的长期组的活动开始，竖线显示的是原先条形图的决策点，长期组明显分开并以大体平行的方式发展，长期组和短期组之间的距离基本保持不变，这种情况我们刚才已经看到过了，因此现在当价格下跌的时候应该坚定地买入。长期组线与线之间明显分开并相互平行意味着投资者正在不断吸筹，价格一下跌，投资者就抓住机会马上买入。

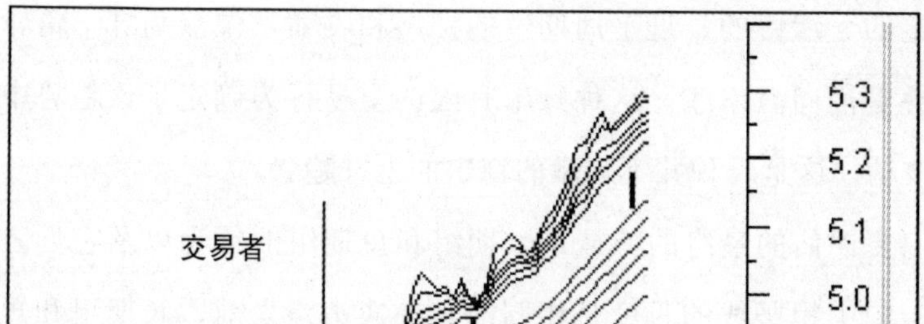

图8-4

这只股票的倾斜度没有中科英华(600110)大。这种稳定的向上爬升的速度比趋势线A快，但比趋势线B和C慢。我们没必要用一个确定的值，如35°或者40°来定义趋势的坡度。很明显博罗的趋势没有中科英华(600110)的陡，这种温和的上升是由长期投资者支撑的长期持续趋势的典型性质，这种强的潜在趋势突然崩溃的可能性很小，我们首要的关注点是加入趋势的买入分析。当这种类型的趋势结束时，很可能缓慢地转变为下跌趋势，这给投资者充分的机会来慢慢卖掉股票。

我们感兴趣的第二个特点是平均线短期组的收缩和扩展水平所反映出来的市场交易行为，这是趋势的特征。在决策点之前有4个完整的收缩和扩展的周期。这是温和的交易活动，价格没有出现狂涨狂跌的现象，相反是一种稳定的、缓慢的、近乎周期性的扩展和收缩，像涨潮时一轮轮的波浪不断重叠着涌向海岸线。这种频率有限的交易行为确定了该趋势中不会有剧烈的波动，这是一种并不刺激的稳定的上升趋势。

我们要评估的最终的特征是长期组和短期组的行为以及它们之间的分开程度。图中粗竖线的长度是相同的。在决策点之前，长期组和短期组之间分开的程度是大体相同的。短期组和长期组平行移动，交易活动有所增加，但不足以对趋势产生太大威协。当价格下跌时，投资者便加入进来，以确保价格下跌只是暂时现象。当交易者卖掉股票实现短期收益，这只不过会使上升趋势有所放缓而已。展望后期，可以看到在以后的几个月中，长期组和短期组的分离程度相对保持不变。

对那些想加入这个已经确立趋势的头寸交易者和投资者来说，博罗是一只优秀的股票。在强趋势的背景下，他们都从价格有规律的暂时回落中买入股票并从中获利。如果交易者只用直边趋势线来分析的话，这些价格的暂时回落很可能触发退出信号。顾比复合移动平均线分析告诉我们价格的回落不太可能对潜在趋势产生太大威胁。顾比复合移动平均线分析确认在决策点买入是一个低风险的趋势交易，具有这些顾比复合移动平均线关系的股票能通过选择测试。

总结一下，顾比复合移动平均线为加入中期趋势提供了以下辨认信息。

- 长期组线与线之间明显分开并平行移动，投资者提供了强劲而坚定的支持。
- 短期组小范围的收缩和扩展活动意味着较小的波动和有限的交易活动。
- 价格的下调没有使短期组跌落到长期组的水平上，这说明交易者并不是在试探趋势的变化。短期组一直未接触到长期组。

- 短期组与长期组之间的距离保持不变。它们相互平行移动，可以确认趋势是强劲而稳定的。这是一个可靠的长期趋势，不太可能突然下跌。

交易一贯活跃的长期趋势

第一眼看到澳大利亚AGL公司的股价运动图(图8-5)时就能发现该趋势中股价波动较大，价格的反弹和回落很明显。短期趋势把价格显著抬高后马上就伴随着一个大幅回落并跌破趋势线，见区域1，这是危险的令人不安的趋势，即使从长期来看收益可观。危险是因为趋势中的波动程度较大。交易者不断驱使价格下跌，其中的任何一次都可能是趋势结束的信号。这使我们很难判断哪一次价格下跌是买入时机，而哪一次是趋势结束的信号。

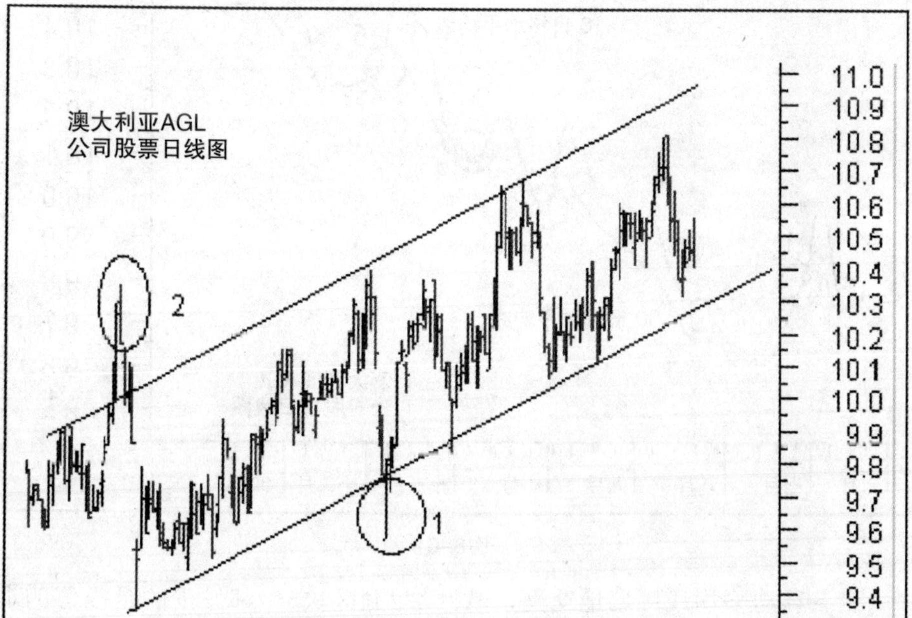

图 8-5

这种图很难画直边趋势线。下面那一条画得并不完美，但它抓住了大多数的价格低点。上面的那条平行趋势线很好地定义了上升通道的上边界，即使在区域2有个例外。

是否应该在价格图显示的价格疲软的时候加入趋势？这是应用趋势分析中的关键问题。我们认为顾比复合移动平均线能给出更为全面的答案，并用两条移动平均线的分析说明原因。第二幅AGL的图(图8-6)显示了10日和30日移动平均线。我们可以缩短或延长移动平均线的时间长度，但仍然存在同样的问题。我们没法知道现在的价格回落是暂时现象(如区域2到区域5)，还是趋势下跌(如区域1)。我们从两条平均线的关系中了解最多的就是这两条移动平均线已经产生许多含义迷惑的信号。

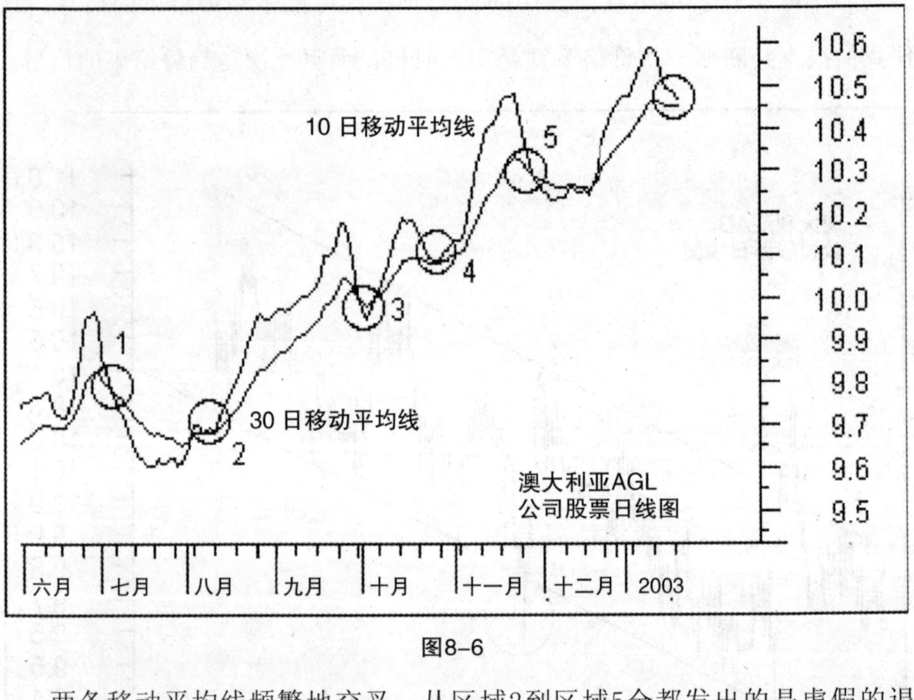

图8-6

两条移动平均线频繁地交叉，从区域2到区域5全都发出的是虚假的退出信号，美国交易者称之为短期波动。我们可以看到上升趋势成功地把价格从9.7美元抬升到10.60美元，但如果我们用移动平均线来管理趋势交易的话，交易可能在平均线的第一次交叉时(9.95美元)就结束了。两条甚至三条移动平均线的组合也不能提供给我们任何趋势性质或者特征的信息。我们不知道交叉信号到底是不是趋势结束的信号。我们所能得出的最大的结论是移动平均线的组合发出很多虚假信号。

对这种问题的经典的解决方法是把30天的移动平均线延长到40天，这样可以除去虚假的信号。这种曲线拟合的方法是把指标调整到满足某一只股票的特定的特征。我们需要一个广泛适用各种股票的组合指标。即使我们延长30天移动平均线的期限，我们又会面临另一个问题。这个组合指标只有现在对这只股票有用，却不适用于对别的股票进行每日分析，因为时段太长了，该指标对趋势的反应太慢。

顾比复合移动平均线提供给我们丰富的信息，图8-7中的竖线为交易决策点。为了理解趋势的性质和特征，我们需要用顾比复合移动平均线来检验三个特征。

- 长期组的扩展和收缩的程度。
- 短期组的扩展和收缩的程度。
- 长期组和短期组的分开程度。

我们先分析一下这只股票中投资者的表现。这只股票表现出来的是一个令人担心的趋势，长期组线与线之间分开得相对较窄，在区域1的上攻之后，股票一直没有得到投资者全力的支撑，长期组线与线之间分开的距离没有像博罗或者中科英华那么宽。这种情况使得趋势很容易受到攻击后下跌甚至崩溃。

当股价在交易者的抛盘压力下走低时，我们看到紧张的投资者赶紧趁机卖掉股票，而不是逢低买入。对每一次新的价格下跌，一些投资者担心这可能是上升趋势的结束，这可以从长期组频繁收缩看出来。这是由投资者的卖出活动造成的，因为他们正在卖出股票以使股票的价格和价值相一致。

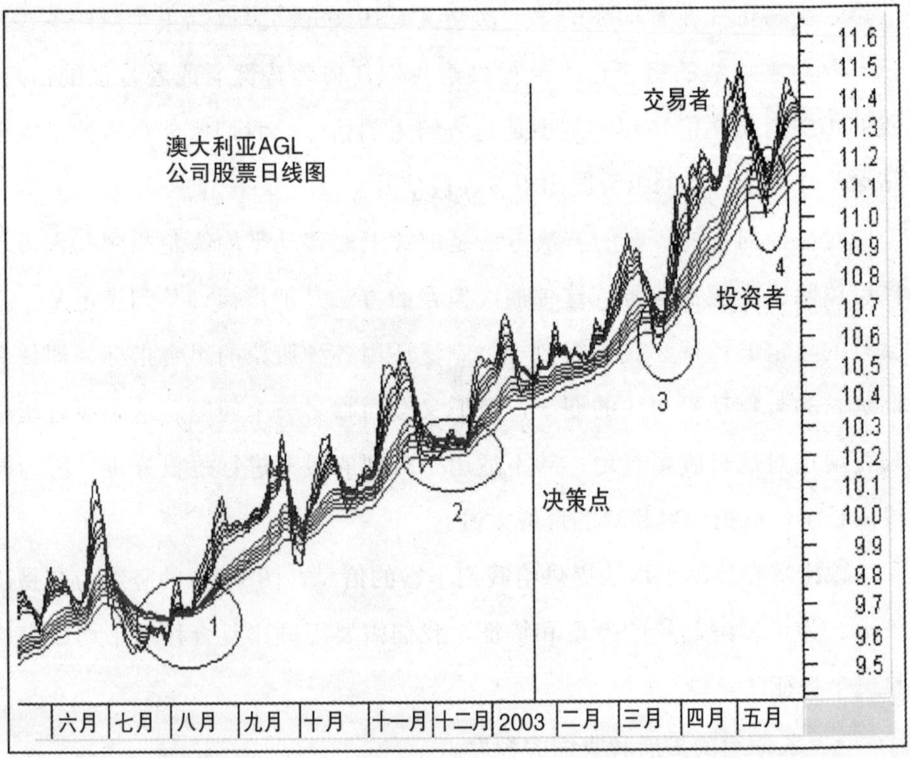

图8–7

如果投资者相信较低的价格意味着更高的价值，那么他们会积极地相互出高价来竞相买入股票，这样会使长期组和短期组的分开程度保持不变，像之前那两个例子一样。

短期组呈现规律性收缩和扩展，我们知道交易者的交易很活跃。交易者把股价推高，实现收益，然后在股价下跌后静观市场变化。股价这种频繁反弹和回落意味着交易者也认为趋势不是很稳定。他们担心趋势崩溃，这就是他们实现短期收益的原因。价格的下跌试探和测试着趋势的强度。

股价的每一次反扑回拉都减弱了趋势的强度。在区域2中的反扑回拉造成了长期组的收缩。交易者抢反弹的速度很慢，因为他们对上升趋势没有信心。在区域3短期组在反弹之前下探到长期组，在区域4也发生了这种情况。每次价格回落都比前一次更剧烈。这确认了趋势正在减速，趋势崩溃的可能性正在增加。在2003年6月趋势发生反转，价格从11.50元的高点跌到了10.60元。

我们感兴趣的第三种关系是长期组和短期组的分开程度。在这幅图中，分开程度不断变化，这确认了趋势是不稳定的。

从顾比复合移动平均线中得到的信息使我们能够做出更好的决定，而这些信息是两条移动平均线所不能提供的。对交易者来说，顾比复合移动平均线指标确认有短期交易机会。这些短期机会并没有良好的潜在趋势对其进行安全保证。这些交易需要速度、谨慎和纪律。

对投资者来说，顾比复合移动平均线显示加入这个趋势要比中科英华或博罗有更大的风险。趋势被价格的下跌试探和测试的频率越高，趋势崩溃的可能性就越大。这个趋势有很快崩溃的迹象，因此这种股票不能通过我们的选择测试。

总结一下顾比复合移动平均线提供给正在考虑加入趋势的交易者的辨认信息。

- 长期组平均线宽度很窄，意味着趋势相对较弱。上升趋势可能持续几个星期，但很容易受到攻击后迅速崩溃。
- 交易活动频繁，波动性较强。
- 交易者不断试探和测试趋势的变化。价格的下跌使得长期组平均线宽度收缩，有时价格下行跌破长期组。
- 长期组和短期组平均线之间的距离不断波动，确认了潜在趋势的不稳定性。这种趋势的特征令人紧张，与之前两个例子相比很不稳定。

顾比复合移动平均线提供给交易者关于趋势性质、特征和稳定性的更加丰富的信息，这是其他分析方法所不能提供的。这些信息使交易者或投资者能制定更合适的策略。在一个可靠的、确立的趋势中，不需要太多管理监控，买入价对交易的成功不是很关键。在一个交易频繁的不稳定的趋势中，买入价就很重要，因为利润较少。这些趋势条件需要更频繁的交易管理，因此它们不太适合长期投资。

澳大利亚AGL公司的走势图展示了在价格疲软的时候加入趋势的前景。即使我们可能接受加入强的趋势是成功的交易策略的观点，我们也总是在寻找别人没有发现的交易机会。我们认为在价格暂时回落时加入趋势的话自己会做得很好，这是经典的策略，但危险是价格的下跌可能意味着新的下跌趋势。在下一章中我们会考虑如何用顾比复合移动平均线来帮助我们分辨暂时的价格疲软和真正的趋势崩溃。

第九章
利用股价弱势

对任何趋势交易指标来说，最终的挑战是区别暂时的股价疲软与真正的趋势变弱。判断对了，交易者就能以比期望更低的价格加入强的趋势，从而获利。这是交易者和投资者用来加入已经确定了几周或几个月的趋势的重要方法。你不必在趋势刚开始的时候就加入趋势，在价格突破原来的下跌趋势开始新趋势以后再加入趋势就能不断得到稳定而可观的收益。

如果你不能区分这种差别，那么在你“低价买入”后，价格可能一泻千里。这是把心提到嗓子眼的感受，像把钱装到别人口袋里的噩梦。避免这种错误对投资成功来说是至关重要的。顾比复合移动平均指标可以用来理解上升趋势背景下的价格的回调行为，这是股票选择测试中的特征评估的一部分。通过测试的股票可以留下，而那些未通过的便被从候选名单里删掉。我们利用顾比复合移动平均线，因为它是一个判断趋势性质和特征的更为有效的工具。我们从顾比复合移动平均线中得到的结论是两条、三条甚至更多条的移动平均线的组合也得不出来的，它所指明的关键关系是交易者和投资者行为的方式。

我们在这一章中讨论三种情况。

- 以合适的时机在价格回调时加入强的动量趋势中。
- 在价格大幅下跌后加入反弹后的趋势。

- 当其他工具发出虚假的趋势崩溃信号后安全地加入趋势。这也涉及如何应用顾比复合移动平均线更有效地管理退出和避免错误地退出交易。

强的动量趋势中的价格微幅下调

反弹交易发生在强的上升趋势中价格下跌的时候，价格触到强的支撑线后弹起。一只以1元的价格交易的股票现在0.85元就可以买到，这种低价是暂时的，如果上升趋势持续的话，反弹会使价格迅速涨到1元甚至更高，反弹交易抓住了价格稍微下调的机会。

当我们在寻找交易机会时发现一只像Timbercorp这样的股票是很幸运的。它已经确立了快速上升的趋势，横盘整理，然后继续上升。由于某些原因，我们错过了早期加入趋势的机会。我们打算在价格回落到趋势线时加入趋势。现在有三个问题：

- 潜在的上升趋势依然很强吗？
- 这次价格回落是暂时现象，还是新的下跌趋势的开始？
- 我们怎样才能在价格反弹之前以尽可能低的价格买入？

图9-1所示的条形图没有给出合适的回答。在6月末，价格跌向上升趋势线，从理论上，我们预期股价会在触到上升趋势线后反弹并持续上升趋势。然而，根据6月的下跌也可以画出一条下跌趋势线，这使得趋势走向很不明朗。这是一个买入机会呢，还是意味着上升趋势已经转为下跌趋势？价格从0.7元到1元的上涨速度非常快，通常这种势头会很快崩溃。如果趋势尚好，我们就能获得很大的收益。相反，如果我们以目前的价格买入而趋势崩溃的话，价格的下跌会很快。

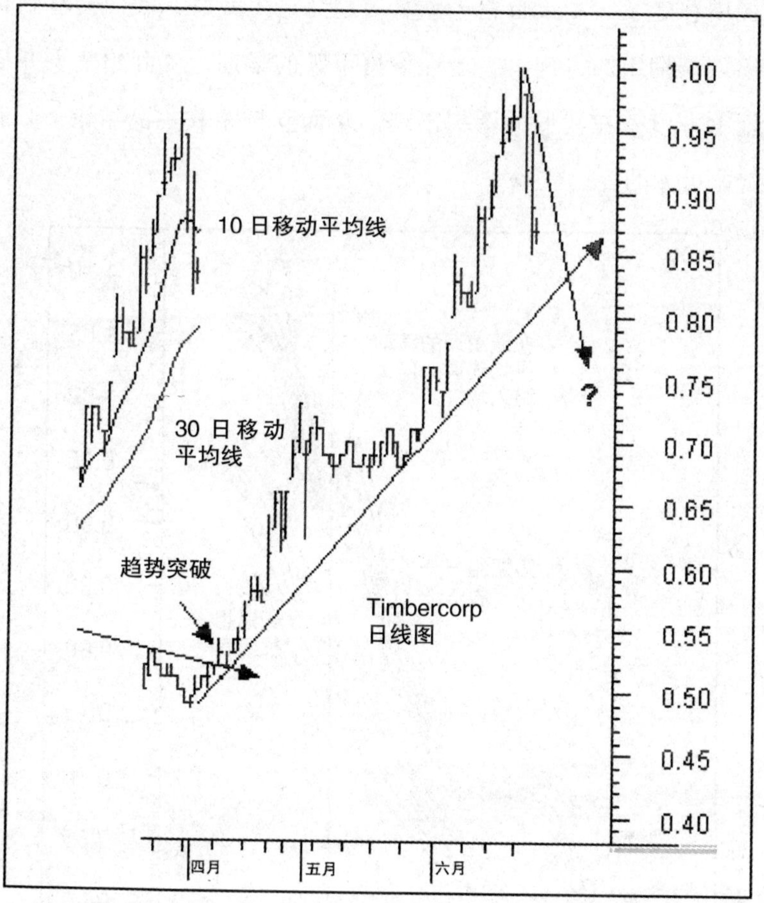

图9-1

10日和30日移动平均线不能提供关于上升趋势强度的信息。对考虑加入趋势的交易者来说，移动平均线不能对刚才所提的三个问题做出回答。

图9-2中的顾比复合移动平均线提供给交易者更多信息，决策点出竖线A表示，这条线代表图9-1中的最后一天。任何交易决定的关键是潜在趋势的强度。长期组线与线之间明显分开并大致平行向上移动，这具备一个强趋势的所有特征。这个结论就是对第二个问题的回答——这次价格回落是暂时现象，还是新的下跌趋势的开始？

价格的回落不太可能是新的下跌趋势的开始。暂定的下跌趋势线可以从条形图中移走了。如果价格下跌真对趋势产生威胁，我们会看到长期组开始收缩，长期组的方向，甚至在价格下跌的早期，就开始变平并横向移动。然而这并没有在我们的图中出现，从而支持了我们的结论——潜在的长期趋势是可靠的。

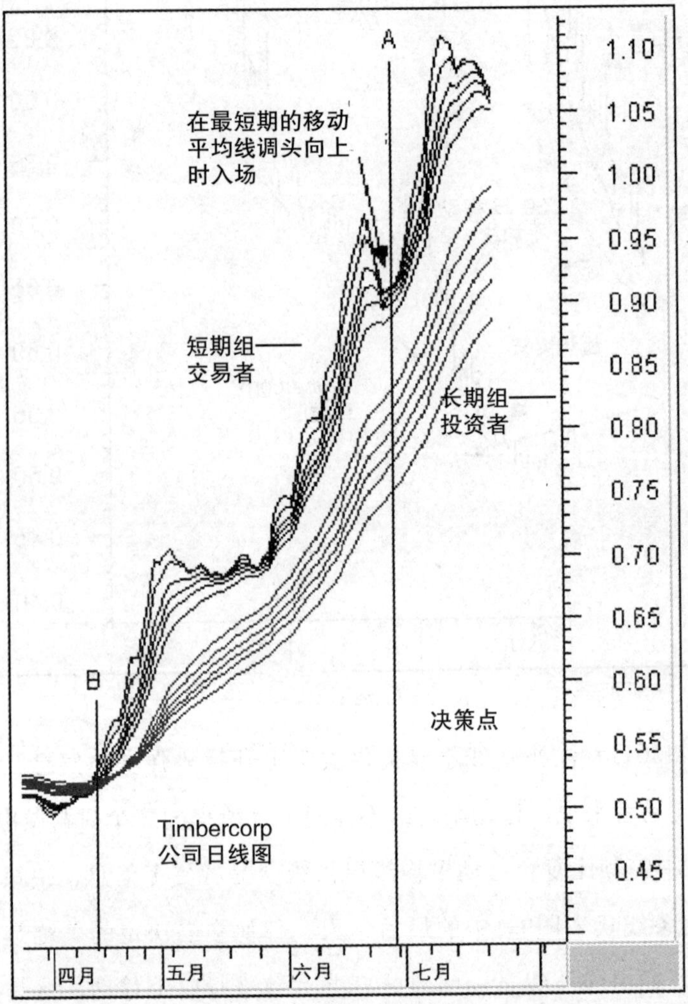

图9-2

我们希望在价格暂时回落的最低点买入。有时我们是幸运的。密切观察短期组的运动能帮助我们做出何时买入更为可靠的决定。我们知道潜在的趋势是强劲的，因此我们关注短线组中3、5、8日移动平均线的表现，一旦它们开始改变方向，我们就最有可能以最低的价格买入。即使我们错过了最佳买入点几天，对趋势性质和特征的理解也使我们相信我们能以稍高一点的价格加入到上升的趋势中来。

对最后两个问题的答案也突出了顾比复合移动平均线的同步性。新的趋势开始于4月份的一个突破。突破点用直边趋势线和10日、30日移动平均线的交叉点表示。图9-2中的竖线B显示了这个突破点。

在顾比复合移动平均线中，最短的是3天，最长的是60天。用这两条线的交叉来作为交易信号是不合适的，因为信号出现的时间要延迟于实际价格变动的时间。然而当这些平均线结合成顾比复合移动平均线时，我们看到了意想不到的同步性。我们立刻理解了交易者和投资者的行为和意图，并据此采取适当的行动。

相同的同步性也适用于Timbercorp的暂时的价格回落。最短期移动平均线的反弹确认价格已经下跌到了最低点，上升的趋势就要继续。具备这种关系的股票通过了顾比复合移动平均线的特征检验并继续留在股票交易名单中。

在价格大幅下跌后加入反弹后的趋势

交易机会并不总是像Timbercorp那么明显，这是简单的交易，因为潜在趋势是强劲的。当上升趋势看上去已经崩溃时，仍可能有好的交易机会。价格下跌有趋势崩溃的迹象，但潜在趋势仍很强，并可以继续上升，这些情况需要仔细分析。

图9-3中的Campbell Brothers(CPB)有可能反弹，但它也有很多缺点。看上去这是一个既有高风险也有高收益的机会。快速的价格突破后经常会

有大幅回落，且通常会跟随着一个有力的新的上升趋势。以4.7元左右的价格交易，CPB没有任何价格杠杆优势，但价格运动与很多低价投机股的表现相似。很多交易者忽视了这种类型的股票而去寻找那些机会更明显的股票。将顾比复合移动平均线作为工具，我们能更有效地评估机会并确定更好的买入时机。

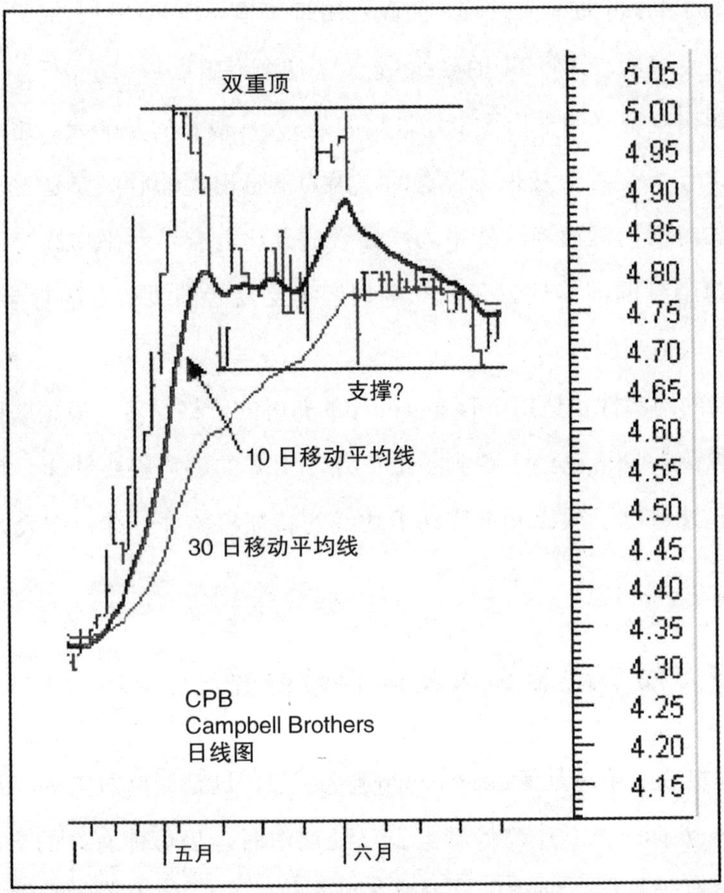

图9-3

我们从条形图中明显的负面特征开始分析。首先是价格快速上涨，股票在经历一段横盘整理和弱的价格反弹后正在被抛出。虽然很难画一条直边趋势线，但最近几周的价格表现肯定是下跌趋势。

第二个显著的特征是位于5元的双重顶，这不是一个真正的定义上升趋势顶部形态的双重顶，这是一个趋势发展过程中的双重顶，它不是强的趋势反转形态，只是股价走低的发展过程而已。买入这只股票的交易者应该注意价格在5元时的潜在阻力。

最后的下跌信号体现在10日移动平均线跌破30日移动平均线。这是一个经典的趋势反转信号，但却不总是可靠的。

这幅图有如此多的负面信号，然而这只股票在以后的几个月中呈继续上升趋势，涨幅达30%。学习如何辨认这种机会我们就能自信地以4.75元买入。我们首先来看一下为什么这些特征意味着股价将走高。

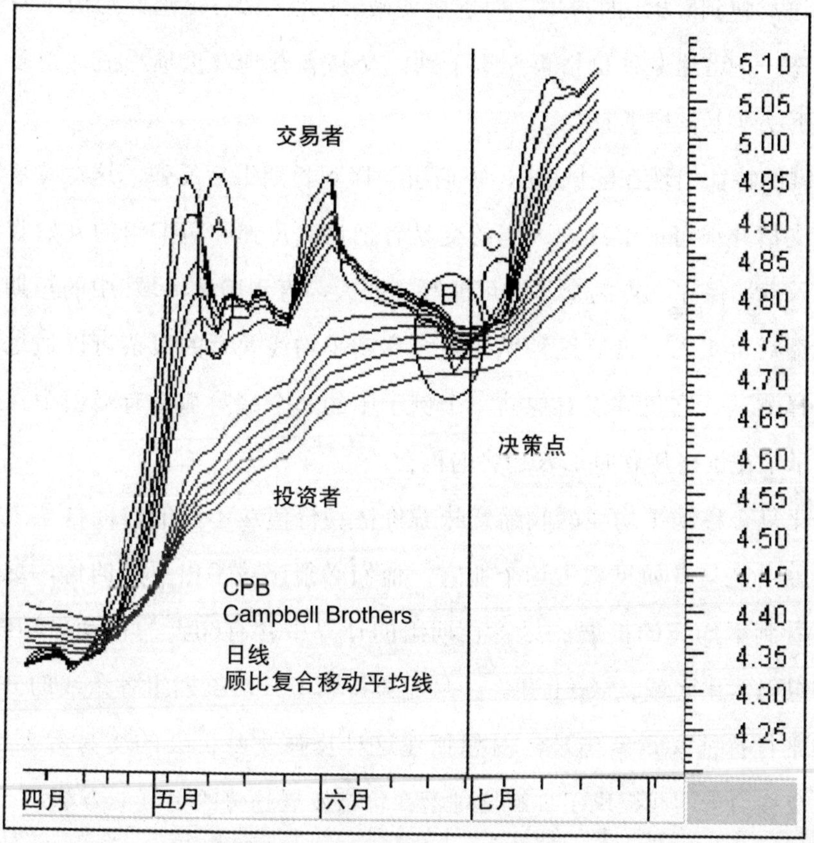

图9-4

我们求助于顾比复合移动平均线。

我们从分析图9-4中处于决策点的长期组开始(决策点用竖线表示)。趋势的动量已经减少，这可以从条形图中得到确认。顾比复合移动平均线显示长期组各条线之间的距离没有变窄，相反它们只是稍微收缩，平行横向移动。如果投资者担心趋势崩溃的话，我们会看到长期组迅速收缩，因为投资者竞相抛出股票。长期组的宽度告诉我们趋势依然强劲。没有收缩使我们确信趋势有很好的支撑，价格反弹的可能性很大。

区域A的价格下跌是由实现短期收益的交易者引起的。当价格回落到4.75元时，那么错过了4.4元时的第一次突破的人便赶紧买入，这意味着价格会迅速反弹到5.0元的水平。而价格突破5.0元失败——因此形成了双重顶的形态——迅速驱使价格再一次下跌。交易者看到双重顶形成，很多人怕趋势下跌马上卖掉了股票。

关键的特征出现在区域B中，短期组下探到长期组后反弹，这意味着趋势得到支撑并很可能继续。大胆的交易者把这次反弹和短期组的开始收缩作为买入点。保守一点的交易者可能等三四天，直到确认区域C中的短期组完全收缩后再买入。具有这种顾比复合移动平均线关系的股票可以通过我们的选择测试。它也许没有像前一个例子中的那个趋势那么有吸引力，但仍然展示了在价格疲软时加入趋势的机会。

顾比复合移动平均线的收缩意味着价格和价值在不同的时间框架上达到了一致。交易者如果想占这个便宜，他们必须比对手出更高的价，这时我们会看到平均线的扩展。尽管长期组的计算中含有60天的移动平均线，但长期组仍然在区域C继续上升。一旦趋势持续上升，长期组各条线的分开程度和平行特征又重新出现。对想抓住这种反弹交易机会的交易者来说，顾比复合移动平均线提供了理解这种潜在价格发展趋势的更好的方法。

安全的趋势中部入场点

最后一个暂时价格疲软的例子见图9-5中的皖通高速(600012)，我们用顾比复合移动平均线来验证这个由其他分析方法得出的退出信号。低于趋势线的收盘价是一个通常的退出信号，此时我们应该行动吗？上升的趋势并不总是平滑的，通常趋势看上去要崩溃，价格可能跌破趋势线，发出退出信号。有时信号是不准确的，如果我们据此就抛出股票而上升趋势继续的话，就会错过未来的收益。我们用顾比复合移动平均线来验证其他指标发出的退出信号，如果这些信号没有得到顾比复合移动平均线的确认，那么我们就不应该退出交易，这使得我们能够避免在强趋势中做出错误的退出决定。

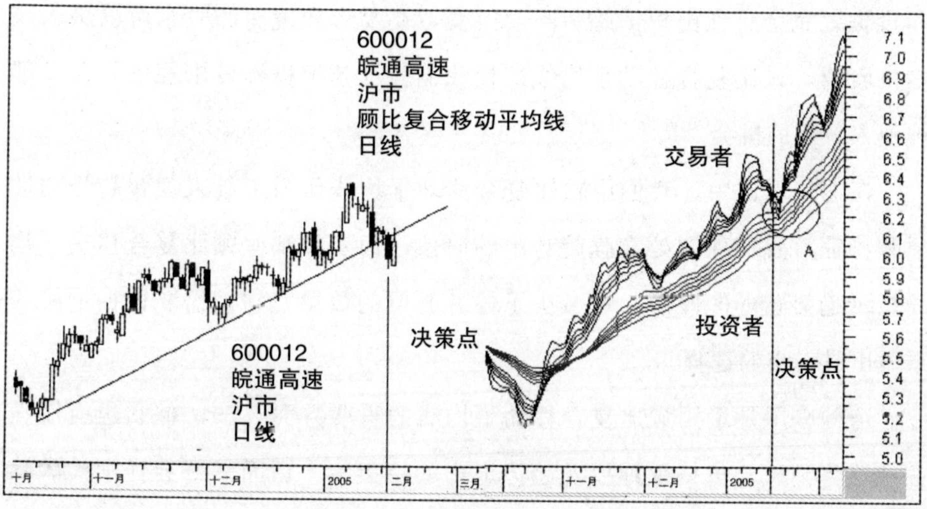

图9-5

决策点由图9-5中的竖线表示。对已经持有皖通高速的交易者和投资者来说，这种分析可以使他们决定自己是应该继续持有还是卖掉股票。对那些考虑在价格暂时疲软时买入股票的人来说，顾比复合移动平均线能更有效地定义趋势，并把最初的趋势改变的信号放到更为广阔的趋势发展的背景中。通过同样的分析，已经持有皖通高速的投资者可能会决定利用价格回落的机会增持股票。在后面的章节中我们会详细讨论如何用顾比复合移动平均线来管理退出点。

价格明显跌破了已经持续了三个月的上升趋势线。上升趋势开始于2004年10月，一致持续到2005年2月才有收盘价跌破趋势线。我们对此该如何做出反应是很重要的，尤其是如果是虚假信号的话。

顾比复合移动平均线可以帮助我们做出更好的决定，我们从分析长期组开始来研究投资者是如何想的。价格的小幅回落没有改变长期组的方向和宽度，这是一个强劲的趋势支撑，因为投资者正在不断利用暂时的价格疲软买入股票。

如区域A所示，尽管直边趋势线分析发出了趋势改变的信号，但交易者和投资者完全有理由相信趋势不会改变。交易者和现有的股东可以买入或增持股票。顾比复合移动平均线能使我们验证其他指标发出的信号并发现被他人忽略的机会。

在选择测试中，我们用顾比复合移动平均线作为工具来理解趋势的性质和特征。我们保留处在强趋势中的股票，而卖掉那些顾比复合移动平均线显示趋势较弱的股票。这减少了候选股票的数量，它们需要根据价格关系做出进一步的选择。

这种应用是使用顾比复合移动平均线的重要方面之一，但它也能用在各种趋势突破、价格反弹以及趋势退出的决策中。后面三章会详细检验这些交易机会。

第十章
暂时的价格反弹和真正的趋势改变

趋势的性质和特征对交易者来说是可利用的最重要的信息之一。大胆的交易者寻找趋势突破或改变的早期信号，因为较早买入股票可以在未来趋势发展几周或几个月之后获得巨大的收益。反弹是指价格的短暂上涨。它令人眼前一亮，但却不一定能带领趋势发生变化。理解暂时的价格上涨与真正的趋势变化两者之间的区别使交易者能建立一个较好的交易计划并使用更合适的交易工具。当我们在总体上下跌的趋势中寻找交易机会时，这一点尤其重要，因为它可以使我们避免错误地把暂时的反弹当成真正的趋势突破。

逢低买进，或者抄底，描述的是在股价跌到下跌趋势的最底部时买入股票的交易技术。这种交易方法经常引来有经验的交易者和专业基金经理的非议，他们认为抄底是不可能取得连续的成功的。投资顾问经常拿自己在使用这种技术上的糟糕表现来作为佐证。他们强调说如果连他们都不能很好使用这项技术，那么一般的个人投资者就更不可能取得成功。这些说法是虚伪的，事实上投资行业花了很多的时间、金钱与努力来寻找廉价股票和下跌趋势的底部。在基本面分析领域这被称为价值投资，通常被总结为在别人认识到股票的真实价值之前以便宜的价格买入优质公司的股票。我们应该承认我们都喜欢买便宜货，在买衣服、电视、计算机或者手机的时候，我们会尽力去得到最好的价格。我们买股票的时候没有什么不同，以高价交易的优质股票现在却价格很低，这是很有诱惑力的。我们都喜欢便宜，在金融市场中，这意味着在高风险的区域寻找交易机会。我们大多数人禁不住这种诱惑，在保证安全的情况下买到廉价的股票会使我们大赚一笔，而这取决于我们对机会的性质的理解。

逢低买入中关键的原则是尽力在下跌趋势到达底部、即将开始上升趋势时买入股票。这不仅需要合适的时机，也需要优秀的识别技巧。一个突破——趋势变化——貌似短时间的反弹，一开始的几天，甚至几个星期，都很难真正辨别。抓住一个突破可以赚大钱，但如果突破是虚假的或者把暂时的反弹当作突破的话，也会受到惨重的损失。为了说明这两者之间的区别，我们求助于顾比复合移动平均线，我们从图10-1所示的秦丰农业(600248)条形图的一般分析开始。

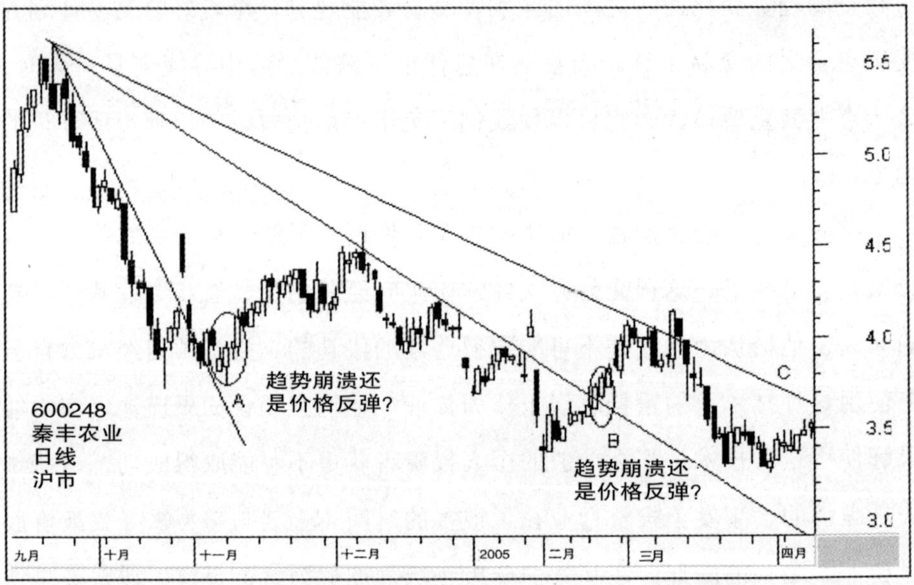

图10-1

首先我们需要了解这幅图的背景。这只股票一直处于稳定的下跌趋势中，价格从9.0元一路下跌到3.9元(区域A中)，很多投资者相信价格下跌太快了，不会再往下跌了，媒体报道中全都是开始买入的好消息。当价格开始涨到趋势线以上时，其他很多人也注意到了并开始买入。这会是一个新的上升趋势的开始吗？

应用11月的信息，我们可以画第一条直边趋势线。区域A中，价格上行穿过趋势线，这可能意味着趋势变化。直边趋势线是识别趋势突破的有力工具。现在我们有一个问题：“这是趋势变化还是一次价格反弹？”如果我们应用相对强弱指标、随机指标或者MACD分析，我们得到的回答可以从“是”“可能”到“不是”，因此很难得出理性的结论。我们都希望这是新趋势的开始，因为这能给我们带来巨大的收益。有时这种希望大到足以鼓励我们在价格回落后弹起(见区域B)时紧捂股票。

如果我们选择忽略区域A这个可能的趋势改变，我们不久后在区域B也会遇到同样的问题。新的趋势线考虑到了区域A中的反弹。如果我们在1月初发现这幅图的话，我们会用12月的高点来画趋势线B。这很容易使我们相信，两条趋势线是扇形形态的一部分，这是一个趋势转变的领先指标。

在第二个潜在突破点买入，但不久会发现它也是虚假的。在3月中旬反弹就崩溃了。看一下4月的图，我们将3月份的最高点作为第二个点来画一条新的趋势线。用一系列指标来分析点A、B，结论众说纷纭，对确定是真正的趋势突破还是反弹毫无帮助。

顾比复合移动平均线能使我们更好地理解机会的性质，它显示交易者如何避免交易这种趋势突破情况，因为他知道趋势突破信号很可能是虚假的。大胆的交易者可能使用这种分析来趁反弹时的价格上涨获利，他们能提前知道价格走势，这意味着他们警惕价格的回落并做出相应的反应。这是快速的技巧性交易，这是明智的做法，因为交易者知道他们在炒短线的价格反弹。他们不会愚蠢到相信价格的反弹会是新的长期上涨趋势的开始。

图10-2中的顾比复合移动平均线显示了与条形图中标出的相同的点。我们对三种关系感兴趣。

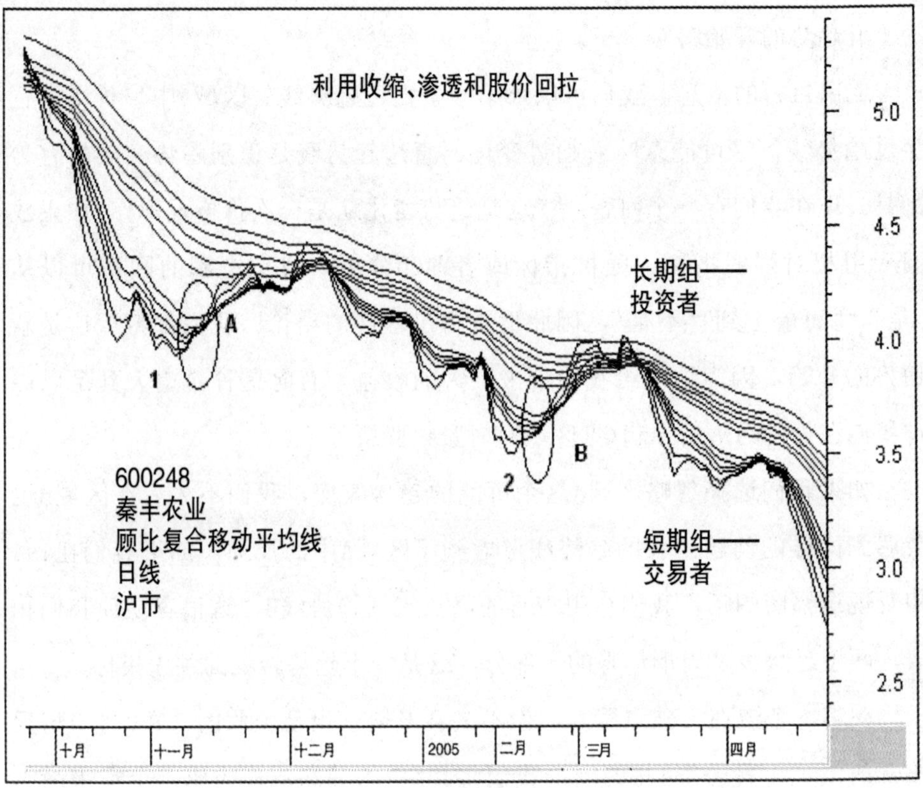

图10–2

- 收缩：长期组的收缩水平和程度。
- 渗透：短期组渗透进长期组的能力。
- 回拉：短期组的回拉程度。

我们从简单的观察开始，长期组位于短期组之上。我们总是先分析长期组，因为它决定着趋势的方向。如果我们与长期组背道而驰，那么就得倍加小心了。这幅图马上会告诉我们在与趋势作对。我们想低买高卖——

做买空交易——但趋势是下跌的。当长期组处在短期组之上的时候，我们必须克制自己做买空交易的激情和愿望。我们极容易相信下跌趋势正在变为新的上升趋势，我们看到杂志和报纸文章说公司前景和业务计划一片大好时更是这样。当消息是好的，但图却显示仍然下跌，那么我们就面对在希望和现实之间的危险的选择。根据希望做出的选择是致命的。

在这些背景下，我们要评估的第一个特征是长线组的收缩，因为投资者有能力封杀掉或限制价格的反弹，或者支持趋势突破。交易者引领市场，但投资者是真正的驱动力量。长期组分开得越宽，现行趋势的力度越大。

在区域A和B，趋势改变信号发出的时候，长期组都分得很开。随后出现了一点收缩，这确认了投资者正利用价格上升的机会离场。一旦价格上升，投资者就卖出股票。如果他们买入的话，我们会看到长期组开始收缩。

以上的观察使交易者相信趋势改变很可能被封杀或者受到限制，因为短期组正向长期组的底部发展。马上我们就有了优势，因为我们知道这不太可能是趋势改变。如果我们买入股票，我们不会愚蠢地相信趋势会改变，价格会涨到9.0元甚至更多。在3.9元与4.4元之间是没什么钱可赚的。

看一下区域B我们就知道最初的反弹是如何发展的，我们可以评估渗透的力度，把短期组看成一把砍断趋势的斧子。由长期组的收缩程度可以看到，这是一个坚实的、充分发展的趋势，因此需要一把非常有力的斧子才能砍断这个粗的“木头”。斧子的第一次砍伐不太可能砍断它，在同一区域多次砍伐，趋势才会变弱。

在投资者的卖盘驱使价格再一次下跌之前，秦丰农业(600248)的第一次反弹几乎没有渗透到长期组中。第二次反弹穿过长期组的可能性很小，因为长期组依然分得很开。第二次反弹虽然比第一次好一点，但也迅速下行了。此外，第二次反弹没有第一次那么高，因为它不仅在高度上，而且在强度上逊于第一次。

这些结论通过观察就可以得出，我们不需要严格到用卷尺去衡量渗透程度。短期组第一次反弹穿过长期组的第二条平均线，然后是第五条平均线。在第二次反弹中，短期组穿过了长期组第六条，也就是最上面那一条平均线。我们认为这种分析渗透特征的方法并没有太大用处，我们觉得视觉关系是容易应用的。只要看一下指标表现，就可以确认每次反弹都不会改变下跌趋势的方向，每次价格反弹都没有能使短期组成功穿透长期组。

顾比复合移动平均线分析的最后一个要素是在反弹失败后股价回落的程度。如果我们对下跌趋势的强度和无懈可击有所怀疑的话，那么区域2的价格更低的回落就证明了这一点。当第一次反弹以失败而告终，交易者失去了信心，他们落荒而逃，驱使短期组下行到比以前更低的程度。这种价格回落确认了下跌趋势的强度，形势好转可能性很小。

回到图10-1所示的条形图。我们的挑战是通过高于直边趋势线的收盘价决定价格突破的性质。在区域A和B，我们有理由相信趋势突破正在形成，很多投资者也这么想。但顾比复合移动平均线明显指出突破很可能是短期的价格反弹，并设置了反弹的极限条件。知道这一点对我们来说是很有用的，它使我们时刻准备兑现短期收益。

正在改变的性质

顾比复合移动平均线的关键优势是帮助交易者知道趋势正在改变的性质，而一般的移动平均线分析是做不到的。如果我们能把暂时的价格反弹和真正的趋势突破区分开来，我们相比我们的竞争者就有很大的优势。廉价股票确实在市场中是存在的，顾比复合移动平均线能使我们抓住这些机会。我们优先选择把顾比复合移动平均线和直边趋势线结合起来使用。大胆的交易者只用顾比复合移动平均线买入股票，期待趋势改变，确实抓住了廉价股票的机会。

图10-3所示的Iluka Resources的条形图展示了主要的决策点。竖线A表示突破趋势线的决策点，它在下一幅图中也标出来了。这是一个相对缓慢的趋势变化，在下跌趋势转变为上升趋势的过程中，这种形态比快速的V形反转更为普遍。价格上行突破趋势线，然后横盘过程中有一个小幅上涨。在价格形成强的上升趋势并最终涨到4.4元以前，我们有足够的时间做出决定。从3月到5月，交易者一定会问："这是新的趋势突破吗？"如果答案是肯定的，那么他们会以3.8元左右的价格满怀信心地买入股票。如果答案是不确定的，他们也许会在几天以后突破信号被确认之后才不得不以4.3元的价格加入趋势。最好的分析能赚到最多的钱。

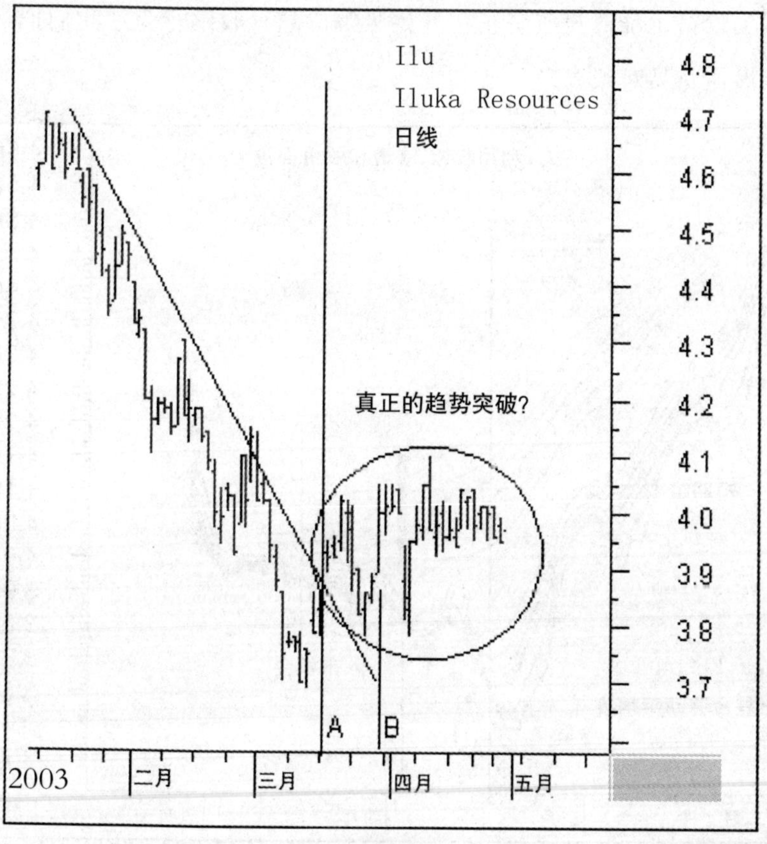

图10-3

我们从分析决策点处的收缩开始，见图10-4中的竖线A。长期组分得很开，意味着任何价格上涨都将被封杀掉，这值得注意。虽然我们现在知道趋势线突破是准确的，但我们当时并没有信心确定这一点。在决策点A买入股票可以说就是赌博，我们的目标是避免赌博，以高的成功概率进行交易。我们对这只股票感兴趣，它可以在潜在趋势突破候选股票名单中多待几个星期，因为我们想观察一下股价反弹和回落的表现。竖线B表示概率的天平发生倾斜的时刻。长期组开始收缩，对短期组的反弹做出反应。粗线显示的是竖线A所在的时刻长期组的分开程度。长期组的收缩意味着投资者正在买入股票，而扩展意味着他们在卖出股票。在竖线B处，长期组已经收缩了，显示当价格上涨时投资者正在开始吸筹。这种收缩行为使我们把Iluka列为重点潜在交易对象。

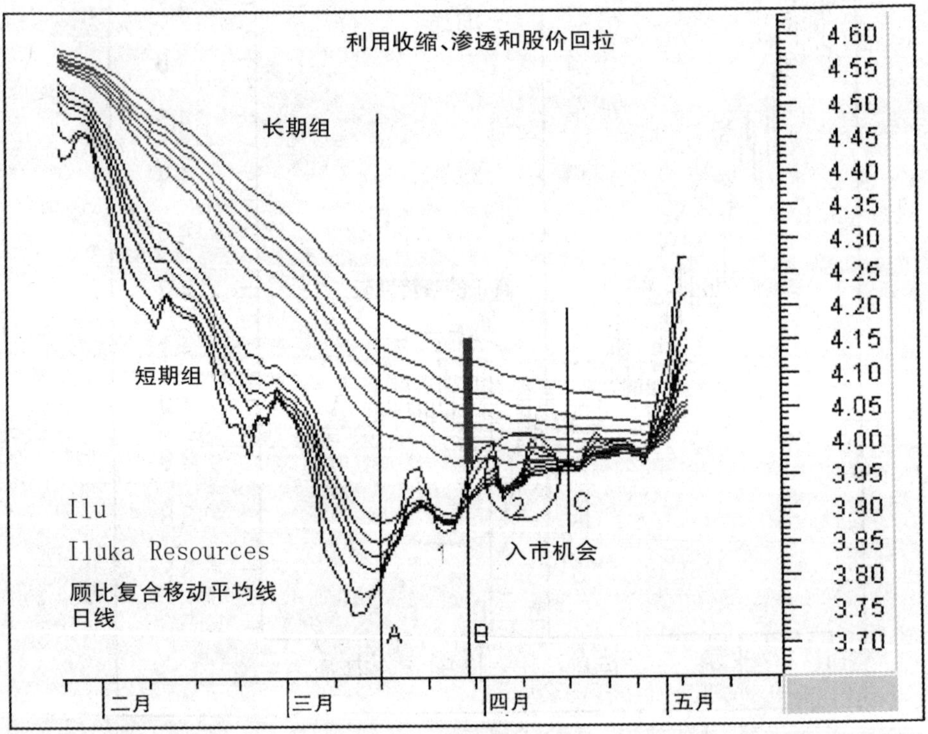

图10-4

几天以后，反弹停止，股价有所回落。我们用两种方法比较突破的程度。首先我们注意到第二次反弹成功地渗透进了长期组内，第一次却没有。

第二点，我们看到了第二次反弹高于第一次。短期组的最高点正在上升，意味着趋势强度正在增加。在第二次反弹的最高点，长期组显著收缩。这告诉我们投资者现在成了买家，他们开始相互竞价买入股票。这是牛市信号。

价格回落分析确认了以上的判断。首先，区域1中的价格回落比区域2中的低。交易者不打算让价格回落得比以前更多。在3月，很多人认为3.85元是一个好的入场点，但在4月初，很多交易者认为3.95元是一个好的入场点。我们知道这是因为交易者在这个价格水平上开始进入市场，买入股票，从而阻止了价格的进一步下跌。打算卖出股票的投资者也不用设定更低的卖出价才能出手，因为交易者在3.92元就会买入。

区域1和区域2价格回落的性质是不同的。在第二次回拉和反弹中，收缩区域迅速形成并在短期组分开的同时快速向上发展。这是积极的交易，短期组更高的反弹后跟随更低的价格回拉设定了以大概率加入趋势突破的条件。

我们使用Iluka作为例子是因为这个突破过程时间比较长，我们可以观察到顾比复合移动平均线的关系。长期组收缩从4月一直到5月，短期组对长期组的渗透一次比一次更深，价格回落一次比一次更小。交易者和投资者通过清晰的分析路线确认这是一个发展中的新的趋势突破，而不仅仅是一次短期反弹。我们得出这些结论早于10日和30日移动平均线在竖线C处的交叉3个星期。在这个弱交叉信号后出现的是令人振奋的画面——几天之后短线组和长线组都发生了收敛现象。顾比复合移动平均线分析提供了发展中的趋势性质和强度的清晰的证据，并给交易者在4月初股价下探时以3.8元买入股票的信心。

顾比复合移动平均线的趋势分析可以辨别出秦丰农业在下跌趋势中的价格反弹，并把它与Iluka作为上升趋势发展过程中的价格反弹区分开来。这种早期的认识给了我们交易机会，因为我们能据此做出更好的决定去应对价格的运动。我们知道将会发生什么，我们据此做出计划。对Iluka的分析适合大胆的交易者，即那些寻找趋势突破机会打算捞底的人。虽然很多交易者对这种类型的交易很感兴趣，但并不是所有的人都能成功，或者对存在的风险比较适应。

一旦趋势突破得到确认，极好的交易机会就出现了。通过把顾比复合移动平均线分析应用到股价的历史中，通过理解长期组、短期组的收缩、渗透和回落关系，能更好地理解趋势变化的性质。在趋势突破得到确认后，顾比复合移动平均线被实时应用，以评估最好的入场机会。在下一章中我们会展示如何应用顾比复合移动平均线来为真正的趋势突破提供更好的交易方案。

第十一章
趋势突破交易

激进的交易者试图辨认出下跌趋势中的突破，也就是想在下跌趋势转为上升趋势之前加入交易。这种大胆的交易失败的可能性很高，因为除非交易者有严格的交易纪律，否则很容易在股价持续下跌时依然紧持股票，寄希望于价格会最终反弹。

一个更为普通、安全一点的方法是在趋势突破发生几天或几周后再交易，这与早一点入场相比收益会少一些，但这样做可以换来新的上升趋势持续的更大的可能性。几乎没有交易者不论什么价格都愿意加入这种趋势，大部分人会尽力抓住价格回落的机会获得一个最好的价格。如果我们用前几章的技术理解趋势性质和突破，那么我们就能自信地利用这些价格疲软点买入股票。

在这本书中我们的目标是辨别已确立的趋势，从而使我们能安全地加入趋势，但我们也发现贪婪在交易中起了重要的作用。尽管稳健的交易能成功，但多赚一些钱的欲望诱惑使我们把进入趋势的时间提前。从趋势交易者到趋势突破交易者的转变是微妙的，就像从黑色到灰色再到白色的变化，一段时间之后你才发现自己的交易方式发生了变化。如果我们不能认识到这种变化，我们的钱包就会面临危险。我们用顾比复合移动平均线来区分趋势突破和旨在使我们加入的发展中的强趋势。

在趋势突破被确认后，可以实时应用顾比复合移动平均线来评估最好的入场机会。这里面有一个问题："这次价格回落是趋势的崩溃呢，还是一个买入机会呢？"这是一个很重要的问题，因为新趋势开始时一般较弱，很可能发生崩溃。

突破是指价格偏离现行的运动模式，这包括从下跌趋势到上升趋势的变化，或者从上升趋势到下跌趋势的变化，它也包括价格突破原有的支撑线或阻力线。突破行为不同于前一段时间股价的行为模式。突破交易有很大的风险，因为谁都不能保证突破会持续下去。很多突破后来被证明是虚假的，因此很多交易者寻找其他指标来确认突破的真实性。真正的突破是很赚钱的。保守的交易者寻找突破，然后去确认趋势已经发生变化。

突破有两种重要的形式。最普遍的是V形突破，即下跌趋势转变为明显的上升趋势。事后再看是很清楚的，但当时的情形可能会令人担心，因为很多交易者担心趋势崩溃而迟迟不敢入场。另外一种不太普遍的是一段时间的箱形震荡或横盘整理后出现的突破。这是熊市复苏的重要特征，它代表了2003年初很多市场中普遍的价格类型。它也适用于那些困在下跌趋势中很长时间的股票。这种突破不会立刻形成V形，相反它们横盘整理几个月，但最终形成突破并带来丰厚的收益。我们从这种类型开始分析。

牛市突破

在评估突破交易中顾比复合移动平均线的关系时，我们考虑4种关系。前两种是关于长期组的，后两种是关于短期组的。它们是：

- 收缩。趋势突破的早期，因为投资者对股票的价值一致认同，长期组开始收缩。
- 方向。收缩意味着认同。收缩的方向能提供趋势未来发展的线索。

我们寻找收缩并向上发展的长期组。

- 崩溃。突破下跌趋势需要很大的努力。这些突破一般时间很短，我们知道它们会崩溃。短期组崩溃的性质显示了交易者活动的强度。
- 迅速反弹。短期组迅速反弹确认了交易活动的增加，这会促使有兴趣的投资者出更高的价格买入股票。

图11-1所示的Eagers的条形图显示了在很多趋势突破交易中交易者面临的问题。首先，由于我们每周检查一次数据库的变化，当我们发现存在趋势突破时，最初的机会已经错过了。我们把它留在观察名单中关注其价格发展。在图示的决策点，我们需要估计再次反弹的概率。如果我们是正确的，趋势充分发展的话，我们会以大概5.4元到6.1元的价格买入。

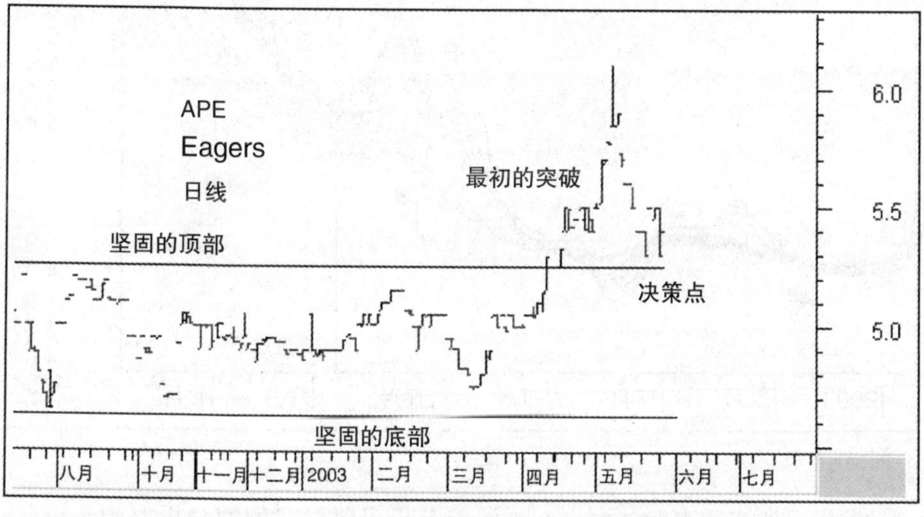

图11-1

顾比复合移动平均线能帮助我们在决策点(图11-2中的竖线)做出更好的决定。竖线表示的是图11-1中的最后一天。我们从分析长期组开始，没有长期投资者的支持，任何趋势的形成都是不可能的。我们可能打算抓住这次机会，但除非投资者支持上升趋势，否则我们不可能有这样的机会。

收缩程度是一个很好回答的问题。长期组已经分得很开了，即使条形图和短期组都发生了下跌，但长期组并没有显示任何收缩的迹象。

长期组的方向仍然是向上的，即使速度有一点减慢。长期组的收缩程度和方向意味着趋势是强劲的，因此我们更有信心抓住这次价格暂时疲软的机会。

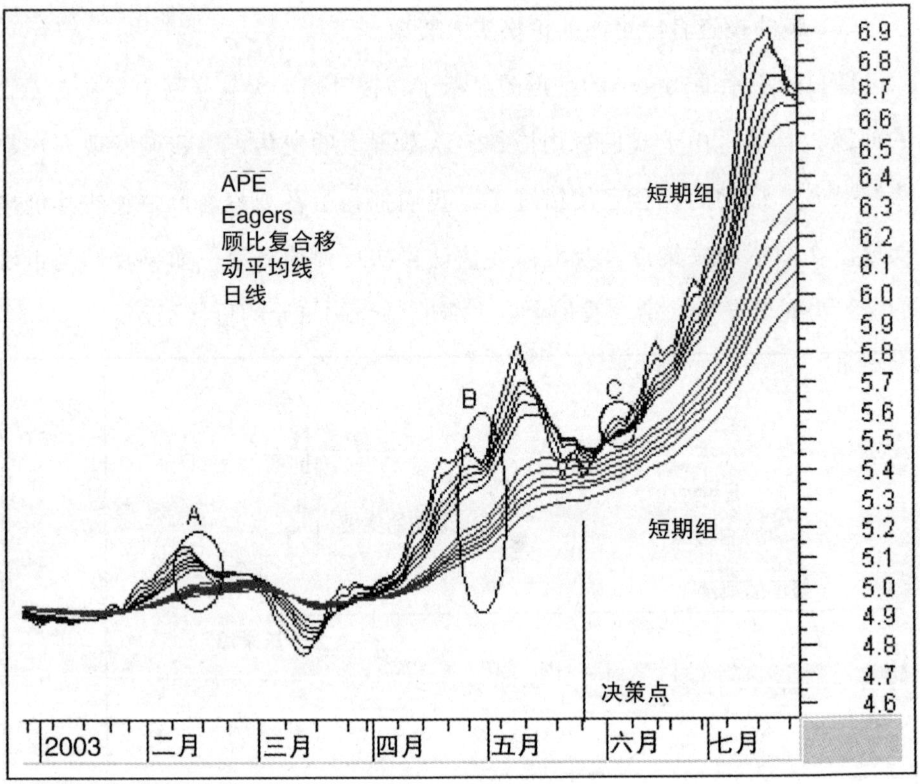

图11–2

当我们把注意力转移到对短期组的分析上时，我们的分析得到了确认。交易者的活动总是引领投资者，因为交易者在弱的下跌趋势中试探和测试上升趋势的强度。我们看到价格平缓下跌。交易者并没有恐慌，不久新的交易者就进入市场，开始买入股票。他们把价格的下跌看成入场的机会，而不是警告信号。短期组的收缩是短暂的，很快就扩展开来。

如果我们选择等上几天，我们会发现短期组收缩之后紧跟着就是价格的快速反弹。在决策点，很多交易者买入Eagers，期待着这个反弹，因为前三个因素——收缩程度、方向和崩溃——都预示着突破会发展成为长期趋势。

我们如何判断这是不是一个真正的横盘类型的突破？回答来自对区域A和区域B的比较。我们从短期组的价格回落开始分析。在区域A，价格的回落并没有发展成为一个反弹。在区域B，回落的程度较小，而且回落迅速形成了反弹，并使得短期组达到新高。从长期组那里我们得到了进一步的确认。在区域A，长期组没有分开的机会，因此它们没能扩展。在短期组回落时，长期组收缩成了一条粗线。而在区域B，长期组分得很开并明显向上移动。这种分析确认了6.10元处的突破很可能是上升趋势发展的一部分，而不是一个暂时的价格反弹。

V形交易

很容易把顾比复合移动平均线分析应用到经典的V形趋势突破中，见图11-3中的华联商厦(600632)。这些新趋势的危险是突破可能仅仅只是一次短期反弹。当突破疲软，价格从原先的高点回落时，我们的担心得到了证实。“这是一个买入点，还是一个退出信号？”在经典的教科书中，不存在这种关于V形趋势反转的疑问。价格明显改变了方向，并不会反复。在这种情况下，等待价格回落或者反弹崩溃是没有意义的，因此较早认识这种突破特征是很重要的。我们在图示的决策点处得出了一些初步的结论。等一个星期左右，直到区域A时，我们的结论得到了证实。

取得良好分析的关键是长期组的表现。它们从原来的分开并向下移动发展成为收缩并向上移动。长期组的方向迅速发生了变化。要知道长期组中最长的是60日移动平均线，但截止到决策点时，所有的平均线都已经转为向上发展。这是趋势变化和趋势强度的早期的确认信息。这种信息是其他指标包括两条移动平均线的交叉信号所不能提供的。

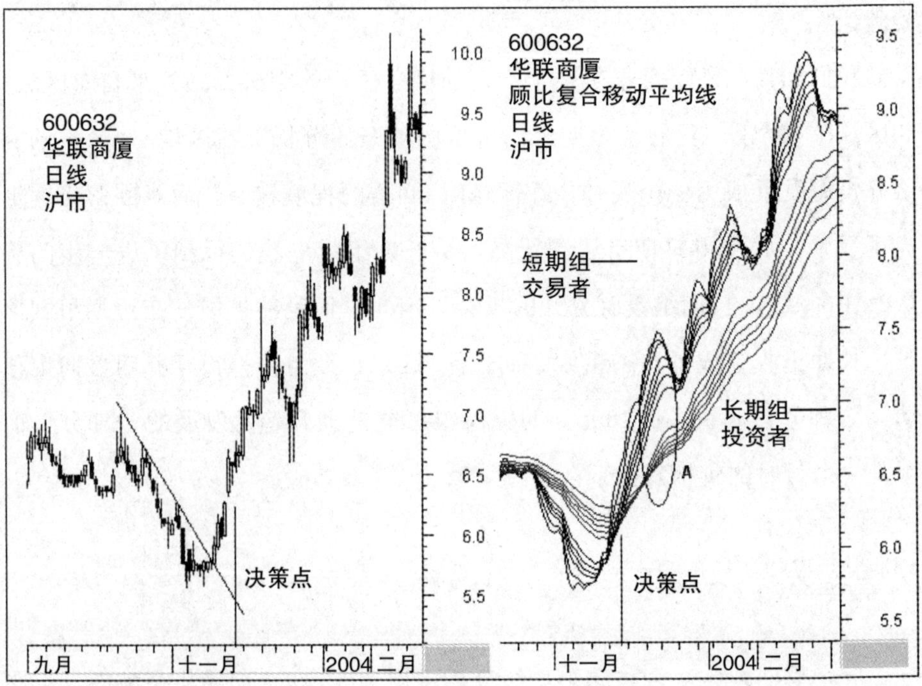

图11-3

长期组已经收缩，这显示投资者对股票的价值产生了一致认同。他们不等价格回落就采取行动。他们担心自己错失这种交易机会，因此他们疯狂地相互竞价买入股票。

交易者看到这些，选择了持有股票而不是卖掉。让我们看一下短期组的特征：它们在决策点之前收缩，然后向上移动的同时迅速分开，这显示股票买盘坚定。把它与图11-2中的区域C做一下比较。交易者在决策点很积极，但从平均线的扩展可以看出投资者和交易者的坚强支撑。当交易者开始卖出，就有其他的交易者正准备以市场价买入。他们不会等到价格回落再入场。结果是短期组没有收缩就迅速以平行于长期组的形式向上发展。区域A进一步确认了这点。当你看到顾比复合移动平均线出现这样的关系的时候，如果你想加入强的趋势，你唯一的选择就是以现在的市场价买入股票。

反弹和回落

很多时候真正的趋势突破会伴随一系列试探性的突破——在前一章讨论过的股价反弹和回落行为。在突破发展过程中我们会看到价格上升、下跌、再反弹的形式。图11-4中的Freedom Group展示了这些过程，并教我们如何应用顾比复合移动平均线分析在决策点1和2做出更明智的入场决定。虽然我们对应用顾比复合移动平均线来预测趋势变化持谨慎态度，但FFL的例子显示了它是如何做到的。

条形图显示的是由直边趋势线定义的下跌趋势。价格明显突破了趋势线，然后跌了下来。这种类型的上涨和回落勾勒出了下跌趋势，我们对决策点1不会太感兴趣，它没有突破趋势线。决策点2是顾比复合移动平均线在趋势突破交易上的传统应用，它处在价格最初反弹然后回落的过程中。我们关心的是如果我们在这个区域买入，价格可能会继续跌到趋势线上反弹，再跌回到趋势线，像下面那一条粗线所示。我们用顾比复合移动平均线来决定这是不是一个可能的结果，或者价格会反弹形成一个新的趋势，如上面那条粗线所示。

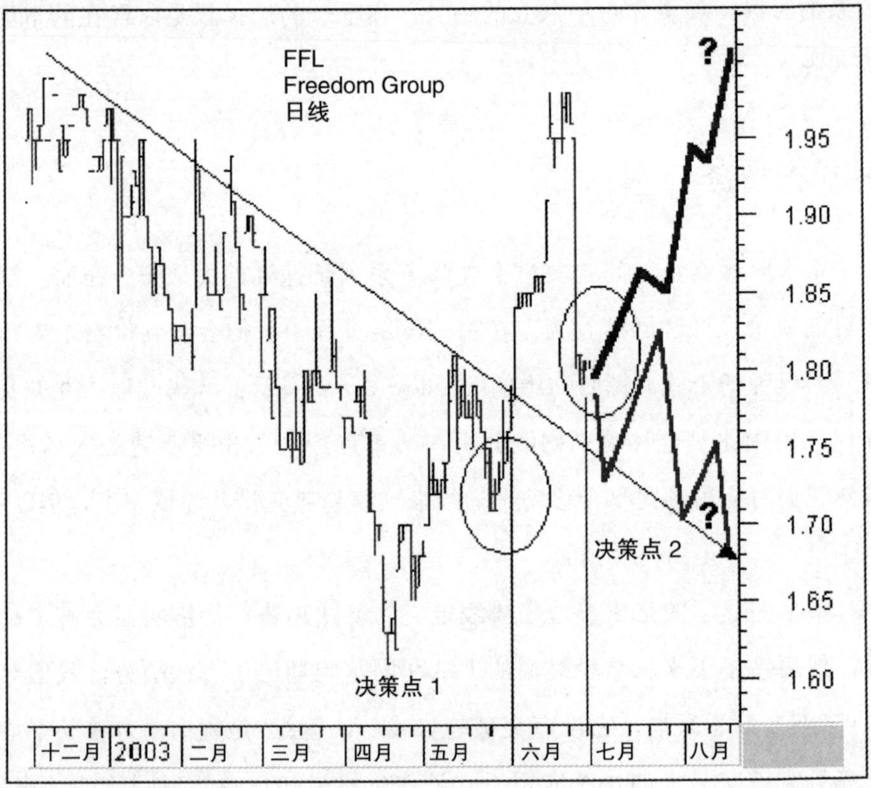

图11-4

顾比复合移动平均线对两个决策点都做出了回答，倾向于在决策点1就进入的关键的分析得从图11-5中的长期组开始。交易者需要投资者的支持，因此我们需要知道投资者的行为，我们从图示的圆形区域中长期组的收缩程度和方向开始分析。长期组开始收缩，因为一些投资者开始认为FFL会有很好的前景。收缩意味着投资者并没有利用价格暂时走高的机会卖出股票，而是开始在价格上涨时买入股票。其中一些投资者开始担心自己会失去机会。

投资者的行为通常是受基本面分析影响的。我们不需要了解他们的分析就知道市场会上涨，因为长期组收缩的方向是向上的。市场中最保守的市场参与者——投资者发出了牛市信号。

把我们的注意力转移到交易者这边来，决策点1处的股价反弹和回落引起了我们的兴趣，这不是一个急剧的反弹，下跌也与区域A中的不一样，这是一个慢一些的下跌，交易者并不急于实现收益，短期组渗透进长期组，然后弹起并迅速收缩。这是令人兴奋的，因为交易者正在竞相买入。他们相信FFL会上涨，同时投资者也这么想。即使是在5月末价格疲软时，长期组依然收缩并向上发展，牛市信号很强，大胆的交易者会毫不犹豫地在决策点1做出买入决定。交易者引领股价，但他们只会在投资者乐于成为买家时跟随投资者的行为。顾比复合移动平均线的分析信号比价格突破趋势线的信号提前了好几天。

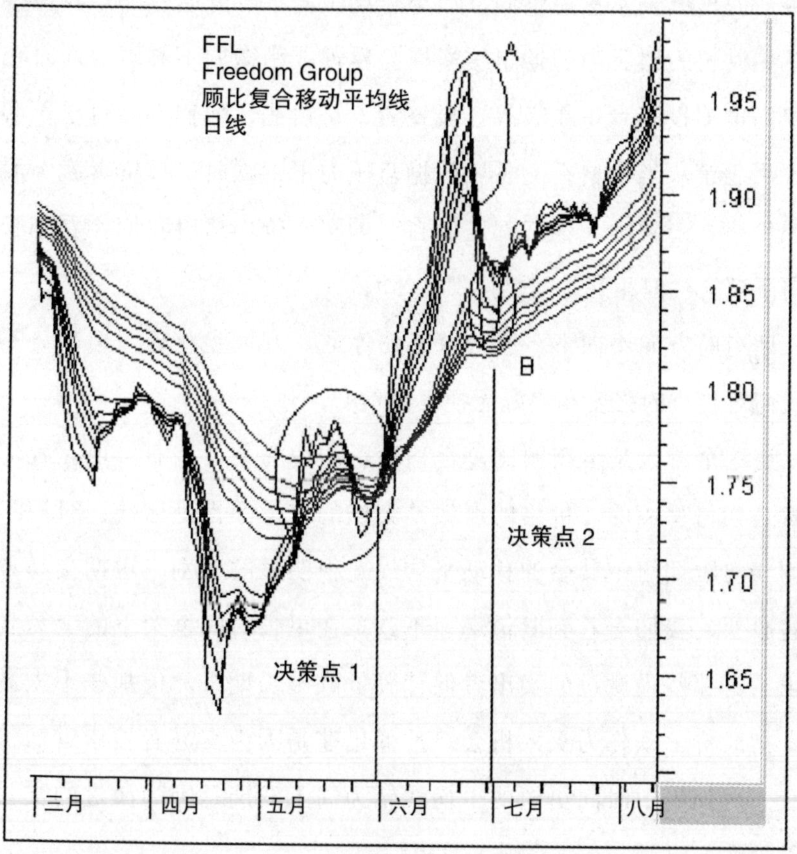

图11-5

FFL的条形图显示了在决策点2股价发展有两种可能性。我们有机会在价格疲软时加入发展中的趋势，但我们知道这不是一个趋势疲软点。价格的下跌不总是趋势改变的信号。知道如何区分价格疲软和趋势疲软是重要的交易技巧，重要的关系可以从长期组看出来，长期组没有收缩，截至股价达到最高点时，长期组分开到最大距离，并一直保持这个距离。

扩展和收缩

顾比复合移动平均线潜在的分析特征是收缩和扩展关系，收缩表示意见一致，而扩展表示意见不同。如果长期组向下并开始收缩，我们推测投资者正在抛售股票。当长期组缓慢横盘整理或稍微向下倾斜，同时相互分开，我们推测投资者正在吸筹。投资者不是白痴，他们不会付出不必要的高价去买股票，当价格在交易者的抛盘压力下下跌时，投资者就不用付出更高的价格。一致地，他们都压低自己的买入价，这时我们会看到长期组稍微向下倾斜，但相互之间仍然保持平行。

长期组的方向不向下，股价就必然停滞，并横盘整理，但趋势不会反转。我们对趋势的强度和完好无损很有信心。

知道这个背景是运用顾比复合移动平均线的重要基石，现在我们来看交易者是如何反应的。价格的崩溃是突然的，反弹也是这样。3日和5日移动平均线与短期组中其余的移动平均线有很明显的差别。短期交易者激进地抛售股票，我们会看到股价迅速下跌。在更长时间框架下的交易者并不急于出手。那些最激进的卖出者促使股价跌破长期组，但那些不太激进的买入者把股价下跌作为买入机会。反弹迅速是因为交易者怕错过低价买入的机会。短期组中时间更短的平均线转为向上发展是因为激进的交易者匆忙买入股票。

一个成功的突破会很快把长期投资者拉到交易中来，长期组迅速分开并对必然的价格下挫没有太大的反应。这种关系确认了决策点2是一个安全的入场点，新的上升趋势很可能会继续发展。

投资者的活动帮助交易者更好地理解突破机会的性质并评估新趋势持续的可能性。典型的交易者会花很长时间在入场决定上，而花在退出决定上的时间则相对较少。顾比复合移动平均线是一个有力的退出工具，因为它帮助我们理解趋势发展失败的性质，因而我们选择这个更合适的退出指标并在最合适的时间使用它们。在下一章我们会给大家回答这个问题——这次价格下跌是趋势崩溃的先兆还是入场的好机会？

第十二章 交易中更好地离场

加入趋势只是交易方案的一部分，真正的困难来自最后的表现测试，结果依赖于我们能否在恰当的时机离场。我们用顾比复合移动平均线来帮助找出更好的卖出点，因此这一章是最终表现测试的开始部分。优秀的交易者知道交易实际上是辨别概率天平的倾向，因为市场赔率总不站在我们这一边。

事件的概率是指好的结果与所有可能的结果的比率，事件的赔率是指好的结果与不好的结果的比率。在市场中区分这些概念是重要的，交易中有利于我们的可能性是有限的。你可能赚到了钱、不赚不赔或赔了钱，所有可能的结果是三种。每次交易中只有一种有利于我们的结果，不利的结果与有利的结果的比率是2∶1。

我们可以通过确定概率的分解来抵消赔率的不利。我们曾经说过，通过直边趋势线和顾比复合移动平均线就能简单地看出价格走向的大致概率。一只持续上涨了6周的股票在明天有很大的可能性继续走高，此时概率的天平倾向于上涨。一只趋势向上3天的股票相比趋势向上3个月的股票来说，趋势持续的可能性要低一些。

市场中另外一个理论不符合实际的事实是：今天的股价并不独立于昨天的股价。这就是抛硬币推论和随机游走理论不适用于市场实际的原因。

股价不是独立的，当你买入股票时，你的决定受到昨天股价的影响。你买入股票这个事件并不独立于以前发生的事件——其他人买卖股票的行为。

成功的交易者认识到了赔率并不站在我们一边，因此他们寻找工具来确定有利于自己的概率分配。在交易发生后，交易者时刻警惕概率分解的变化，因为他们知道自己仍然处于不利的境地。

我们买股票只有一个目的——希望通过它上涨来赚钱。我们卖股票有很多原因，可能是因为我们想尽力实现最大收益，这不意味着我们在股价最高点或趋势下跌很久后卖出股票。作为好的退出策略的一部分，我们也想避免由于虚假的趋势改变信号而退出交易，这发生在当股价微跌，然后反弹并趋势持续向上时。

没有单纯一个或一组退出指标能为各种退出要求提供最好的解决方案。顾比复合移动平均线在判断趋势减弱时是很有用的，这使我们能够在给定交易目标的条件下应用最有效的收益保护工具。在价格泡沫交易中，泡沫的崩溃可以用基于波动的止损工具，例如2倍的平均真实波幅(Average True Range)或倒数线。在平缓移动的趋势交易中，顾比复合移动平均线发出最初的趋势疲软信号后，我们可以使用倒数线止损。

顾比复合移动平均线可用于以下4种情况下的退出，它们是：

- 股价反弹乏力意味着趋势疲软。
- 多次反弹，力度逐渐减弱，这显示趋势正慢慢衰竭。
- 价格泡沫，交易退出。
- 短期组飞速下跌穿透长期组，这是明显的趋势改变信号。

每种情况的退出条件都由特定的工具来管理。顾比复合移动平均线能帮助我们找出最合适的工具。顾比复合移动平均线就是用来帮助交易者理解趋势的性质和特征的，它不能单独作为买入或退出工具使用。退出的关键条件是由交易者决定的。交易者的活动引领市场，同时投资者会紧随其后。退出时选择跟随交易者是明智的选择。

反弹失败

大多数时候，我们在应用顾比复合移动平均线之前先给大家展示条形图或蜡烛图，这里我们省去了，因为我们想专注于单独分析顾比复合移动平均线的关系。

当使用顾比复合移动平均线来做离场分析时，我们检验两种关系。第一种是长期组的关系，第二种是价格下跌后短期组中的所有反弹的特征。趋势持续依赖于持续的交易活动，这样当股价下跌时，我们会看到新的交易者利用股价疲软的机会买入股票，他们的交易显示自己对未来充满信心。如果短期组没有反弹，就意味着趋势中的领头羊已经失败了，这时趋势崩溃是必然的。

图12-1中的上海石化(600688)显示长期组分得很开，投资者对这只股票感觉不错。在区域A有一些交易活动，一旦价格回落便迅速弹起，因为有新的交易者不断买入。交易者并不疯狂地抛售股票，但他们在趋势反转之前稳定地卖出。一旦价格反弹他们就抓紧出货，因为他们相信上升趋势快到尽头了。如果他们相信趋势会持续的话，必然会紧持股票等待赚大钱。

从短期组可以看出来他们在出货，当短期组向下穿进长期组时，我们期望会有新的交易者加入，以使股价反弹。这些新的交易者必须出比已经持有股票或者想增加仓位的投资者更高的价格才能买到股票，因此他们放弃了，我们看到区域B未形成反弹，这导致短期组迅速收缩并下跌。这是退出信号，见圆圈区域，此时长期组也明显开始收缩。当交易者抛完股票后，上升趋势便很可能走向终结。

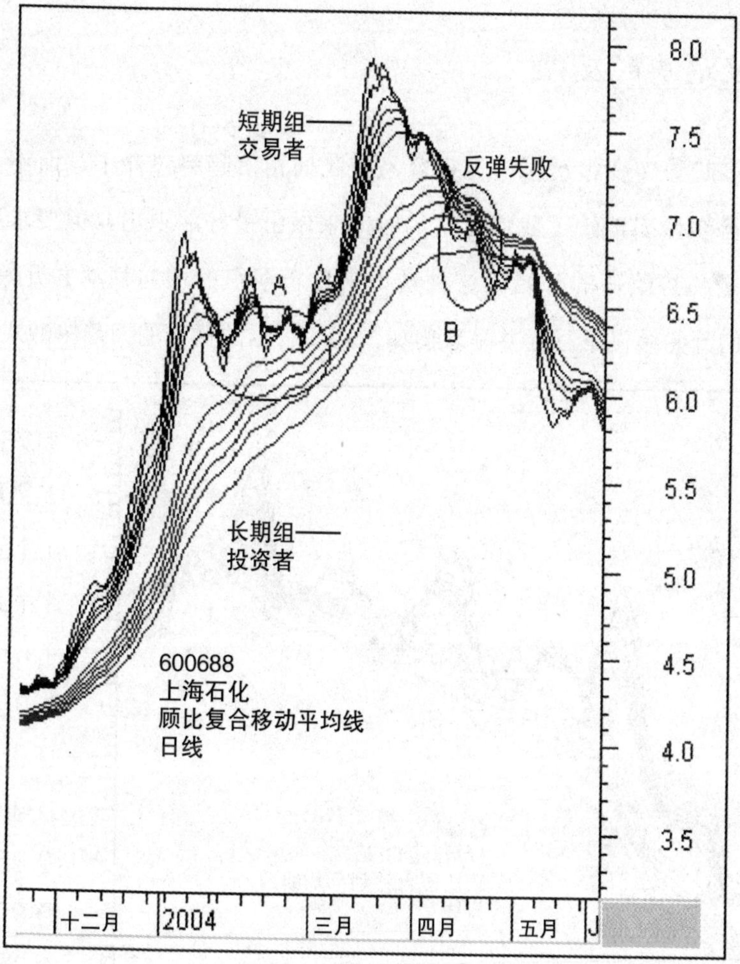

图12-1

这个例子没有提到崩溃的速度。上海石化(600688)迅速获得了下跌的动量。顾比复合移动平均线的关系告诉我们这些低点不是暂时的下挫，它们是由于交易者的疯狂抛售造成的，投资者也随后加入了抛售的行列，因为他们打算锁定收益。我们不用等到顾比复合移动平均线交叉就可以利用趋势性质变化的信息来提早获利退出。

多次衰退中的反弹

很多趋势转变很缓慢，这很容易使我们相信趋势停滞了，而不是在改变。趋势缓慢崩溃给了我们足够的时间来做出最好的退出，但要求我们认识到这是趋势改变的开始。这种认识来自长期组的横向移动并开始收敛，最终它们开始缓慢下行，并呈现出如图12-2所示的优雅的天鹅俯冲式下跌。

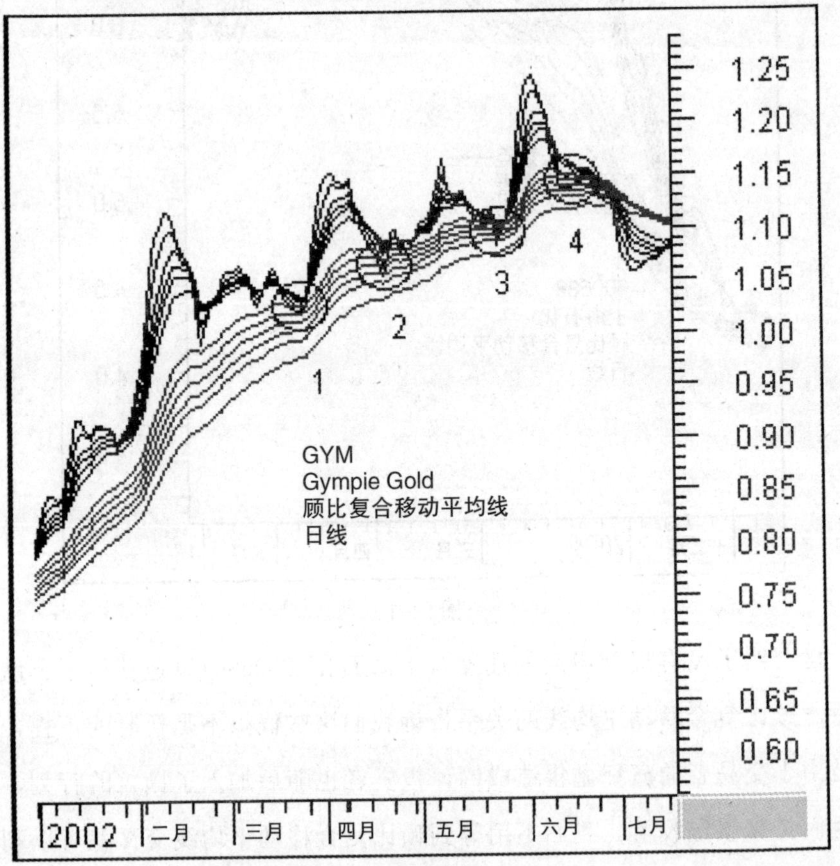

图12-2

趋势改变的关键信号是由交易者的行为发出的，每一次新的价格反弹都越来越弱。当价格弹起时，那些没有卖掉手中股票的交易者便趁机清仓出局，因此每次反弹持续时间都很短。大家都疯狂地想退出，反弹回落后，交易者继续以更低的要价出手，结果短期组更进一步地渗透进长期组内。再一次的反弹更弱，而反弹后的回落更严重了。

图12-2跟踪了Gympie Gold(GYM)几个月中的价格行为，短期组不断下挫、反弹。在区域3，短期组对长期组的渗透比区域1更深。不断增加的渗透程度告诉我们，当价格下跌时，投资者并没有买入股票。长期投资者越来越不情愿买入股票，这意味着趋势正在减弱。在强的趋势中，短期组对趋势的威胁能被投资者消化掉，因为投资者会接住交易者的抛盘。短期组对长期组越来越深的渗透显示投资者正对这只股票失去兴趣。在区域4，几乎没有反弹，只不过在继续穿透长期组之前稍微向上抬了一下头。然而这时候交易者应该早就预料到了趋势的变化，正准备迅速退出交易，锁定收益。

在这个分析中，反弹的高度不是太重要。我们的注意力集中在每次反弹崩溃后短期组对长期组越来越深的渗透程度。当这种情况与长期组的收缩相结合时，就是明显的趋势改变的警告。收缩意味着对价值的认同。投资者也相信这只股票已达到其最高价了，因此当股价下挫时投资者并没有充当买家，而在股价弹起时，投资者一同加入了抛售股票的行列，这促使长期组的收缩。

GYM的走势图显示了3个月中顾比复合移动平均线的关系。从区域1到区域4，长期组每隔几周就会被短期组一次次更深地渗透，并逐渐收缩，直到最终的趋势结束。这些重复的情况是趋势变弱的早期信号。在这些信号的警示作用下，交易者收紧了利润保护条件，以便在价格最后反弹时尽快退出交易。

顾比复合移动平均线关系显示出他们对其他趋势改变或变弱的信号很警觉。顾比复合移动平均线是趋势动量变弱的证据。至少它能在趋势变化形成初期识别趋势向何方演变。交易者打算卖掉这只股票，去寻找更有吸引力的交易机会。投资者可能决定采取防守型退出，在趋势出现继续上升的迹象时他们再买入。我们不必着急做出决定，因为这种趋势的改变要花好几周的时间才能形成，但优秀的交易者不会在这期间优柔寡断的。

价格泡沫退出

我们在下一章会更详细地介绍价格泡沫类型交易。泡沫的出现不是完全不可预知的。追求瞬间获利的交易者对泡沫交易总是充满热情。选择了一只趋势稳定的股票的投资者和交易者可能意外地发现他们正处在价格泡沫之中。这给了他们一个选择的机会。他们可以应用价格泡沫退出策略来抓住这次意外的收益，然后在股价泡沫破裂后并从长期组上反弹时再把股票买回来。在这种情况下，他们应用基于波动的止损条件。另外一些投资者可能决定忽略价格泡沫，相信价格会在长期中持续上涨。而这种做法的危险是当价格泡沫破裂时，股价严重下跌，破坏了现有的上升趋势。

泡沫的关键特征是短期组显著高于长期组并很宽地分开。这种价格的快速变化可能使前面提到过的那些保护利润的指标失灵。在下一章，我们会讲到泡沫的辨识和泡沫交易管理问题。

飞速下跌

最令人沮丧的趋势变化莫过于股价突然直线下跌了。顾比复合移动平均线在早期探测这些意外发生之后的股价突然变化方面并不比其他指标更有用。然而，顾比复合移动平均线能帮助交易者理解在几天的快速下跌过程中正在发生什么。这些下跌总是由交易者引起的，他们的活动有试探市场趋势强度的作用。他们对坏消息反应激烈，促使股价狂跌。短期组的收缩、交叉并反转，见图12-3中的ARP Corp。

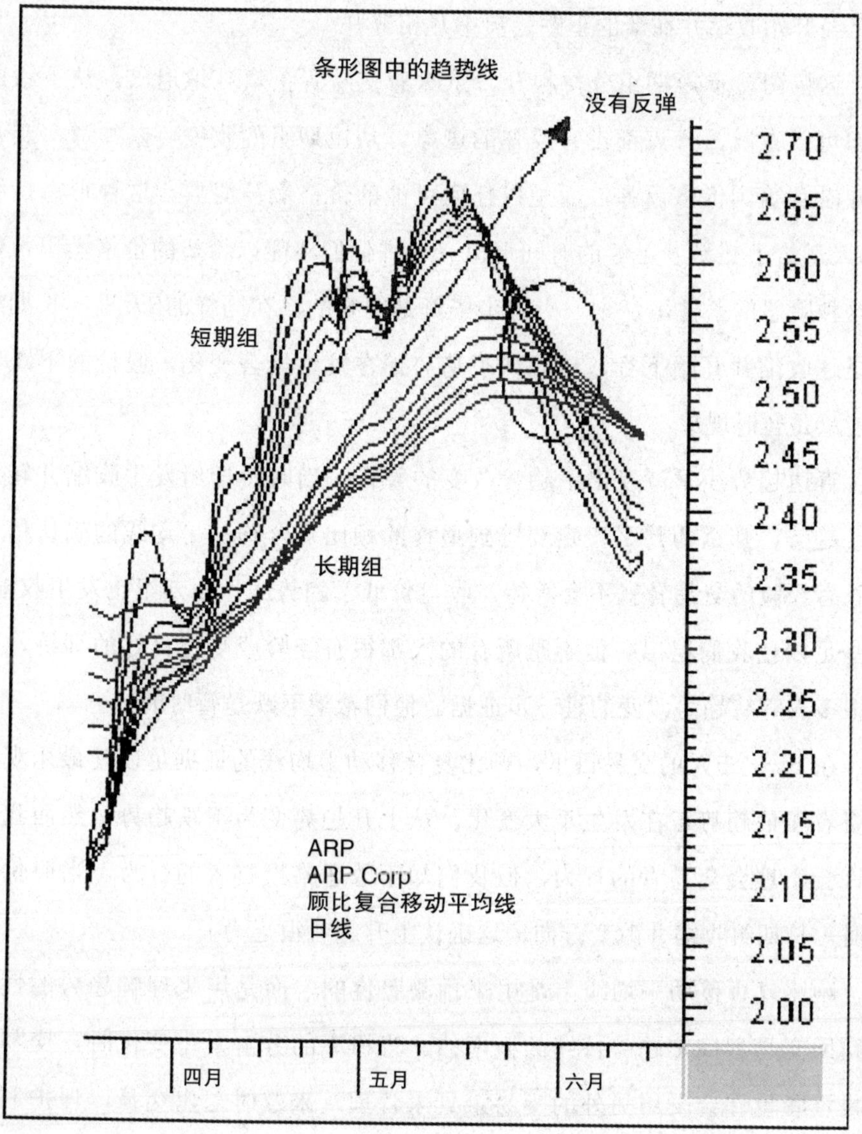

图12-3

观察一下短期组在穿透长期组之前的表现，短期组迅速收缩，然后开始扩展。这种扩展确认了交易者正疯狂地抛售股票，这不是有多次逐渐减弱的反弹的趋势，我们不能持续地对它进行测试。交易者早就知道趋势快要结束了，他们在投资者意识到之前就退出了。短期组在触到长期组之前就已经开始收缩并在新的下跌趋势中互相分开。

这幅图显示短期组分得很开，意味着交易者正疯狂地退出。从下跌的形态可以看出，一点都没有反弹的迹象。从短期组的收缩可以知道，交易者并没有等到价格反弹，而是以任何可能的价格卖掉股票。这种形态持续了5天，给了交易者足够的时间退出。也许他们不能以希望的价格卖出，但在这种险恶的条件下，早一点退出毕竟是明智的。在同样的5天里，长期组也迅速收缩并开始下行，这确认了趋势正在发生显著变化，股价的下跌不可能只是暂时现象。

直边趋势线早就发出了趋势改变的警告，当时短期组发生收缩并转为下跌趋势，那么为什么一定要等到最终的顾比复合移动平均线的确认信号呢？有经验的交易者就不会等待。收盘价低于趋势线，短期组也发生收缩，这些足以使我们退出。但不是所有的人都很有经验或受过良好的训练，因此很多人等待趋势改变的进一步证据。他们希望下跌是暂时的。

在下一个5天的交易日里，顾比复合移动平均线的证据足以使最乐观的投资者相信趋势正在发生重大变化，从上升趋势变为下跌趋势。然而我们也许会不理会交易者的行为，但我们却不敢忽略投资者的行为。当股价下跌时，长期组收缩并改变方向，这确认上升趋势很乏力。

顾比复合移动平均线不是用来预测股价的，而是用来理解趋势的性质并帮助交易者确定趋势持续的概率的。当概率的分解发生变化时，交易者和投资者也许会采用另外的交易工具来管理，来及时退出交易，保护利润或抓住意外的利润。

顾比复合移动平均线不总能保护交易者由于虚假的趋势改变信号而做出的退出决定，但它指出交易者应该为最坏的情况做准备。价格崩溃是交易者的噩梦，但另一个问题是处在投机价格泡沫中的危险，它们都能被顾比复合移动平均线辨识出来，在下一章我们会介绍最好的交易策略。我们可能已经加入一个强的趋势，当泡沫出现时我们就有机会获得比预期更多的利润。

第十三章
交易价格泡沫

在市场中有一点儿兴奋对我们的心脏和钱包都是有好处的。兴奋有时出现在我们以最充分的理由加入已经确立的趋势之后。股价不是稳定地上涨，而是在没有明显原因的情况下突然飞速上涨，形成了一些价格泡沫。这些价格泡沫很快便破灭，价格一落千丈。这是一次机会，也是一次灾难。交易者看到这样的情况不免感叹："灾难都是从贪而起呀!"作为趋势交易者，我们需要倾听警告。顾比复合移动平均线能帮助辨识真正的价格泡沫交易环境，因此我们能更好地决定如何抓住收益。另外一些交易者寻找这种泡沫机会，用特殊的动量驱动策略来交易。顾比复合移动平均线能帮助我们改进这两种交易方法。

在已确立的上升趋势中，处在过热市场中的价格泡沫远远高出长期趋势线。价格泡沫的最高点是很难精确确定的。保守的泡沫交易策略包括以长期趋势线为基准的入场策略和以预先设定的价格目标为目的的退出策略。错过了机会的交易者只能等到泡沫崩溃、股价跌回长期趋势线了。设定在这些趋势线水平上的买入指令在价格回拉时可以执行。这种方法对于潜在趋势稳定的股票是很有用的。

泡沫交易是投机活动，它需要很好的交易技巧和严格的交易纪律，目标是尽可能长时间地待在动量驱动的价格上涨过程中。退出策略可以用一系列基于波动的交易管理指标和技术做一些调整。日线图能提供一般的退出条件，但实际的退出最好用日交易管理工具。很多交易者避免投机的价格泡沫交易，因为它对交易水平的要求太高了。然而，有时候当我们加入看上去趋势稳定的交易时，却发现价格泡沫突然形成，这会带来一些危险，同时也是一种诱惑。

首先是危险。价格泡沫难免会破裂，当它们破裂时经常从很高点位落下来。在一些情况下，这种下跌是很快的，足以严重减弱潜在的趋势。价格泡沫的破裂不仅会夺走泡沫收益，而且会夺走原先积累了几个星期甚至几个月的收益。认识到这些泡沫是应该学习的有用的技巧，因为我们能从泡沫的崩溃中减少损失。

如果我们还没有着手交易价格泡沫，我们可能会被泡沫发展过程中的收益所诱惑。既能抓住泡沫利润又能停留在潜在趋势中是最明智的。很多投资者完全忽略泡沫，让它自行破裂并跌回到潜在趋势的价格上。这也许意味着要忽略其他指标发出的退出信号。这种情况下泡沫交易侵蚀我们的交易纪律，因为我们在忽略止损条件。交易者需要知道在这种情况下什么时候忽略基于波动的止损指标才是合适的。

顾比复合移动平均线可以用来理解三种类型的泡沫。

- 投机型价格泡沫。这是一种特殊类型的交易策略，一些交易者专门选择这种股票进行交易，因为价格能飞速上涨。
- 强趋势中的价格泡沫。管理这种泡沫意味着权衡诱惑与危险，理解何时忽略退出信号是合适的。
- 趋势结束时的泡沫。这种情况最难评估，因为它们崩溃时带动趋势一同下跌。

辨识泡沫

图13-1中的Technology Investments(TIF)显示了价格泡沫的基本特征。这不是一幅很精细的价格发展图，但大部分的条形图还是很明显的，如截图所示。这不是一个加速的或快速移动的趋势。价格泡沫发生在已确立的趋势中，它代表投机活动在已发展的趋势上的最后爆发，就像一份起泡的粥，价格泡沫从表面发起、爆发然后崩溃于表面。

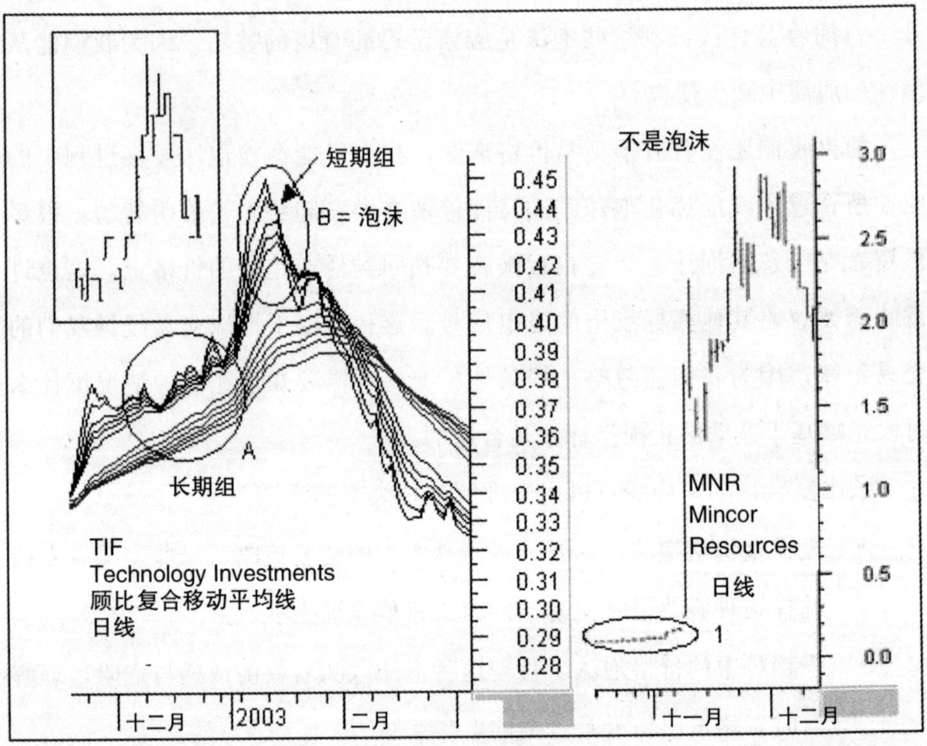

图13-1

价格泡沫不应该和图13-1中Mincor Resources那种类型的价格运动相混淆。这是股价运动水平的突然改变，它从头到尾都属于动量驱动交易，这不是一个现有趋势上的泡沫，而是趋势发生变化。当它崩溃或发展成更稳定的趋势，开始点已经明显高于原有的趋势或价格水平了(见椭圆形区域)。

发生泡沫时价格运动和顾比复合移动平均线的关系与一般情况下是不同的。在图13-1中的区域A显示长期组和短期组之间的距离很稳定，而在区域B距离明显加大。价格迅速上涨高于投资者准备买入的价格。

在区域A收缩和扩展的交易活动并不十分活跃。在区域B，短期组迅速扩展，短期组的坡度的陡峭程度增加，分开的程度也显著增加。分开得越宽，说明交易者相互竞争得越疯狂。这是不能持久的，因为需要在价格增长的同时不断有新的资金加入才行。当交易者试图锁定利润，意味着他们要尽力降低卖出价格，以使自己的股票更容易出手，结果导致短期组突然下挫，而这又促使卖出价格直线下跌。潜在的买家不再出更高的价，价格迅速崩溃的同时泡沫被戳破了。

最后的辨识特征是短期组的扩展和收缩活动的频率。在区域A显示短期组在4个星期中存在3个高点，而在区域B，相近的时间里只包括一个高峰。这是交易活动性质发生变化，意味着一个经典的投机泡沫。

投机泡沫

顾比复合移动平均线确认了图13-2中的Essential Petroleum(EPR)的条形图的信息。趋势线A定义了潜在的长期上升趋势，动量驱动的泡沫由趋势线B定义，它体现了价格快速而陡峭的上涨。交易者被这只股票吸引住了，因为低的价格存在价格杠杆效应，而且在11月份的突破也很快。通过通常的价格数据库扫描可以知道股价和交易量的变化。交易者本来早就希望加入投机交易，在决策点到来的时刻——用竖线表示——他清楚地知道这是一个投机泡沫交易。

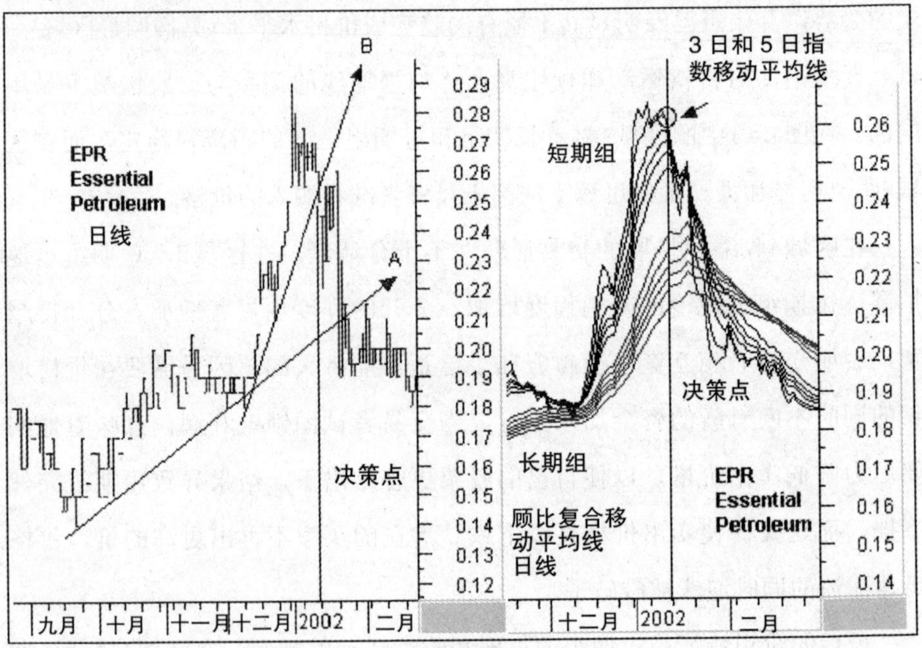

图13-2

EPR潜在的退出点基于直边趋势线。我们可能也会选择顾比倒数线、2倍平均真实波幅(Average Ture Range)、平均价格波动止损、抛物线SAR或者其他基于波动的指标。

这种类型交易中我们用顾比复合移动平均线来确认泡沫的存在并验证退出信号。顾比复合移动平均线不是用来找出退出点的，在条形图中退出信号由低于趋势线的收盘价发出。虽然我们没有介绍计算方法，但这个收盘价仍然高于倒数线、2倍ATR和抛物线SAR止损指标。

我们应该在第二天退出交易吗？如果其他的基于波动的指标也显示这是一个退出信号的话，就很容易做出决定，但这个例子中，它们没有。顾比复合移动平均线可以用来确认到底应不应该退出。3日和5日的移动平均线已经在决策点之前就向下发展，再等几天，8日、10日、12日移动平均线明显开始收缩。3日、5日移动平均线的最初掉头向下再结合跌破趋势线的收盘价，足以确认这个退出信号。

我们以0.245元的开盘价退出交易，如果延迟几天，价格会达到0.255元，这不是上升趋势的继续，而是更好的退出机会。当我们应用顾比复合移动平均线来帮助确认退出信号时，我们是在一个已经知道了投机泡沫的背景下进行的。知道这些，我们可以把顾比复合移动平均线用在合适的地方。

强趋势中的价格泡沫

强趋势中的价格泡沫属于异常点。趋势已经很好地确立了，交易者或投资者可以通过长期组的相互分开并平行发展看出来。图13-3中K&S Corp (KSC)的顾比复合移动平均线显示这是一个稳定的、充分发展的趋势。

短期组的突然快速上移引起了我们的注意，短期组的高点与条形图中的3天超出正常范围的价格是对应的，其中包括一个跳空高开，一些暂时的好消息推动价格上涨，很可能产生一个新的趋势，或者只是一个短暂的加速上升而已。这和投机型泡沫是不同的，因为它是建立在高度稳定发展的趋势之上的。

泡沫可能吸引一些投机活动。如果我们已经持有股票，就不用太担心，因为任何泡沫崩溃都会使价格重新回到潜在趋势的价位。预期的买家会等到价格泡沫破灭后再买入。

价格泡沫疲软的先行指标是3日和5日移动平均线突然下行，见椭圆形区域。关键的确认信息来自价格跌回到趋势线，然后弹起。短期组迅速回落，然后弹起。和原先的反弹相比，长期组和短期组之间的距离始终没有发生变化，我们用粗线来表示．当将长、短期组的分开程度与泡沫回落到趋势线后反弹结合起来考虑，我们可以自信地确认潜在趋势没有受到影响。

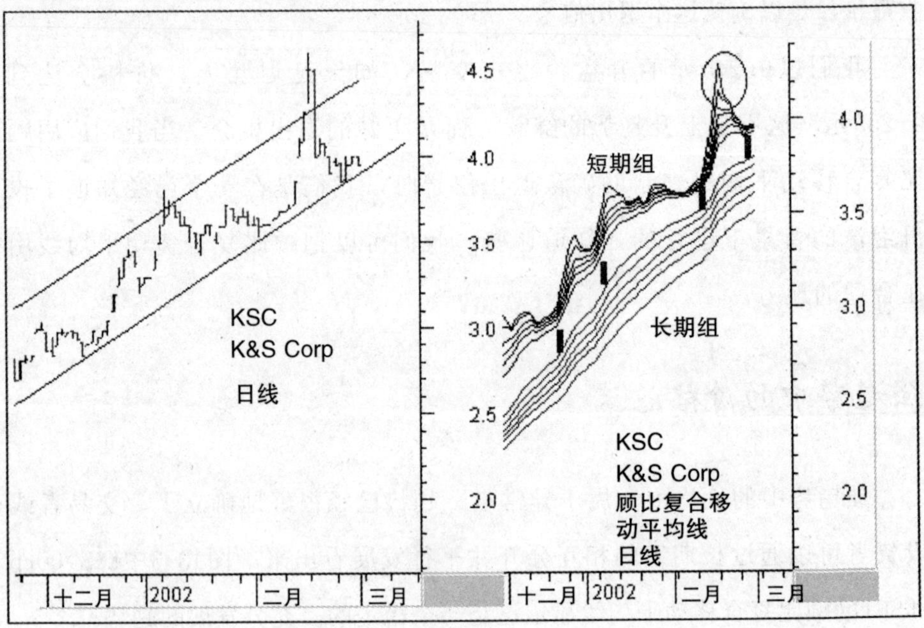

图 13–3

这种关系特征使我们相信这次突然的价格上涨是毫无威胁的泡沫。泡沫时间很短，而且建立在坚固的趋势之上。这种泡沫的特征与能威胁趋势的泡沫的特征是完全不同的。

趋势末尾的泡沫

一些泡沫崩溃很严重，以至于能摧毁潜在趋势并导致趋势转变。这些不是良性的泡沫，它们与KSC那种弱的泡沫相比有几个不同的特征。这种区别首先体现在潜在趋势的性质上，由图13-4中的Newcrest Mining(NCM)在区域A所示的长期组表现出来。长期组各条线之间持续的扩展能确认趋势正在发展过程中。这种形态就不如KSC稳定，因为KSC中长期组各条线之间相互平行。

从条形图中也可以发现趋势相对不太稳定。NCM的趋势可以很容易由一条直边趋势线定义。这种快速移动的趋势结束的最初迹象是跌破趋势线的收盘价。价格最后一次冲高与趋势线大致平行，这意味着最后的泡沫相对于TIF的投机泡沫来说力度较小。

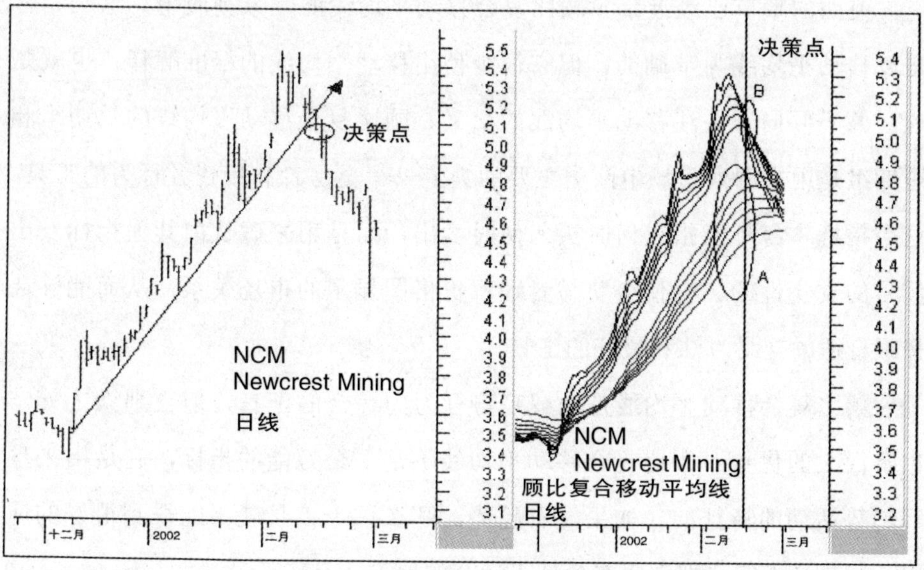

图13–4

区域B处顾比复合移动平均线的关系发出了正在导致趋势改变的泡沫崩溃的信号。在决策点之前的几天，短期组就开始下行，它们收缩并迅速开始扩展，交易者知道上升趋势已经结束了。当截止到B点的时候，短期组已明显向下，并迅速交叉到了一起。交叉如此之快意味着交易者正在抛售股票。

如果我们推迟退出决定，股价却没有任何反弹的迹象，我们就会惋惜自己没有在有机会的时候早一点退出。到那时候长期组已经开始横向移动，这提供了趋势很弱的进一步的证据。

最关键的确认信息是跌破趋势线的收盘价，这是趋势改变的主要指标，它被短期组的交叉进一步确认。泡沫管理可以将顾比复合移动平均线作为确认指标。泡沫的性质和潜在趋势的性质可以由顾比复合移动平均线展示出来，从而帮助交易者判断泡沫只是暂时事件还是意味着潜在趋势的崩溃。

顾比复合移动平均线总结

前面的章节已经展示了顾比复合移动平均线的一系列应用。这个指标是以移动平均线为基础的，但它很少使用移动平均线的标准解释，也就是说，并不倾向于关注移动平均线的交叉。顾比复合移动平均线的长期组和短期组是用来洞察市场中两类主要的力量——交易者和投资者行为的工具。这个指标本身不能指出何时买入何时卖出，而是用来确认由其他指标发出信号的真实性的。它使得交易者理解价格图显示的市场关系，从而能够选择最合适的交易方法和最好的工具。

顾比复合移动平均线是理解趋势行为的综合的工具，但在细微之处它也有很大的优势。顾比复合移动平均线不是一个万能的指标，它是用来理解趋势活动的特征的。如果没有趋势，那么这个工具就不能得到很好的应用。交易者不应该把它用在条件不适合的地方。

从突破式交易，到在已确立的趋势中利用暂时的价格疲软点入场，再到管理更好地在泡沫中退出，顾比复合移动平均线都是很有用的工具。在趋势交易中，我们用它来过滤掉那些趋势性质恶劣特征可疑的股票。能通过趋势分析测试的为数不多的几只股票现在要进行详细的价格测试，以确定它们对有效交易管理的适应性。我们希望成为趋势交易的胜利者，我们只有买一只股票的资金。

附录1

在METASTOCK中运用顾比复合移动平均线

顾比复合移动平均线是几乎所有成功交易者的必备工具。在使用顾比复合移动平均线的时候，大多数交易者或者把这个指标附加在模板上，或者在需要的时候显示出来，然后删掉，因为它在图中看上去有些繁杂，我们不能使它永久地显示。如果你直观地评估很多图，手动监控顾比复合移动平均线是很耗时间的。我们所能做的是使顾比复合移动平均线以专家的形式作为附件并以带状的形式显示出来，这样我们可以知道哪一组移动平均线是主要的，我们也能很容易觉察到交叉点，而不用在每一幅图中疲于寻找或单独评估我们的指标，同时使我们的图留有空间来作趋势线和进行其他分析。

顾比复合移动平均线专家不能提供交易建议或买入、卖出信号。它是一个方便的指标，当一只股票满足我们所设定的条件时，我们很容易把它找出来。它能通过突出所选择的条件而节省分析时间。交易者将它作为进一步分析的起点。

那些对专家不是很熟悉的人，请不要急于略过这一部分，它不像你所想的那么难，经过一些练习，你会发现它并不比Metastock的其他功能更难。

首先点击那个戴帽子的人，或者最好把他描述成是由METASTOCK IN A NUTSHELL里的Simon Sherwood定义的卓别林图标，在你屏幕的顶部。屏幕上会自动出现缺省的Metastock专家系统。现在点击“Namc”。在图13-5中，你可以首先很容易地定义新的专家系统的名字。

缺省的名字是“GMMA Expert”，不过你可以删掉后自己重新起一个。在这个屏幕上你可能想在“Notes”里写一些话来表明这个专家系统的作用，当你的交易和专家系统升级时你可以更新自己的描述。

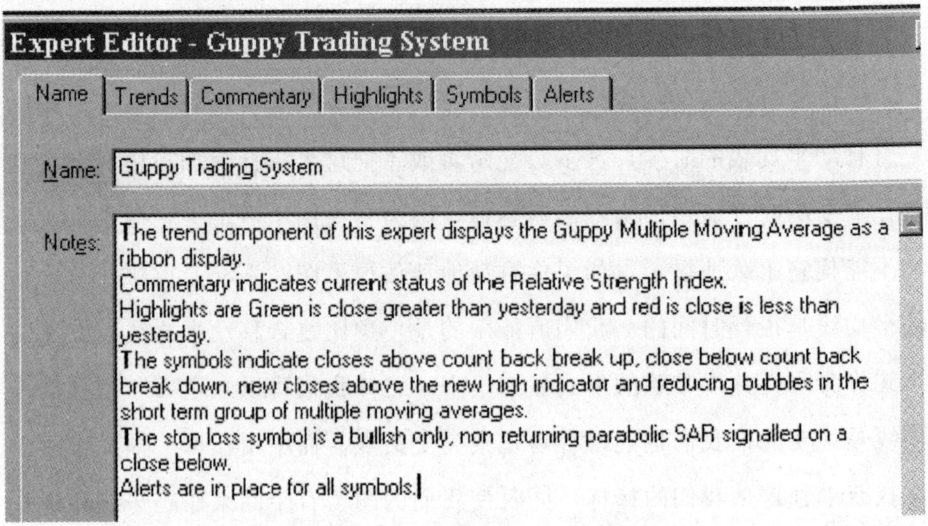

图13-5

现在点击“Trends”。你会注意到这个页面被分成“Bullish”和“Bearish”两部分。把图13-6中的代码添加到这两部分中。注意这是代码，可以从www.wilsontechstats.com网站上得到，并应该直接拷贝粘贴到Metastock里以避免错误。关于Metastock中GMMA的其他作用，可以从www.wilsontechstats.com中找到。

专家系统组建的面板见图13-6。

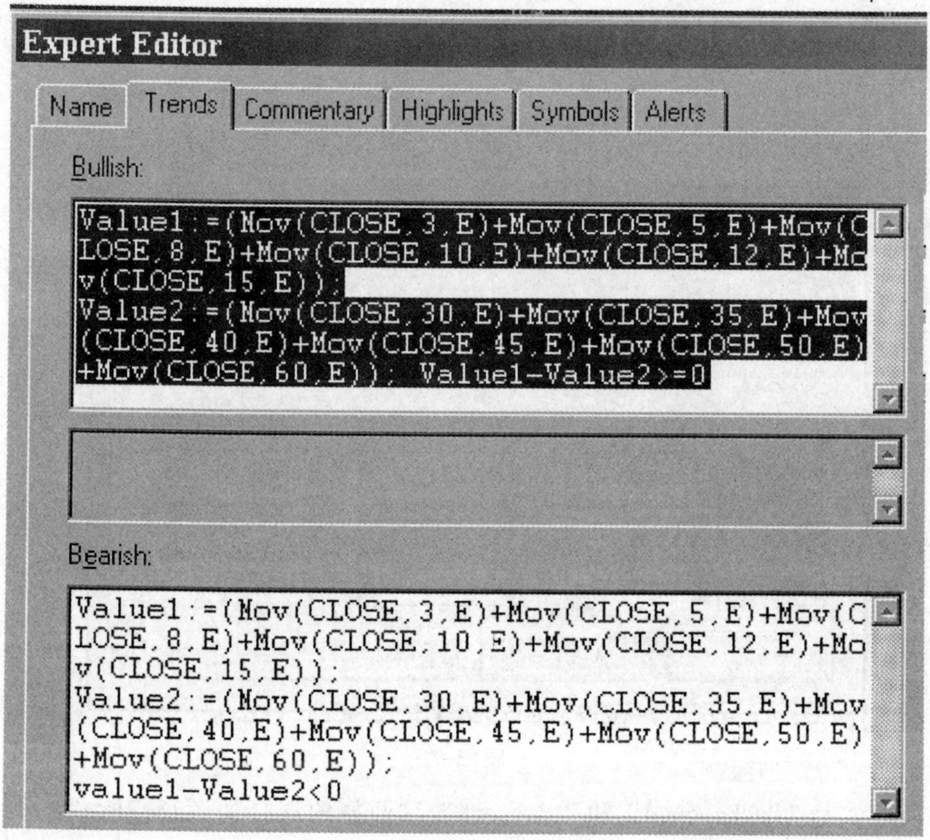

图13-6

在右上角或Trends页面中，见图13-7，点击“Ribbon”，会出现“Expert Ribbon”的页面，你可以设置参数。在新页面的左上角，确认在“Display Ribbon on Chart”前面的选择框中打钩。如果你希望你所分析的图中有竖线来精确确定GMMA变化的位置，那么就在“Display Vertical Lines”前也打钩。

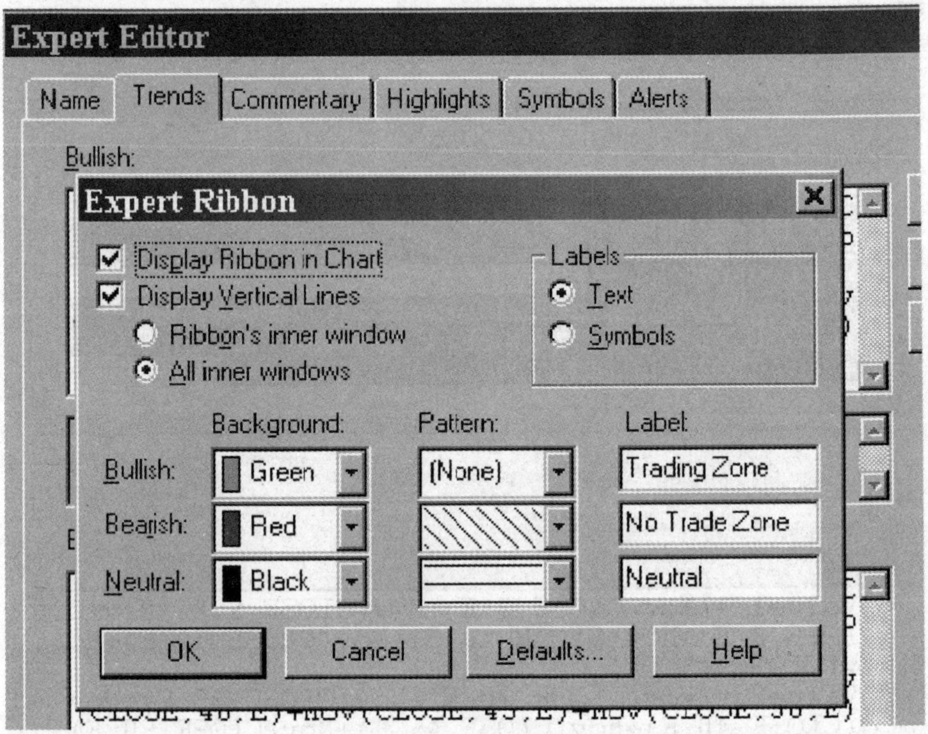

图13–7

对于“Background”和“Pattern”这两栏的选择如图13-7所示。在“Label”里，填入的内容如图13-7所示，不用关心“Neutral”是什么，因为它与这个方程没有关系。你现在已经启动了专家系统，只要点击“OK”，你就能返回到最初的专家系统页面。现在检查一下，确定你的新的专家系统已经激活，点击“attach”，然后关掉。所有都完成了，你的GMMA专家系统现在应该能用了。如果你的图中出现了平均线束，你也许想把它挪到合适的位置，那么你可以点住平均线束，不要松开，直到把它拖到你希望挪到的位置。

完成后大概会看上去像图13-8所示的这个样子。

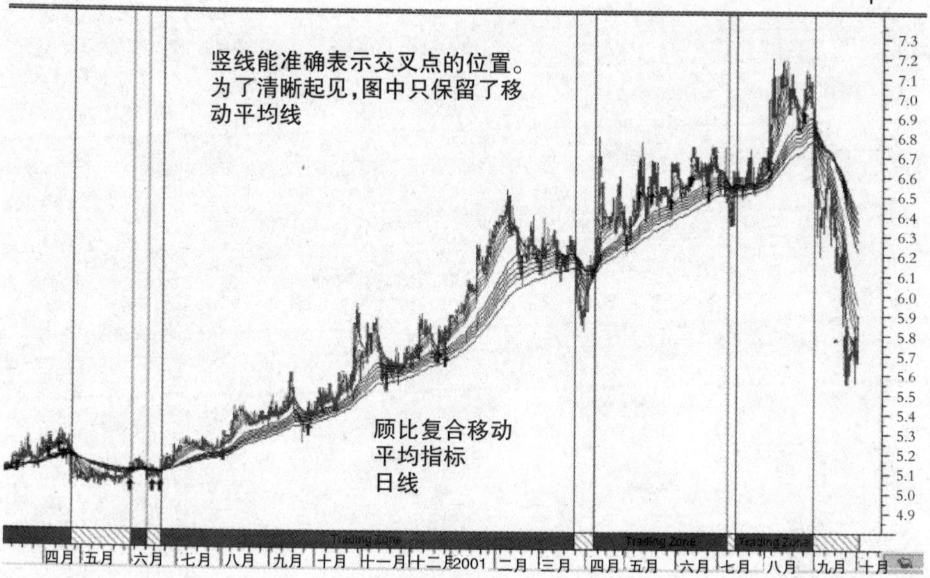
竖线能准确表示交叉点的位置。
为了清晰起见，图中只保留了移动平均线
顾比复合移动平均指标
日线
Trading Zone
Trading Zone
Trading Zone
四月 五月 六月 七月 八月 九月 十月 十一月 十二月 2001 二月 三月 四月 五月 六月 七月 八月 九月 十月
7.3 7.2 7.1 7.0 6.9 6.8 6.7 6.6 6.5 6.4 6.3 6.2 6.1 6.0 5.9 5.8 5.7 5.6 5.5 5.4 5.3 5.2 5.1 5.0 4.9

图 13–8

第三部分

寻找最佳入场价格

第十四章
趋势突破确认

交易者用几种方法测试筛选股票，以便减少候选股票的数量。它们包括最初的搜集候选股票的选择过程，然后是目测趋势方向，再用直边趋势线确认，最后，对那些通过的股票，用顾比复合移动平均线进行趋势特征测试。

我们把顾比倒数线测试作为测试五。顾比倒数线在我的第一本书《股票交易》[①]中有所介绍。它是一个通用的工具，可以用来确认趋势突破并设定确切的入场点、止损点和保护利润点。那些通过顾比倒数线测试的股票可以被选中并进行下一轮的选择测试，那些没有通过顾比倒数线测试的股票将被放弃。通过层层筛选，能坚持到现在的股票通常都是很不错的股票了。而能继续通过下面两轮测试的股票肯定是优秀的股票。在测试过程中我们很容易感到困惑，因为我们手中有太多的优质候选股票。我们放弃那些别人可能看好的股票，只保留那些容易管理从而减少失误的股票。

---

①顾比倒数线是 Joe Stowell ——一个美国债券交易者提出的“3 净线价格条”（3 bar net line）指标的延伸。顾比倒数线对其进行了一些重要的改进，这在 Joe Stowell 最初的“3 净线价格条”里是没有的，因此我们给它起了个不同的名字，以免混淆。对“3 净线价格条”感兴趣的交易者可以在 1997 年 7 月发行的 *TECHNICAL ANALYSIS OF SECURITY AND COMMODITIES* 杂志里找到更多的信息，详见 Stowell 所写的 *TIPS FOR TRADERS AND INVESTORS*。

虽然顾比倒数线最初应用于突破交易，它也为趋势确认和追踪打下了基础。倒数线计算能提供最重要的数字，从而使我们在有竞争力的候选股票之间做出最终的选择。这些数字可以用来计算交易中的风险并使风险与价格运动的逻辑挂起钩来。只用一种基于财务的止损——例如2%规则(见后面的章节)——是不够的。

在一次交易中我们一定不要使处于风险之中的资金超过所有交易资金的2%，除非这个数字直接与图中合理的价格运动直接相关，否则很容易被股价运动所超过。当我们选择止损点时，它必须是一个市场可能停滞的水平，这样我们可以有机会以我们希望的价格水平退出交易。这个挑战是把合理的止损与确定可以承担的风险结合起来，我们会在下一部分详细探究。

在突破交易中，股价测试是至关重要的，其重要性不亚于我们何时加入趋势交易。在趋势交易中，顾比倒数线设定止损和保护利润的条件的作用是非常重要的，因为我们的目标是加入已确立的趋势。然而这些作用不容易与它作为趋势突破确认工具的最初应用区分开来。理解如何和为什么把它应用到这种情况中能给我们以自信，并在趋势发展过程中扩展它的应用。

在前面的测试之后，我们对名单中剩余的每一只股票完成股价测试。我们的目标是再一次减少名单中的股票数量，因此我们排除那些没有通过顾比倒数线测试的股票。我们的目标是简单的交易管理，这可以通过将指标应用到这只股票以前走势上的成功率看出来。如果它在近几周或几个月中是有效的，那么它很可能在未来的几周或几个月中也是有用的。过去的趋势越容易定义和管理，我们就越有信心和纪律在未来更好地管理这只股票。下面的两章暂不讨论趋势交易管理，如果你愿意的话，你可以绕过去看下面的内容，但我们相信，如果你理解了顾比倒数线是如何用来定义趋势发展的，你会更加自信地使用顾比倒数线，将其作为管理现在趋势的工具。

对那些使用Guppy Traders Essential图表包或者GTE工具包来阅读Metastock格式数据的交易者来说，不需要自己画图。这些程序包含顾比倒数线工具，当用鼠标点到价格条时，计算能够自动完成。使用其他图表程序的交易者需要手工完成计算，因此知道如何开始顾比倒数线的计算是有用的。

突破应用

顾比倒数线不是单独使用的技术，因此它在股票选择步骤中作为第五步。我们首选的指标组合，已经在前面的章节里讨论过，包括直边趋势线和顾比复合移动平均线的结合应用。我们在趋势突破的情况下用顾比倒数线来辨认下跌趋势何时转变为上升趋势，我们的目的是设计一个尽可能接近轴点最低位(即下跌趋势的最低点)的入场计划。在价格跌到下跌趋势最低点时，我们不能当时就确认它一定会是最低点。如果我们能在它发生时尽快地发现，那么我们就有优势，因为我们抓住了趋势改变的初始阶段。

顾比倒数线是趋势跟踪工具，用来确认短期趋势的反转。顾比倒数线不能用来辨认和定义长期趋势。我们用顾比复合移动平均线来辨认和定义长期趋势。一旦收到别的指标发出的趋势改变信号，就可以用顾比倒数线来选择更好的入场点。

顾比倒数线是确认趋势改变的短期指标，它包括四方面的应用。

- 第一个是作为趋势变化的验证工具。
- 第二个是作为在安全价格水平范围内入场的工具。
- 第三个是作为止损工具。
- 第四个是作为退出工具，其作用和止损类似。

我们的目标不是预测未来，而是使概率的天平倾向于有利于我们的一边。

我们从验证趋势的作用开始。假设此时顾比复合移动平均线已经显示很强的潜在趋势反转信号，我们寻找趋势改变，因此我们跟踪下跌趋势，直到我们得到趋势改变的确认信号。顾比倒数线最初用来作为阻力线，从现行趋势中的最近的低点开始算起。在顾比倒数线和现有低点之间的价格运动都要被忽略。

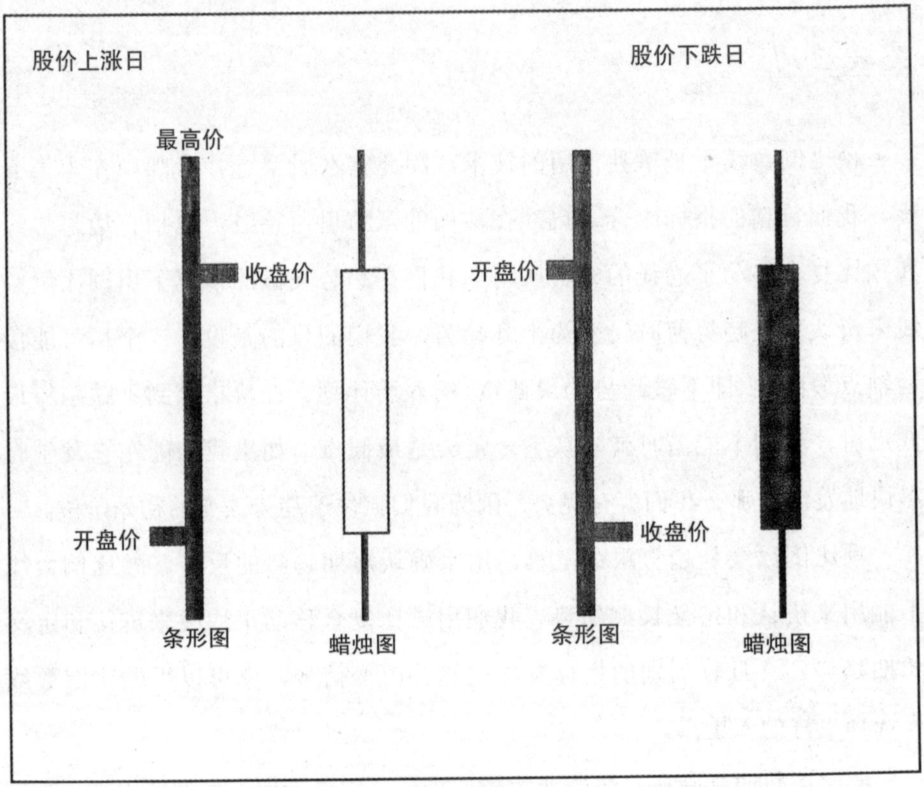

图14-1

在所有这些顾比倒数线的例子中，我们用条形图而不用蜡烛图。一天的交易当中有4个基本的价格要素，它们是开盘价、最高价、最低价和收盘价。用蜡烛图显示的话，开盘价和收盘价组成了蜡烛图的主体。蜡烛图的颜色用来区分价格上涨。条形图的开盘价用竖线左边的短横线表示，竖线的底端表示每日最低价，顶端表示每日最高价。收盘价如图14-1所示，用竖线右边的短横线表示。价格上涨日与下降日显示为不同颜色(本书非彩印，颜色显示不出来)。顾比倒数线在交易的不同阶段用不同的价格要素，因此可清楚地知道图中的每一个价格要素是很重要的。我们用条形图，因为这样价格要素能表示得更清楚。每一天交易结束时都会形成一个完整的日线。

入场应用

每出现一个新的最低价，我们就要重新计算倒数线的位置，要等到有高于顾比倒数线的收盘价再行动。我们对顾比倒数线发出的信号很有信心，因为我们已经通过顾比复合移动平均线关系或直边趋势线突破知道即将有这种信号发出。顾比倒数线确认了我们已知的信息，当趋势持续下跌时，我们依每一个价格新低重新计算倒数线。

收盘价突破短期阻力线是入场信号，所有这些都基于每日数据。我们盘后得到信号，明天采取行动。顾比倒数线确定了入场的安全区域，我们需要知道我们该在多大范围内安全地追涨。

图14-2显示了顾比倒数线最简单、最容易的应用。价格处在下跌趋势中，但从其他指标像顾比复合移动平均线、直边趋势线、随机指标或RSI指标中，我们得知新的上升趋势正在形成，我们已经决定加入趋势。现在我们用顾比倒数线来决定确切的入场条件和价格。

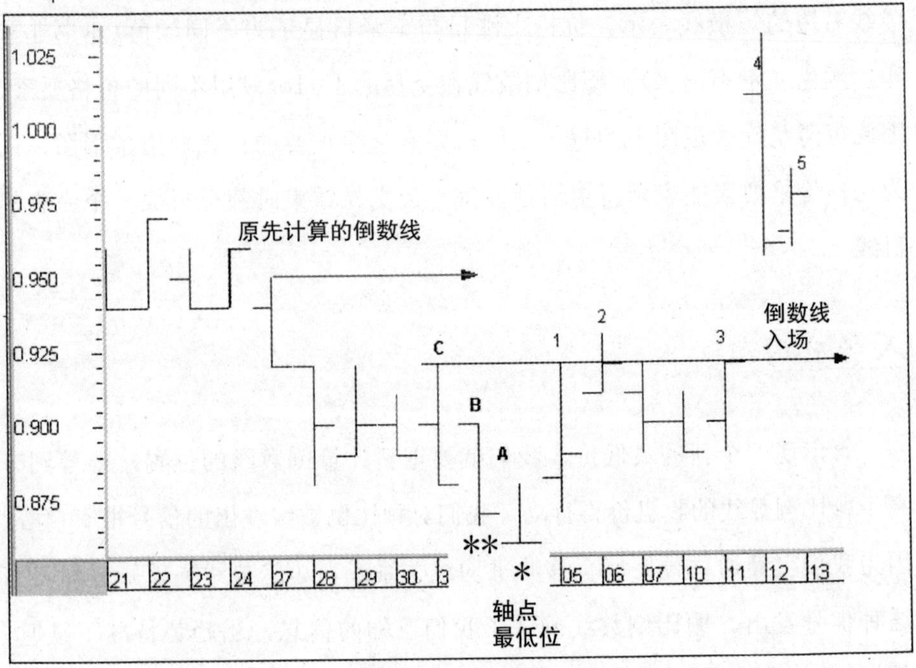

图14-2

我们从最近的最低点开始分析。价格条A是第一个重要的价格条。我们移到这个价格条的顶端，然后水平向左移动来确定现行下跌趋势中的第二个重要的价格条。它之所以重要，是因为它的最高价比第一个价格条要高。在这个例子中它就是价格条B。

然后移到价格条B的顶端，水平左移到另外一个更高的价格条。这是第三个重要的价格条，即价格条C。移到价格条C的顶端，然后向右画一条直线。这是顾比倒数线入场触发点。我们不会采取行动，直到有收盘价高于这条线为止。在图14-2中，价格条1的最高价与顾比倒数线相等，我们不会采取行动。

价格条2的最高价高于顾比倒数线，但它的收盘价与顾比倒数线相等，我们也不会采取行动。价格条3的收盘价与顾比倒数线相等，它被忽略，我们也不采取行动。

价格条4发出了行动信号，因为它的收盘价位于顾比倒数线之上。我们会在第二天入场。收盘价指标发出了在第二天执行交易的指令，见价格条5。

我们当时不知道价格条A——用*表示的价格条——是否会成为下跌趋势的轴点最低位，在事后我们回过头来看我们才能确定。每次出现新低，即最低价比现在用于计算顾比倒数线的价格条的最低价还低时，我们就要重新计算顾比倒数线。图14-2中，原先的顾比倒数线的计算是从标有“**”的价格条开始的。随着下跌趋势的发展，新的顾比倒数线要用具有新低的价格条计算，于是新的顾比倒数线比原来的位置下降了。

在画顾比倒数线时，有很多情况迷惑着一些读者，即使他们可能用的是自动绘图工具。选择正确的开始点对计算来说是至关重要的。选择错误的开始点，结果就不能在正确的时间确认入场信号。在每一幅图中，我们都用A、B、C代表用于计算的三个重要的价格条。在简单的应用中，这三个重要的价格条恰好经过了三天，但从图14-3中我们看到情况并不总是这样的。

图14-3显示的第一个重要价格条，即价格条A，用“*”表示这个价格条，是计算的起点。价格条A前一天的价格条包含在价格条A之内，也就是说，它的最高价比A的要低。当从价格条A的顶端再向左移时，我们碰不到这个价格条，而是碰到了图中的B。价格条B和C是重要的价格条，因为每一个价格条的最高价依次增加。在计算顾比倒数线时，被包含的价格条是应该忽略的，因此这里找出三个重要的价格条占用了4天时间。

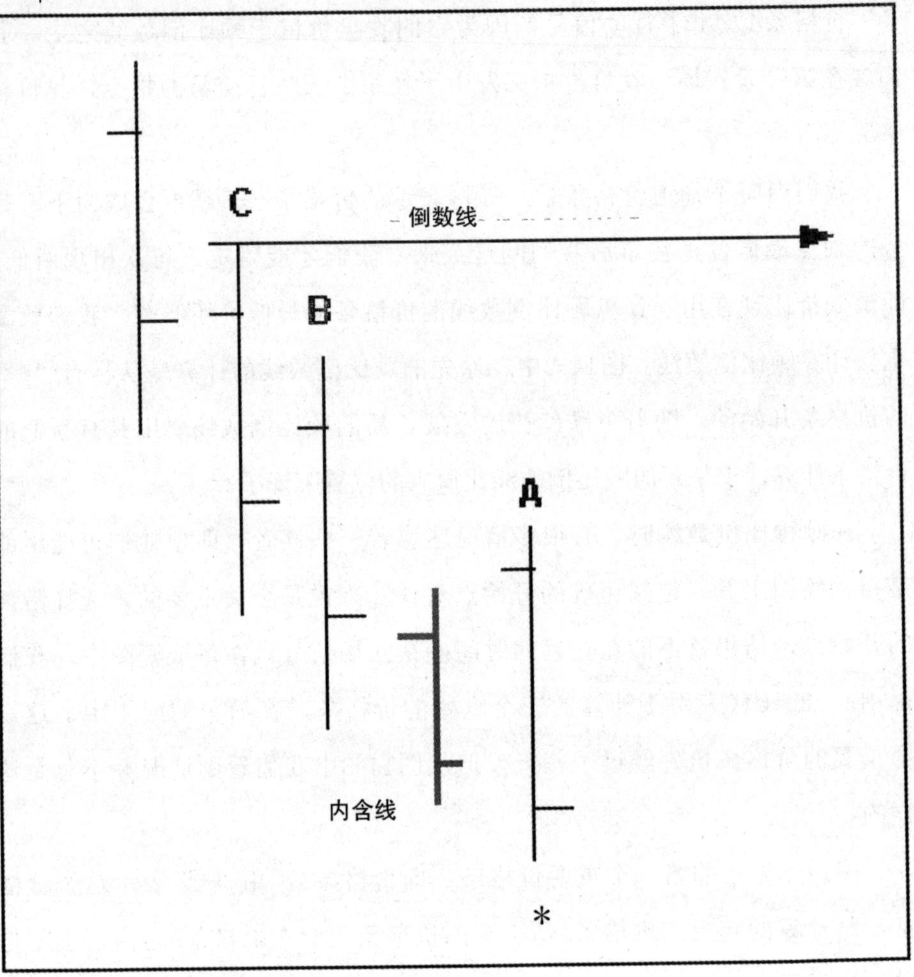

图14-3

在寻找三个重要的价格条的过程中，可能出现很多这种被忽略的内含线。在图14-4所示的例子中，三个重要的价格条涵盖了7天。在价格条B和C之间有一组粗线表示的价格条，显示了与大体趋势不同的价格运动。这里面有一些价格条的低点比B的低点要低，但比A的高。而这些价格条的高点并不比B的高点更高。只有价格条C满足条件，于是它成为这些价格序列中最后一个重要的价格条。

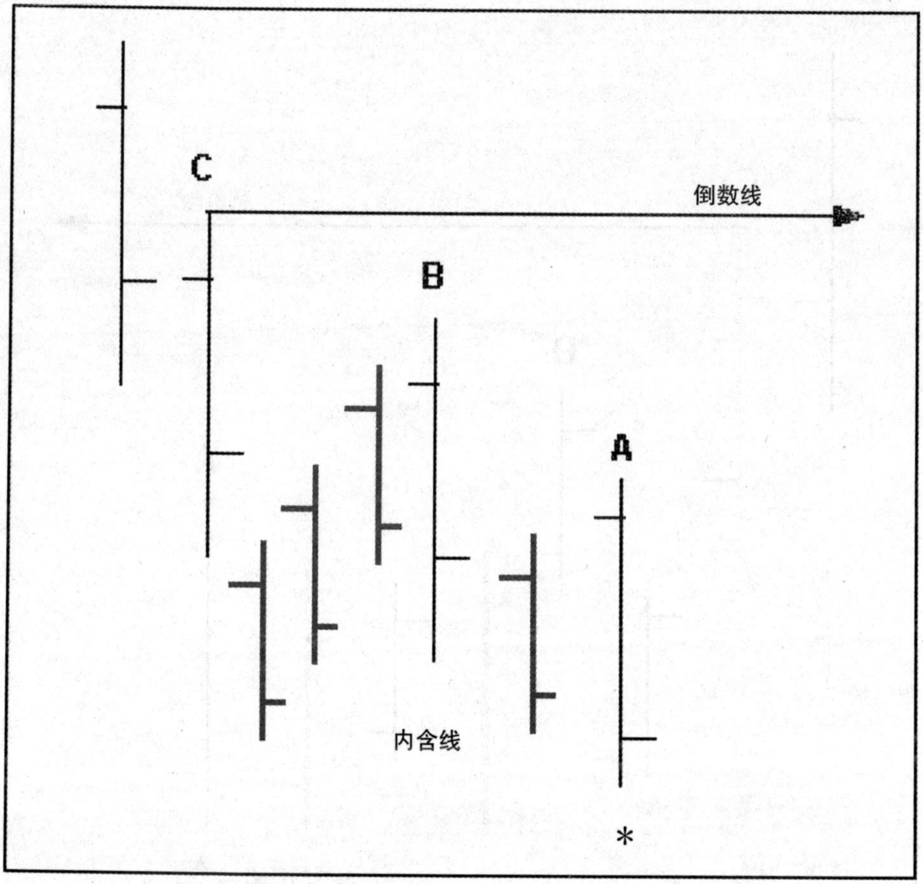

图14-4

虽然计算规则要求使用最低的低点，但一些人仍感到疑惑，因为他们可能会面对出现相同低点的情况，图14-5中的例子显示了这个问题。价格条A左边的日线和A有相同的低点，即紧挨着A用粗线表示的那条。B右边紧挨着的那个价格条也与A有相同的低点。我们应该将哪一个价格条作为顾比倒数线计算的起点呢？

规则是我们从现行趋势中最新的低点开始，即价格条A。计算起点用“*”表示。我们可以看到顾比倒数线的计算经过了7天的时间。

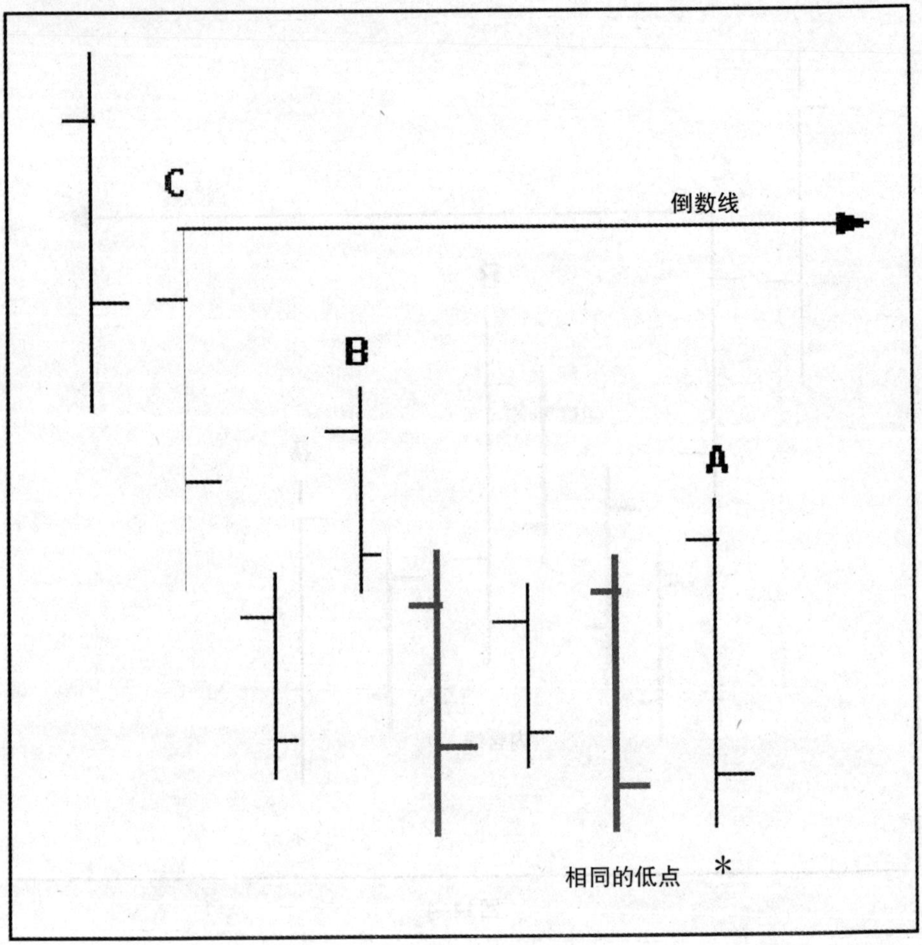

图14–5

一个类似的疑惑是出现像图14-6所示的那种情况，两条用粗线表示的价格条与A有相同的高点。同样的规则也适用于这些内含线。重要的价格条的高点总是比原先一个价格条的高点要高。当我们从价格条A的顶端向左移时，我们忽略这些与A有相同高点的价格条，我们也忽略那些比A的高点低的价格条。当我们碰到价格条B，它的高点比A的高，所以它就是第二个重要的价格条。在这个例子中找到三个重要的价格条经过了9天时间。

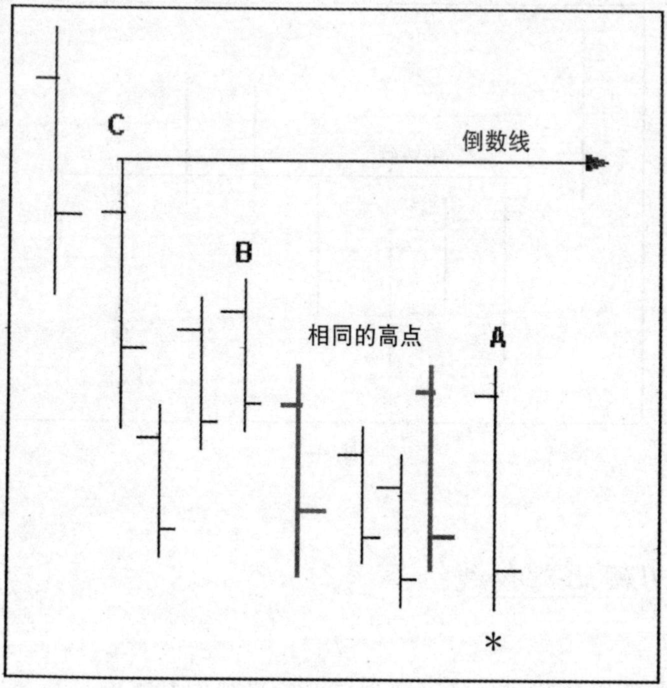

图14-6

图14-7中显示了一系列无效的顾比倒数线信号。价格条A开盘之后股价迅速攀升，但后来股价回落，最后收盘价低于顾比倒数线，因此没有发出入场信号。价格条B与A相似，除了开盘价是全天最高价之外。这些都是不重要的，入场触发是由收盘价决定的，而B的收盘价低于顾比倒数线。虽然我们可能认为是该行动的时候了，但信号还没有发出。

价格条C是最有诱惑力的信号。收盘价与顾比倒数线处在同一水平线上(我们画图时稍稍低于顾比倒数线)，这不是一个顾比倒数线信号，有效的信号应该出现在收盘价高于顾比倒数线的情况下。我们想在市场中先行一步，但如果我们把收盘价与顾比倒数线处在同一水平线上也作为入场信号，那么这项技术的可靠性就会显著降低。

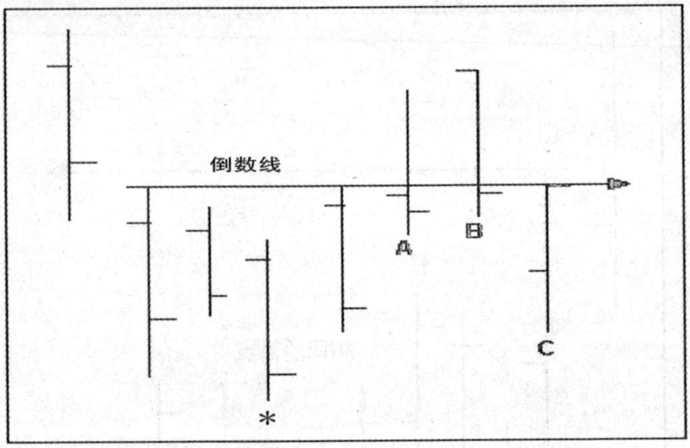

图14-7

何时使用顾比倒数线

顾比倒数线是验证工具。我们已经知道现在是下跌趋势，这通常可以用直边趋势线来定义，见图14-8。在我们应用顾比倒数线之前，这是最有用并可靠的工具。顾比倒数线是用来回答“现在高于直边趋势线的收盘价是一个真正的突破，还是虚假的突破”这个问题的。

图14-8中包括了一个收盘价高于趋势线的价格条。如果我们明天就行动，买入股票并期望趋势会改变方向，那么成功的可能性会很小。高于趋势线的收盘价并不是可靠的信号。市场中充满着虚假的突破，结果是股价迅速崩溃，下行趋势依旧。顾比倒数线是通过使用另外的验证条件来保护我们拒绝这种虚假突破的。

像倒数线工具是用来验证现行趋势中突破的真实性的，一旦验证过程开始，不是用突破的价格条，而是用它左边的现行趋势中最低点的价格条，见图14-9。最低点的价格条可能出现在突破趋势线价格条几天之前。在这幅图中，计算起点的价格条用“*”表示，计算的过程用粗线表示。

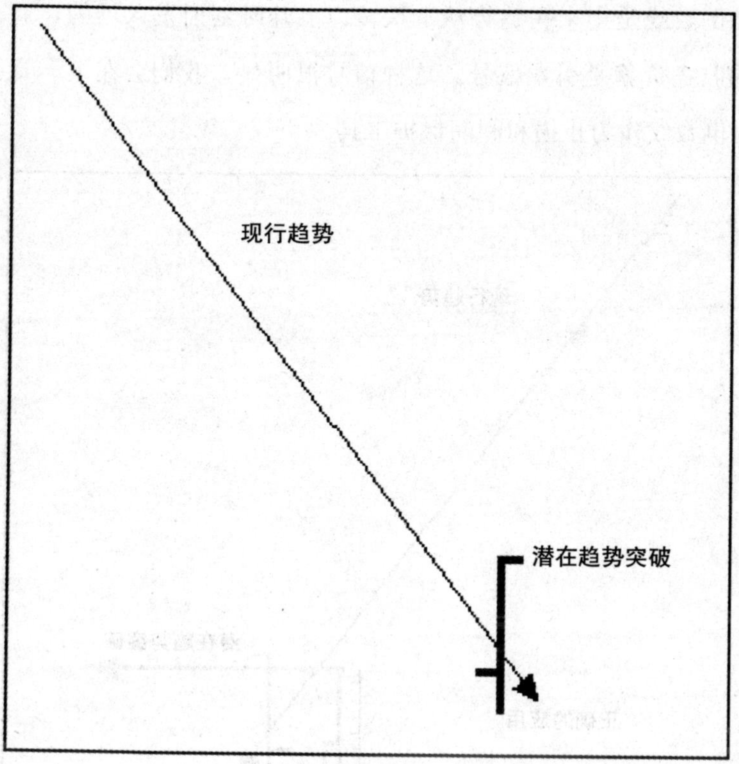

图 14–8

我们可以看到，一方面收盘价突破了趋势线，另一方面收盘价又处在顾比倒数线之上，当这两个条件同时满足时，我们就可以很有信心地确认这次突破很可能是新的上升趋势的开始。

我们拿图14-10中的例子做一下比较，可以看到图14-10中也出现了顾比倒数线信号，但收盘价并没有突破直边趋势线。图中粗线所示的顾比倒数线的计算是正确的。然而，收盘价没有突破直边趋势线，所以这个顾比倒数线信号是虚假的、不可靠的。单独使用的话，顾比倒数线是不可靠的，当它和直边趋势线的突破信号结合起来使用的话，信号可靠性将大幅度提高。

顾比倒数线是用来在趋势从下跌转为上升时刻引发入场的，高于顾比倒数线的收盘价就是引发信号。这种信号很明显，我们会在下一章介绍如何将顾比倒数线作为止损和利润保护工具。

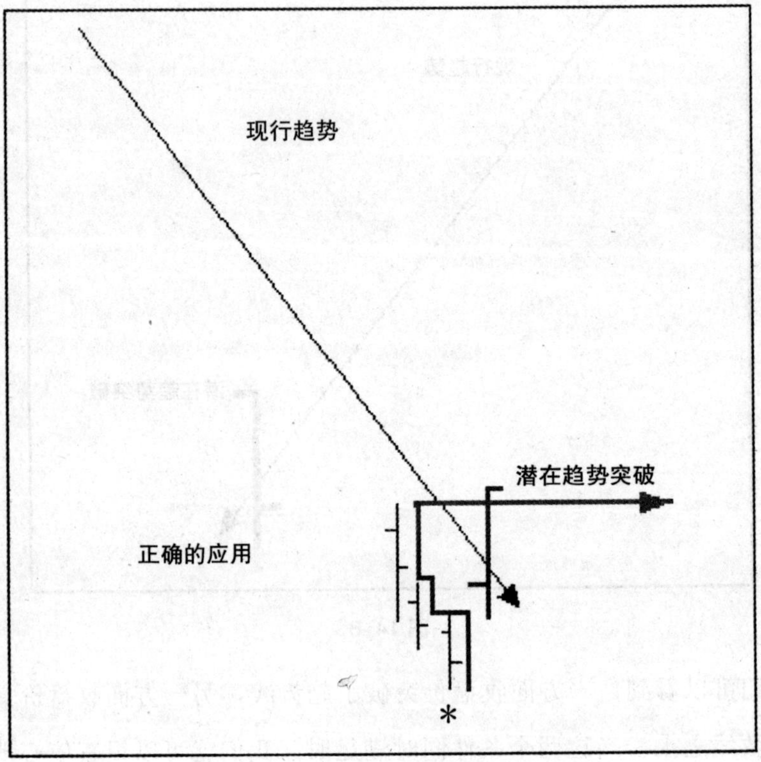

图 14-9

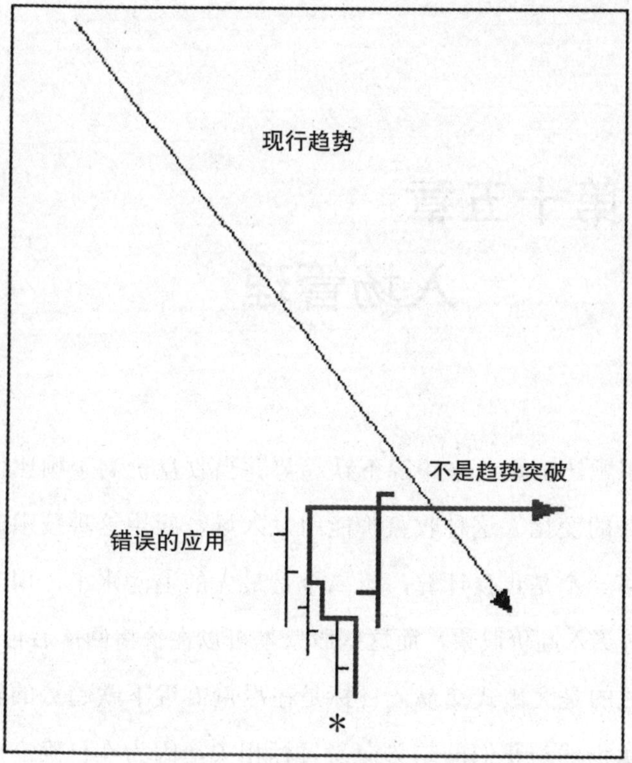

图 14-10

第十五章 入场管理

交易者用顾比倒数线来跟踪下跌趋势并当收盘价高于顾比倒数线时使自己警觉趋势的变化。这种收盘价能引发入场，应用这种技术时有两个额外的特点，第一个是止损计算，第二个是最大的追涨水平，用来避免在价格暂时上冲时买入高价股票，而这些股票本可以在价格回落后再买入。

我们关注的是突破式交易，目标是在尽量靠近下跌趋势的轴点最低位入场。这一章仍然与我们的趋势交易目标相关，因为在已确立的上升趋势中，有时价格会突然下跌，这种暂时的价格弱势会形成短期的下跌趋势，交易者等待价格反弹并加入上升趋势。这种情况与我们下面要讲的下跌趋势中股价突破的情况类似。顾比复合移动平均线告诉我们价格回落是暂时的，而潜在的趋势很强。顾比倒数线技术确认反弹，并提供给我们确切的风险管理的数据。

在这一章我们介绍顾比倒数线是如何用来确认短期趋势反转和现有趋势持续的。

- 第一个是作为趋势变化的验证工具——见前一章。
- 第二个是作为在安全价格水平范围内入场的工具。
- 第三个是作为止损工具。

- 第四个是作为退出工具，其作用类似于止损。

我们从最初的入场触发开始，然后考虑最大追涨水平的应用。趋势突破很少能一蹴而就，经常是短期快速上涨几天后再回落，这种折回过程是对新趋势的考验。我们的目标是避免在股票最初突破时以过高的价格入场，最好能禁得住诱惑不去追涨，而等到股价回拉时再入场。

顾比倒数线提供了两种方法来处理这种行为，它阻止我们过分追高，同时也避免我们买虚假突破的股票。

我们先从图15-1中经典的顾比倒数线入场信号开始。收盘价高于顾比倒数线，确认现在的新的上涨趋势比原先的下跌趋势更强。

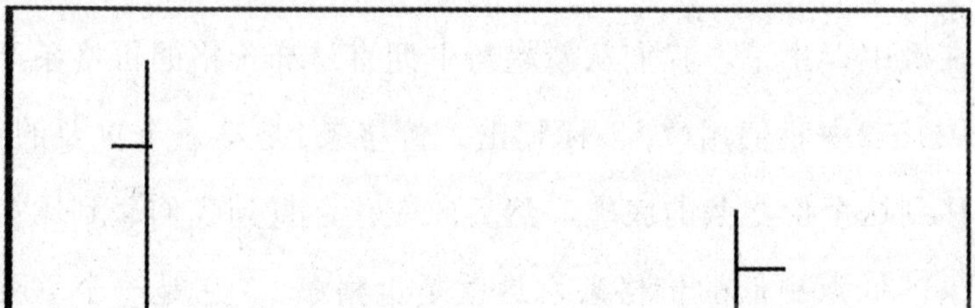

图15-1

区分信号

在顾比倒数线触发点，趋势的性质、我们的分析和我们追踪随后趋势发展的方式都发生了很大的改变。我们已经确认下跌趋势结束了。下跌趋势的轴点最低位，图15-1中用“*”表示，就是顾比倒数线入场计算的起点。

现在是把我们的注意力转移到验证上升趋势持续性中来的时候了。我们对最初的顾比倒数线计算进行逆运算。

当收盘价高于作为入场工具的顾比倒数线时，新的趋势就在对旧的下跌趋势的突破中诞生了。我们从新趋势中拥有最高价格的价格条开始止损计算，在图15-2中我们用“*”标记出。价格条1是第一个重要的价格条。我们首先移到这个价格条的底端，然后向左移，直到我们碰到比第一个重要的价格条的低点更低的价格条，这就是价格条2。它是一个重要的价格条，因为它的最低价比价格条1更低。依次类推，我们从价格条2的底端平行向左移动，直到碰到另一个有更低低点的价格条，这就是价格条3，它是第三个重要的价格条。从价格条3的底端向右画一条线，这就是倒数止损线。

依低于这条线的收盘价可确认现行的上升趋势已经结束。这是离场信号。

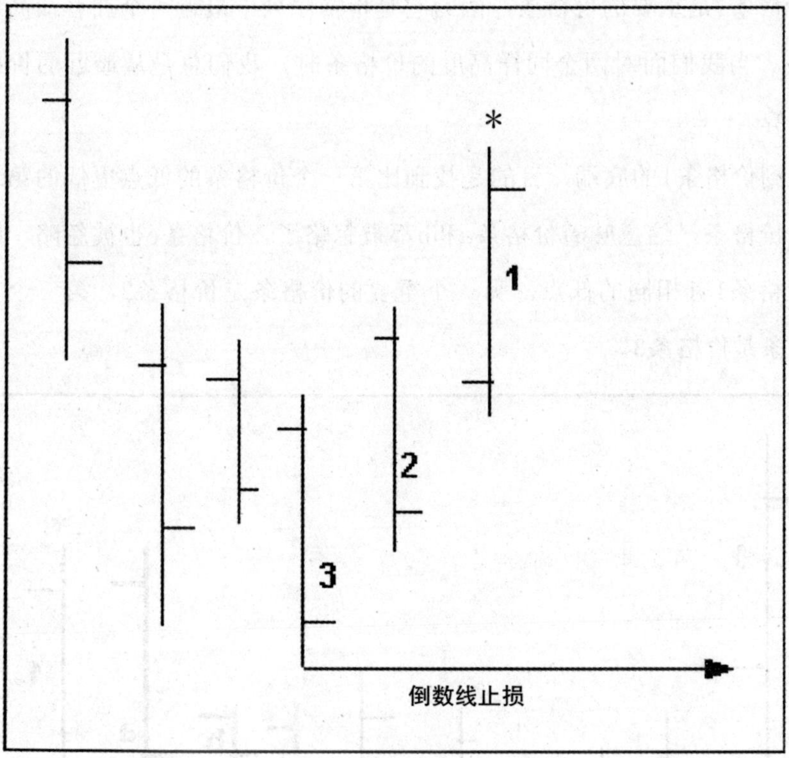

图15-2

倒数线止损

一旦新的趋势已经确立并且已经入场，我们就应在近期最低点以上的范围内认真地管理交易。这三个重要的价格条确定了最大的范围。我们允许价格在这个范围内移动，但如果收盘价低于这个范围的最低点，我们就离场。顾比倒数线止损计算确定了价格可以允许的范围。在这个例子中，止损线恰好就是旧的下跌趋势的轴点最低位，但这只是凑巧，很多时候不是这样。

图15-3显示了在画止损线时的主要困难。重要的价格条用数字表示，而无关紧要的价格条用字母标出。我们从价格条a和价格条1的关系开始分

析。价格条1是重要的价格条，因为它是价格序列中最近一个拥有最高价的价格条。当我们面对两个同样高度的价格条时，我们总是从最近的价格条开始计算。

移到价格条1的底端，目的是找到比第一个价格条的低点更低的第二个重要的价格条，这意味着价格条a和b都被忽略了，价格条c也被忽略，因为它与价格条1有相同的低点。另一个重要的价格条是价格条2，第三个重要的价格条是价格条3。

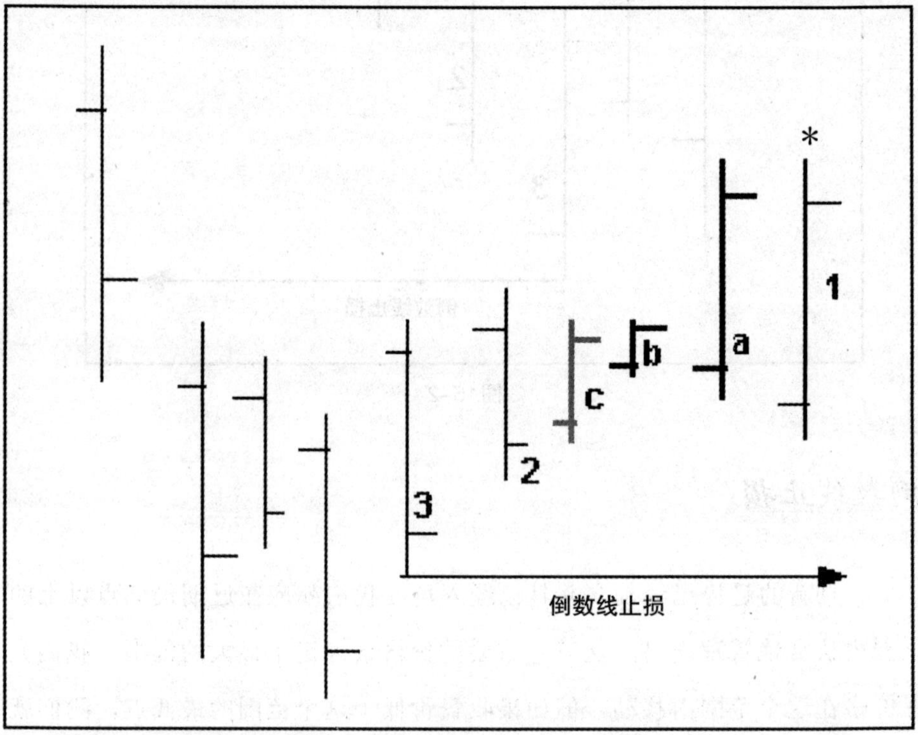

图15-3

止损计算只不过是追踪下跌趋势的顾比倒数线入场计算的逆运算。下跌趋势的突破也许很迅速，会形成一天甚至更多天的跳空缺口，如图15-4所示。止损计算从标有“*”的最高的价格条开始。突破形成了新的趋势，因此我们移到现行趋势中另一个重要的价格条。我们从价格条1向下找到了价格条2，注意我们没有从价格条1的底端向左横穿去找原先下跌趋势中的价格条。跳空被忽略了，我们直接找到现行趋势中的下一个价格条。用同样的方法我们又找到价格条3。一旦第三个重要的价格条得到确定，止损线就从价格条3的底端画出，如图15-4所示。

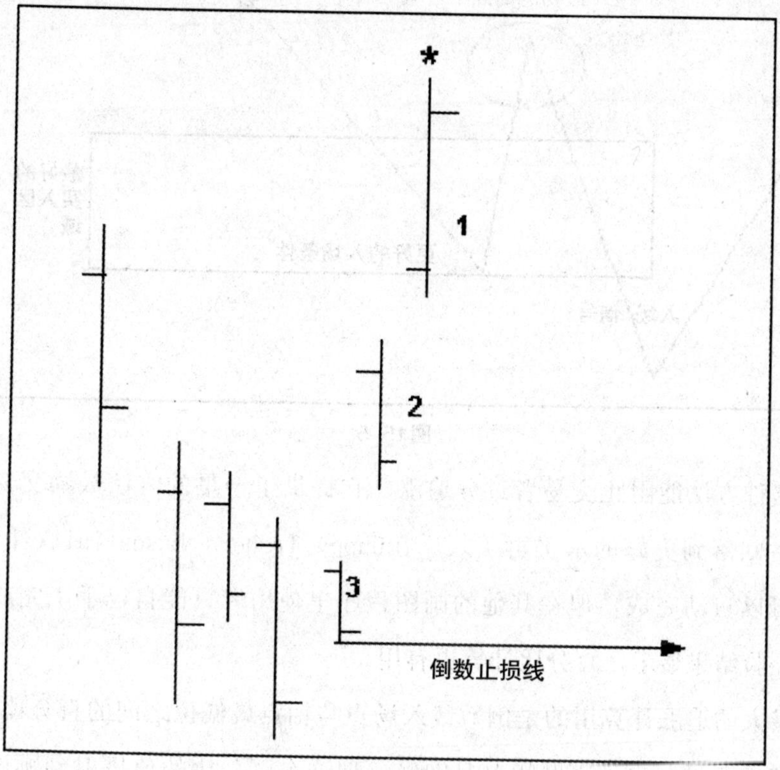

图15-4

最大追涨线

顾比倒数线可以用来作为入场工具，它也能保护我们远离贪婪。一旦突破被确认，飞涨的价格就诱惑我们追涨。这种做法的危险从图15-5中可以看出来。在突破的初始阶段，价格通常上涨迅速，没想到紧跟着就是一个回落。我们要避免在价格第一次暂时反弹时买入股票，因为在最初的购买热情消退后，通常有更好的、以低一点的价格加入新趋势的机会，这是最好的买入区域。这个区域的底部是由顾比倒数止损线定义的，顶部是由接下来的计算得出的，我们称其为最大追涨线。

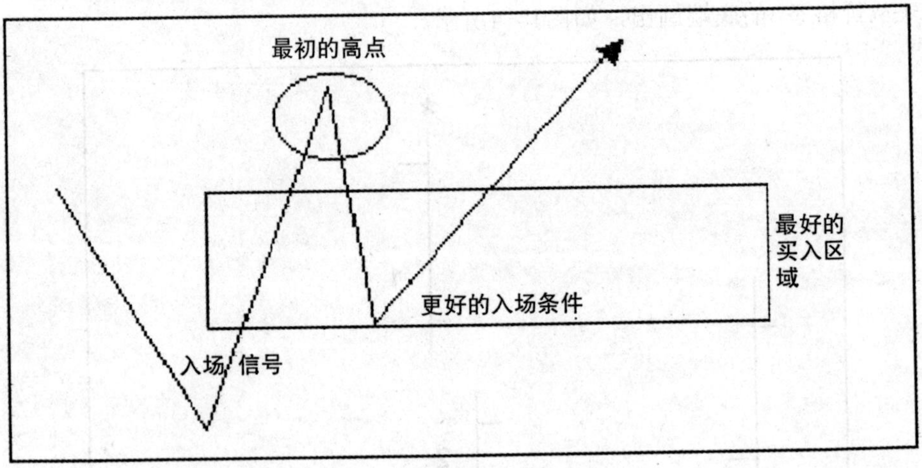

图15-5

这种方法能阻止交易者过分追涨，它提供了一贯的方法鼓励交易者等到价格回落到更好的水平再买入。在Guppy Traders Essential软件包里，计算可以自动完成，但在其他的画图程序里使用者只能自己手工完成。测试和经验结果显示，百分比计算更有用。

最大的追涨计算用的是倒数线入场点与轴点最低位之间的百分比差别，如图15-6所示，也许下跌幅度是20%。把这个百分比的值投射到顾比倒数线之上，从而设定最大的追涨线。

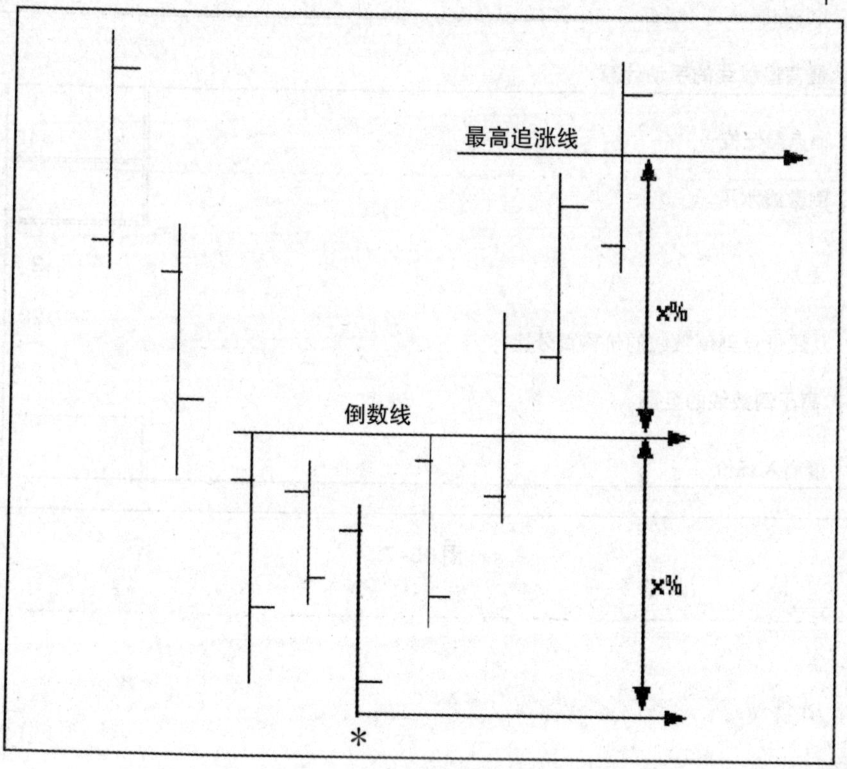

图15-6

最大追涨计算可以在一张纸上迅速完成。图15-7解释了这个例子的计算，轴点最低位是0.1元，顾比倒数线入场触发点是0.12元，差别幅度是20%。取顾比倒数线的值为0.12元，然后在此基础上加20%，得出的结果即最大追涨水平是0.144元。这并不意味着你不能在0.144元以上买入股票。有很多成功的交易是以更高的价格入场的。然而，一旦价格超过这个水平，在最初的趋势突破之后价格很可能会回落到买入区域。付更多的钱并无大碍，只不过减少了利润，因此等待价格暂时回落的机会能提高交易的收益率。

基于这些理解，我们能自信地应用顾比倒数线作为止损工具和在已确立的趋势中作为保护利润的工具。在下一章我们检验如何用它来剔除不太适合的交易机会。

最高追涨线的手动计算	
轴点最低位	10
倒数线水平	12
差别	2
从最低点到倒数线的价格百分比	20
高于倒数线的金额	2.4
最高入场价	14.4

图 15–7

第十六章
保住大部分利润

当我们买入股票后我们面临着两个关键问题，第一个是保护我们的交易资本，第二个是保护我们的利润。这两个问题都与我们对趋势和其持续能力的理解有关。顾比倒数线工具的止损作用告诉我们该何时采取行动保护我们的资本，获利以后还能作为保护利润的工具，目的是为趋势的改变提供早期预警，以使我们能及早离场并保护我们累积的利润。

我们用顾比倒数线作为测试工具，以便我们选择并加入已确立的趋势，我们喜欢那种顾比倒数线已经在过去被证明是很有效的交易管理工具的股票。这意味着它在动态止损和保护利润止盈方面都很有效。这样的股票能通过我们的测试，因为我们完全有理由相信顾比倒数线会在以后继续取得成功。

然而，当我们在已确立的趋势中管理交易时，我们不能总是依据顾比倒数线的退出信号行动，必须解决短期退出信号与潜在趋势强度两者之间的矛盾，解决方法来自顾比复合移动平均线。当顾比复合移动平均线确定趋势很强的话，我们可能选择忽略顾比倒数线的退出信号，并利用这次价格暂时疲软的机会使用顾比倒数线作为入场工具来买入更多的股票。当顾比复合移动平均线确认趋势正在变弱，我们就依据顾比倒数线退出交易以保护利润。下面我们介绍两者的结合使用。

顾比倒数线是用来验证下跌趋势的结束并为加入新的上升趋势设定条件的。顾比倒数线通过新趋势的最高点来计算止损线。这是新的交易中管理入场过程的核心部分。

这两个数字——买入价和最初的止损价——与头寸和风险大小计算结合在一起来，为新的交易设定正确的界限。在这一章，我们超越这些应用并检验顾比倒数线如何用来做保护资本然后用来保护利润工具的机理。最后我们展示它在趋势反转时如何用作退出信号。

顾比倒数线包括四方面的应用：

- 第一个是作为趋势变化的验证工具——见第14章。
- 第二个是作为在安全价格水平范围内入场的工具。
- 第三个是作为保护交易资本的止损工具。
- 第四个是作为保护利润的退场工具。其作用类似于止盈。

倒数线止损

我们接着图15-2所示的例子开始讨论，以一个经典的止损计算开始(见图16-1)，增加了两个新的交易日和一个圆点以表明我们最初的入场点。我们另外添加了一条线，以表示最终的顾比倒数入场触发线的位置。买入点和止损点同时显示出来。入场以后，一旦出现最高价高于价格条1的新的价格条，就要重新计算顾比倒数止损线。

止损线计算仍基于价格条1，因为右边的两个价格条的高点都不比价格条1高。类似这种不高于价格条1的新的价格条是不重要的。在追踪新的上升趋势时，我们的兴趣在于新价格条高点之间的关系，因为这些新的高点可以衡量牛市的强度。

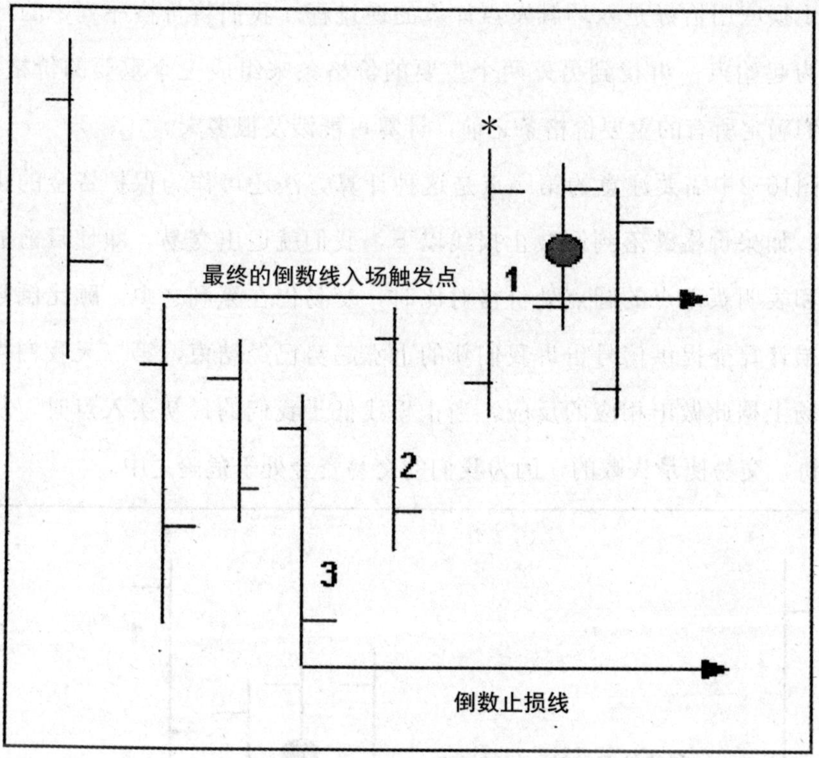

图16-1

接下来图16-2表明计算中的几个新的特点。首先是重要价格条向右转移了，即新高意味着现在的价格条1成为重要价格条。我们首先移到价格条1的底部，然后左向平移找到最低价低于价格条1的价格条，这是价格条2。在上面图16-1的计算中，这个价格条是无关紧要的，现在它成了继新价格条1之后的第一个最低价低于价格条1的价格条，从而成为计算的一部分。

我们向下移到价格条2的底部，向左移动直到碰到下一个最低点低于价格条2的最低点的价格条，这意味着我们忽略了价格条A，因为它有比价格条2更高的最低点。我们同样也忽略了价格条B，因为其最低点等于价格条2的最低点。直到碰到价格条3，我们才找到下一个重要价格条。移到此价格条的底部，向右边画出一条线，从而标出新的止损水平。

止损应用恰好是入场触发点计算的逆过程。我们将价格序列中的最高点作为起始点，再找到另外两个重要的价格条来组成三个重要的价格条。在我们确定所有的重要价格条之前，计算可能涉及很多天。

图16-2中需要注意的第二点是这种计算方法还可作为保护资金的止损计算。如果价格跌落到倒数止损线以下，我们就退出交易。即使目前的收盘价和表明买入点的圆点处价格对比时，交易仍在赢利之中。顾比倒数线的止损计算能提供信号告诉我们新的上涨趋势已经结束，第二天我们得以在市场上据此做出相应的反应。当止损线低于我们的最初买入点时，从技术上讲，交易便是失败的，因为我们的交易资金处于危险之中。

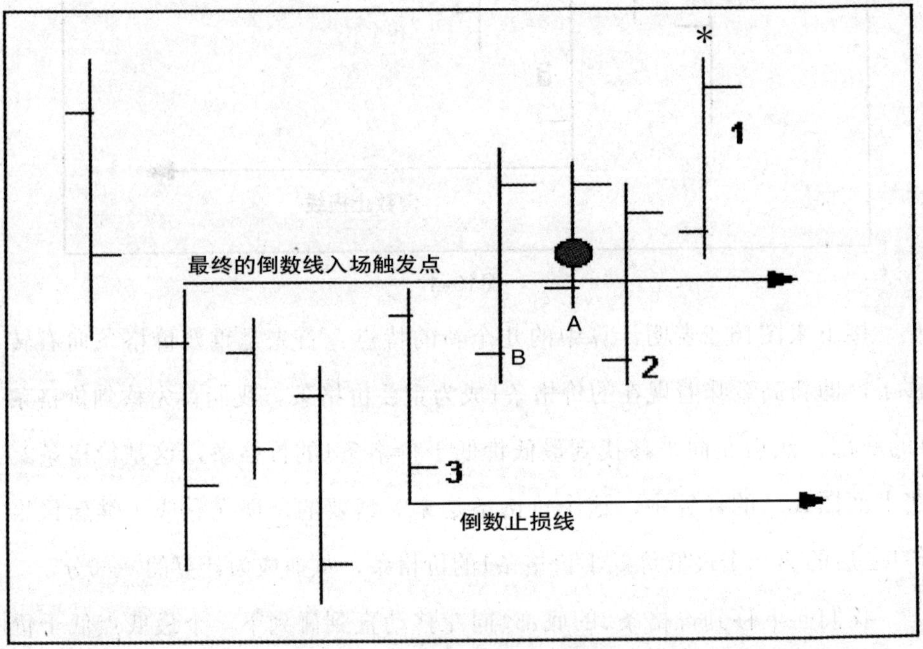

图16-2

保护利润

在每个新的最高价出现时，顾比倒数线的计算就要重新进行。图16-3

所示的例子展现了两个重要特点。第一个特点是在价格条2和价格条3之间的跳空被忽略。当我们遇到跳空时，我们移到目前趋势里的下一个最低点处的价格条。顾比倒数线是用来研究目前趋势的信息的，因此我们没有在价格条2的底端向左平移，去碰到原先下跌趋势中的价格条，而是忽略跳空缺口，直接找到价格条3。

第二个特点是顾比倒数线计算的性质已经改变，它不再是保护资本的止损点。顾比倒数线已经高于我们买入时的圆点位置，此时我们在交易中已经赢利。当我们在低于顾比倒数线的收盘价所生成的离场信号上采取行动卖出股票时，这个交易将能赢得少量利润。

直到新的上涨趋势快要结束，顾比倒数线一直都是动态保护利润的止盈线，成为保护利润的动态止盈。每出现一个股价的新高（见图16-3、图16-4)，新的保护利润的计算就要进行一次。

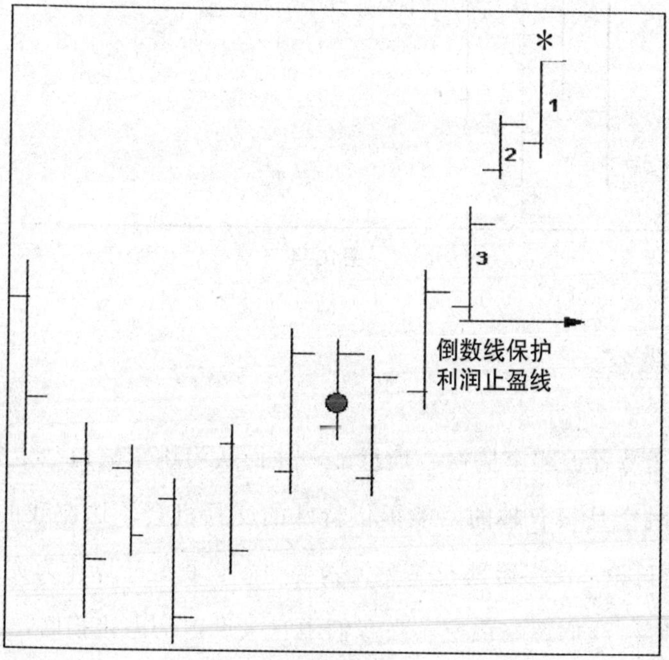

图16-3

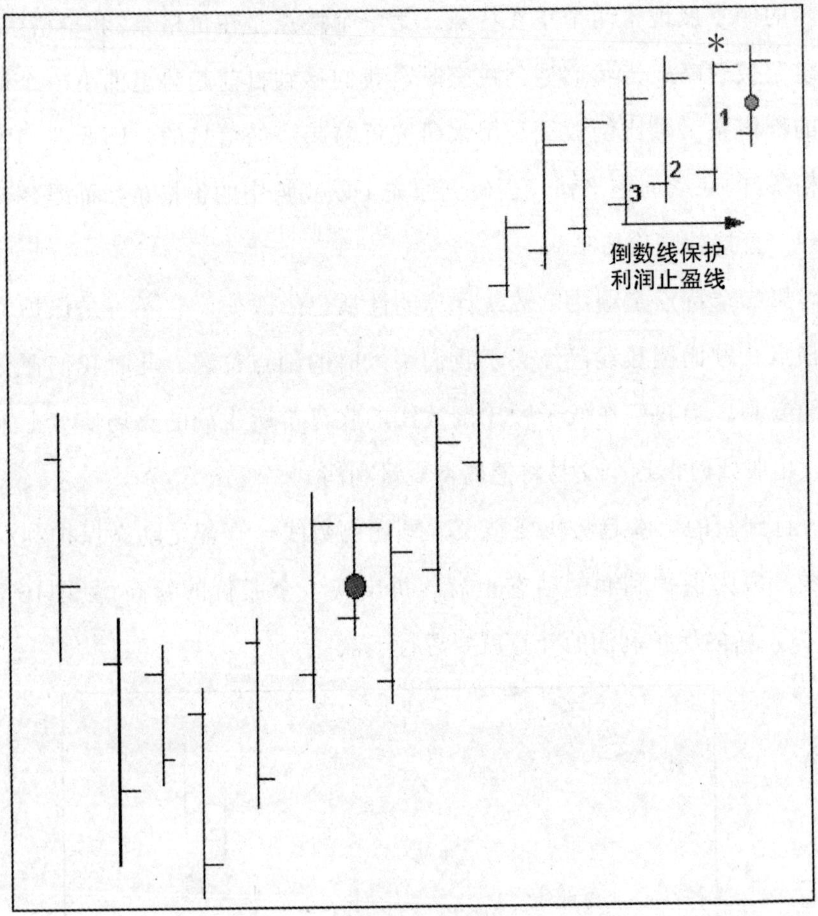

图16-4

糟糕的跳空

很多交易者被跳空搞得心烦意乱，他们认为跳空缺口一定要“补上”。一些价格跳空是很有趣的，能提供特殊的交易机会，这在我的书《短线交易》中有所讨论。大多数跳空是无关紧要的。当我们计算作为突破工具的顾比倒数线时，我们忽略跳空。当我们用它来设定动态止损时，我们也忽略跳空。

有时当交易者没能搞明白自己所跟踪的是哪一个趋势时，交易时很迷惑，不知该如何对待跳空。澄清顾比倒数线计算的另外两个方面是很有用的，第一个是现行趋势的含义，第二个是现行趋势对我们看待价格跳空的影响。直边趋势线定义了现行趋势。高于趋势线的收盘价引发我们使用顾比倒数线技术来验证明显的趋势突破有很大的成功可能性。在图16-5中的价格序列中我们看到一个跳空。

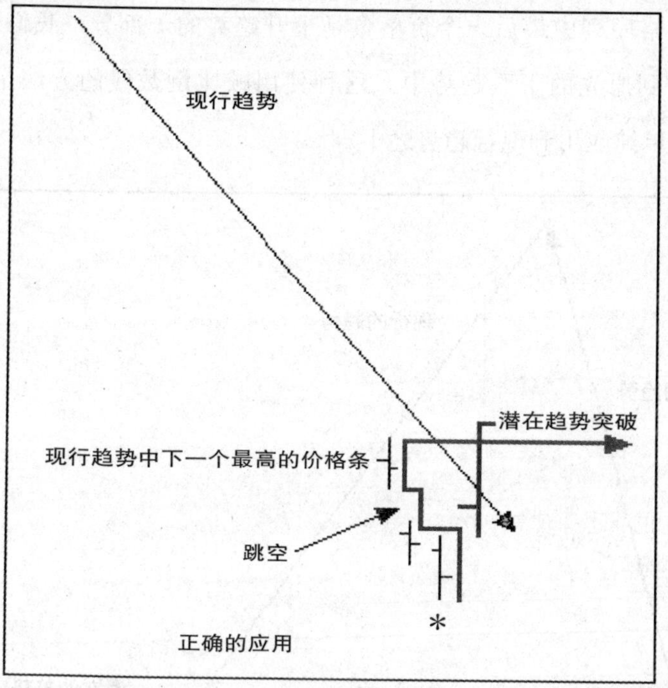

图16-5

顾比倒数线的计算从标有“*”的价格条开始——图16-5现行趋势中最低的价格条。记住，我们试图在现行趋势中确立突破的必要条件，我们对原先的趋势不感兴趣，因为那都不是我们正在交易的趋势。现行趋势的价格活动可能是由一系列连续的价格条组成的，或者也可能包括几个价格跳空。跳空是现行趋势中价格波动的体现。在判断新趋势是否在发展时，我们必须考虑到现行趋势中的波动和价格运动。

在正确地应用顾比倒数线作为工具来验证现有下跌趋势中的突破时，很显然应该只把它应用到我们正在跟踪的现行趋势的价格运动中。

从图16-6中我们可以看到顾比倒数线应用到现行趋势的含义。如果像图示的那样，移动到第二个重要的价格条的顶端，然后，一直延伸到左边，直到“触到”原先趋势中的另一个价格条，这样是不正确的。左边的价格条所处的上升趋势早已结束，它和我们正在监视的现行的下跌趋势毫无关系。这些价格序列中最后一个价格条是上升趋势的一部分，我们却把顾比倒数线应用到原先的下跌趋势中。这种使用顾比倒数线的方法是错误的，因为它没有单纯应用到现行趋势之中。

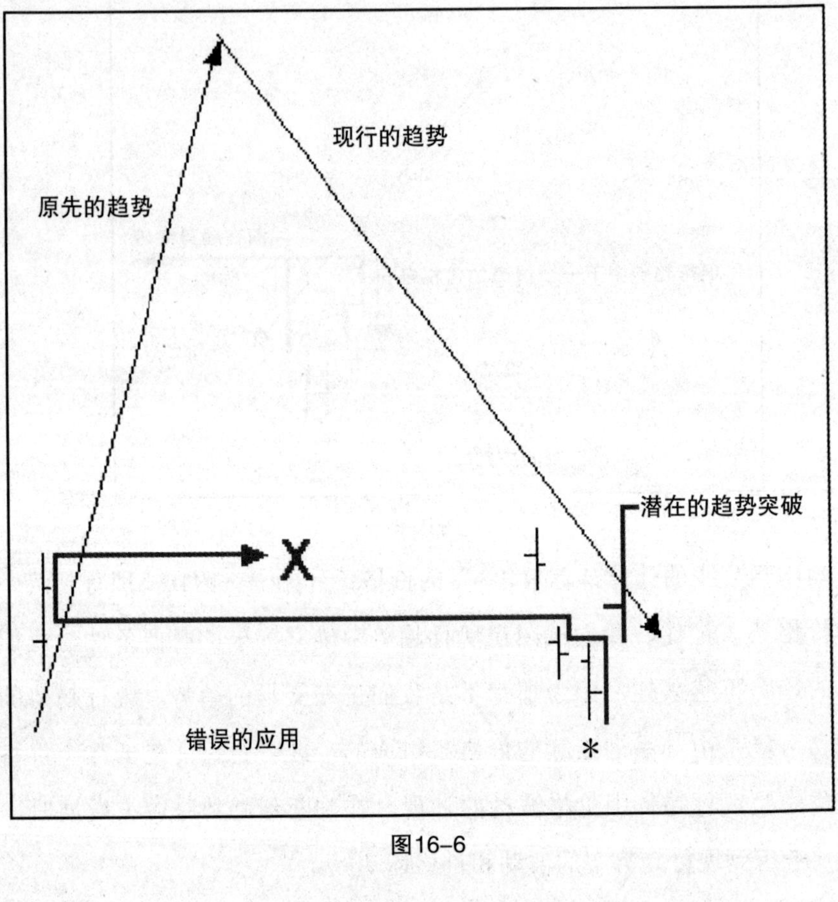

图16-6

我们展示了顾比倒数线应用到趋势突破的情况。相同的结论也适用于当顾比倒数线用来管理在已确立的上升趋势中入场或者作为上升趋势中的止损点时，跳空被忽略，同时计算移到了现行趋势中的下一个价格条上。

在将顾比倒数线应用于动态止损或者保护利润计算中时，跳空也被忽略。从图16-7中我们明显看到至少有两种趋势，第一个是现行趋势，第二个是原先的趋势。在这个例子中原先的趋势是下跌的，现行趋势是上升的。当收盘价格高于作为入场工具的顾比倒数线时，我们确认原先的趋势已经结束了。当收盘价高于图16-7中我们用x标出的价格条时，我们可确认趋势改变。低于顾比倒数止损线的收盘价预示着现行的上升趋势已经结束，新的下跌趋势已经开始。

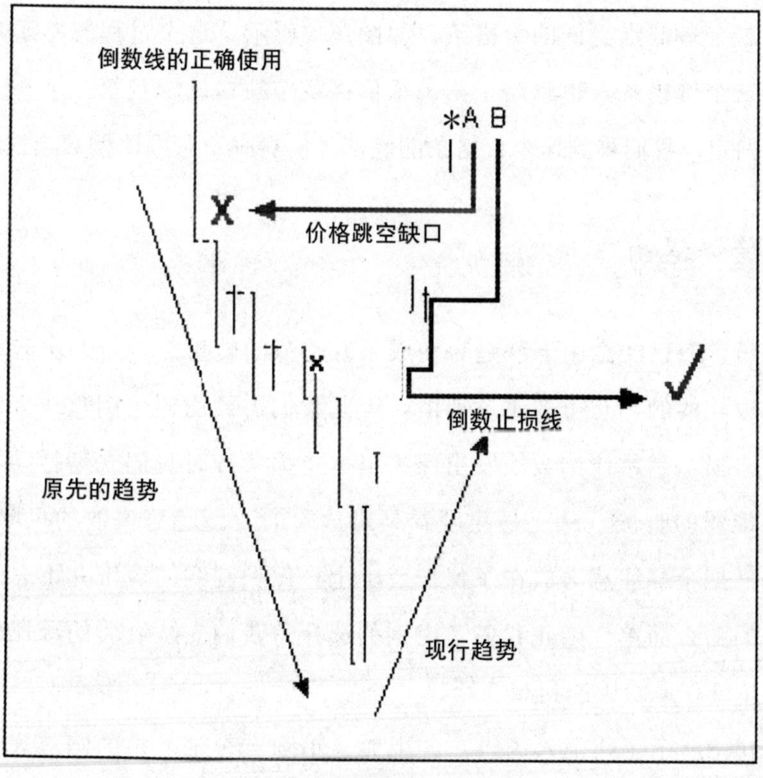

图 16-7

当应用顾比倒数线时，我们总是与现行趋势和最近一个原先趋势打交道，尤其是当我们遇到跳空的时候。顾比倒数止损线的计算起点见图16-7中标有“*”的价格条。顾比倒数线计算应向下移动到这个价格条的底端，再向左移，直到碰到现行趋势中的下一个价格条。图中粗线A所示的过程是错误的。我们移到价格条的底端，但不应该横穿过跳空缺口，因为那样我们碰到的是原先趋势中的价格条。使用Guppy Traders Essentials或者GTE工具箱的交易者不用担心这个问题，因为计算机会自动完成。

正确的顾比倒数线计算是粗线B。先移到价格条的底部，然后继续向下，直到找到现行趋势中左边的下一个最低点低于价格条A的价格条，然后移到这个即第二个重要的价格条的底部，继续向下寻找，直到确定现行趋势中下一个最低点更低的价格条，如图16-7所示。这个过程忽略了从右边数的第三个价格条，也忽略了第二个价格跳空缺口。一旦第三个重要的价格条被确定，我们移到这个价格条的底部，向右画一条顾比倒数止损线。

经典趋势退出

交易者应该注意由下跌趋势变成上升趋势的转折点，新的上升趋势一般是比较软弱的，它可能迅速崩溃，因此我们需要用顾比倒数线来保护自己及时止损。当顾比倒数线发出保护资本止损信号时我们立刻行动，这是新趋势最弱的时候，从交易角度看是最危险的。新趋势失败的风险很大，因此我们把全部注意力放在了保护资本上。保护利润的退出并不总是如我们想象的那么简单，因此我们考虑别的选择，我们先从经典的顾比倒数线用来保护处在风险中的利润开始。

图16-8展示了两个入场点，各用大、小圆点表示，小的圆点表示在上升趋势中的入场点。顾比倒数线保护利润的止损点设在价格条3的底端。这

个价格条对这两个交易都是关键的。低于这条线的收盘价意味着上升趋势正在变弱，是一个退出信号。在大圆点处入场的交易者此时会退出交易并获得利润，而在小圆点处入场的交易者退出交易时会有一点儿损失。

在小圆点处入场的交易者所用的操作技巧和在大圆点处入场的交易者相同。他的这笔交易一直没有出现赢利，直到动态止损线的值上升到买入点以上。

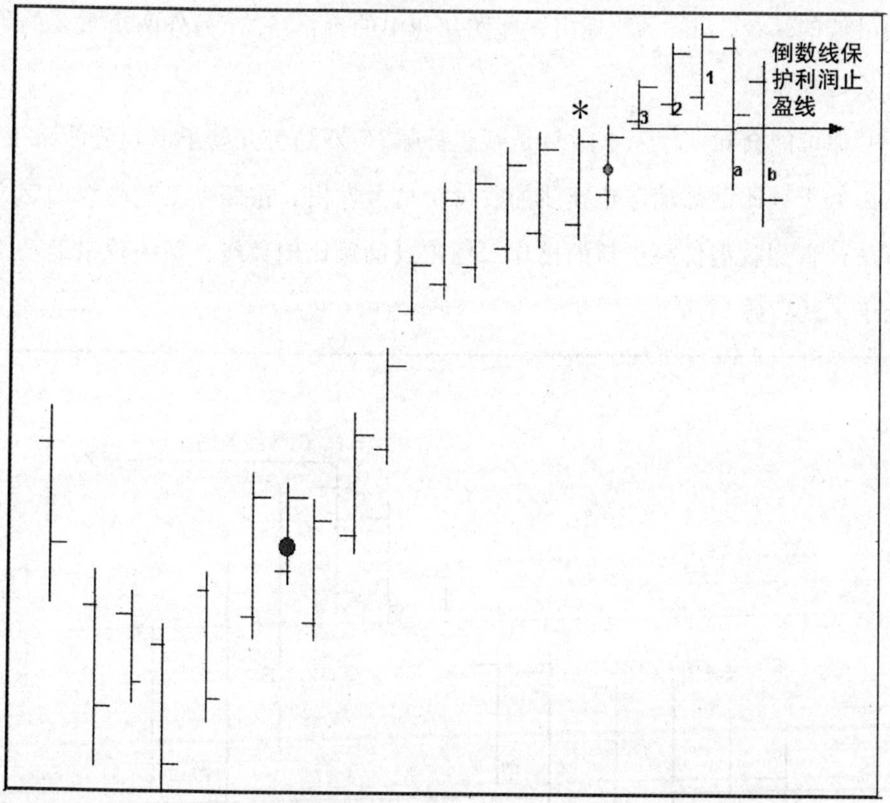

图16-8

低于顾比倒数线的收盘价意味着趋势正在改变方向，这是应该离场的早期警告。价格条a不是一个退出信号，因为它的收盘价高于顾比倒数线。价格条b的收盘价低于顾比倒数线，发出了在第二天离场的信号。通常我们很难对此做出反应，因为我们心目中的贪婪在作祟。如果第二天的开盘价走高时更舍不得离场，我们寻找理由来避免卖出股票。在某些情况下，如下面的例子，这是可以接受的。然而一般来说，我们应该遵守退出信号，除非有特殊情况。正如顾比倒数线不会使我们在下跌趋势中的轴点最低位买入股票一样，它也不会使我们在上升趋势的轴点最高位卖出股票。一旦收盘价低于动态的顾比倒数止损线而产生离场信号，交易者便马上改变顾比倒数线的使用方法，它变成了入场工具。现在重要的价格条是新趋势中的最低的那个，用“*”标出，即图16-9中的价格条A。另外两个重要的价格条是B和C。

你可能会问：“怎么才算是新趋势呢?”新趋势开始于旧趋势的结束，它由低于顾比倒数动态止损线的收盘价信号发出。按照以上对趋势的定义方法，直到收盘价高于新的用作入场工具的顾比倒数线，新的价格运动都处于下跌趋势。

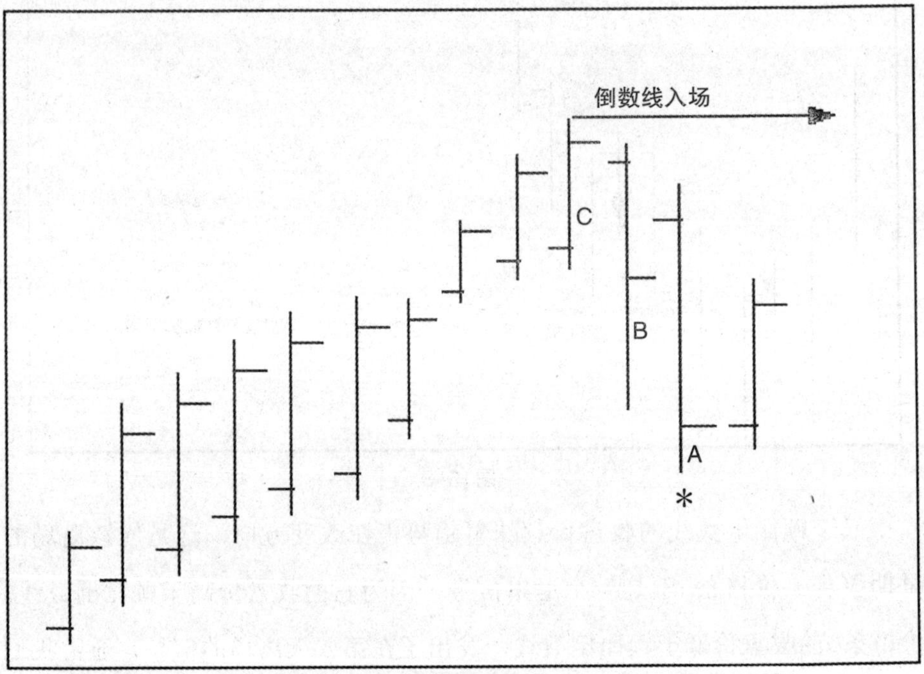

图16-9

经典的上升趋势结束信号由其他的指标组合确认，这里我们继续沿着下跌趋势，在每一个新低点作新的顾比倒数线并寻找趋势变化的验证信号，见图16-10。这使我们返回到了之前所讨论的内容。

顾比倒数线的应用对卖空和买空的交易者来说同样有效。在图16-10这个例子中，顾比倒数线的计算保持不变，从新的下跌趋势的轴点最低位开始。

期货市场中交易者可以卖空。卖空的意思是他们在下跌趋势中卖出期货合约，等到价格下跌后再以更低的价格买回来。顾比倒数线可以用作管理卖空交易的工具。对在圆点处卖空的交易者来说，高于顾比倒数线的收盘价发出从空头仓位上离场的信号，因为这意味着下跌趋势很可能将会变成上升趋势。

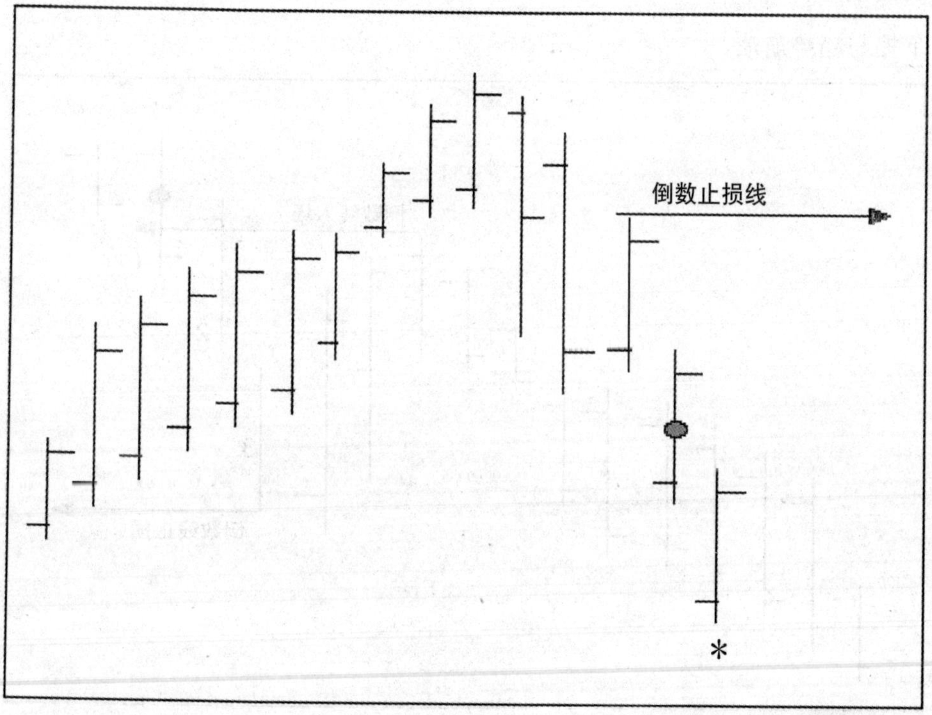

图16-10

何时忽略退出信号

这一部分可以放在后面的交易管理的章节里，我们把它放在这里是为了使大家对顾比倒数线退市的应用有一个完整的认识。我们的目标是理解何时可以忽略顾比倒数线的退出信号，以避免像图16-11那样因虚假价格下跌而做出离场决定。

处在主要趋势中的交易者对待暂时的价格下跌可以忽略顾比倒数线的退出信号，因为其他的指标像顾比复合移动平均线没有确认这个趋势会发生改变。这种价格下跌信号表明了以更低的价格进入已确立的趋势的机会，用圆点表示。入场点已经确认了，包括趋势强度，都由高于新的顾比倒数线的收盘价确认。希望加入趋势的交易者用同样的技术来区分暂时的价格下挫与趋势崩溃。

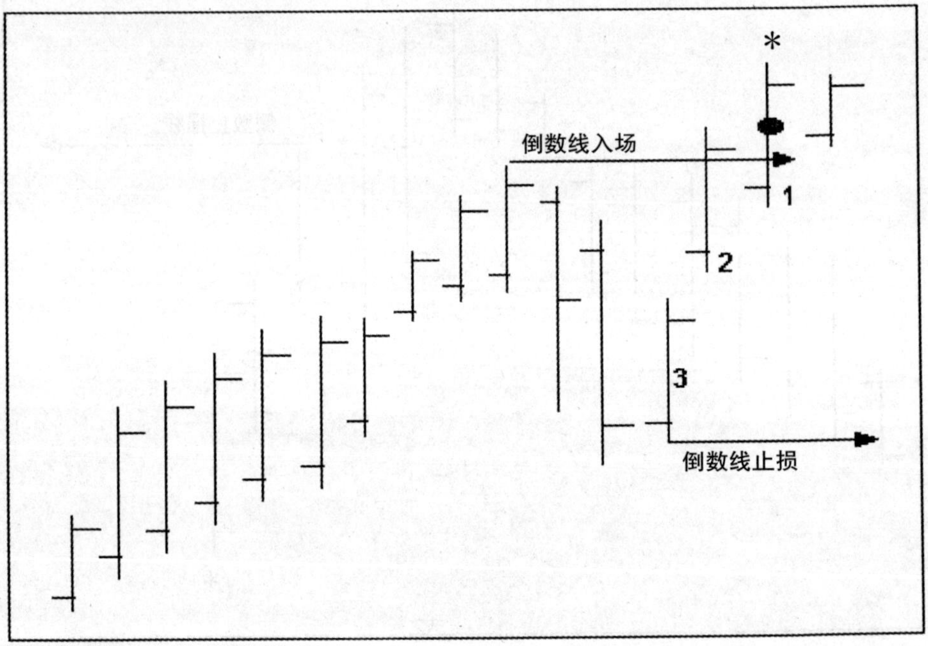

图16-11

一旦有高于顾比倒数线的收盘价，交易者会立刻将顾比倒数线作为止损工具，重要的价格条见1、2、3。新的趋势已经确立，直到有低于新的止损线的收盘价为止。

在图16-12中，股票在2月末再创新高。当它被用来作为下一个顾比倒数线的计算点以保护利润离场时，交易者发现价格跌到了这条线以下，一个离场信号产生了。我们的交易目标是在相对短期的价格移动中获利，因此交易者会在信号发出时迅速做出反应。

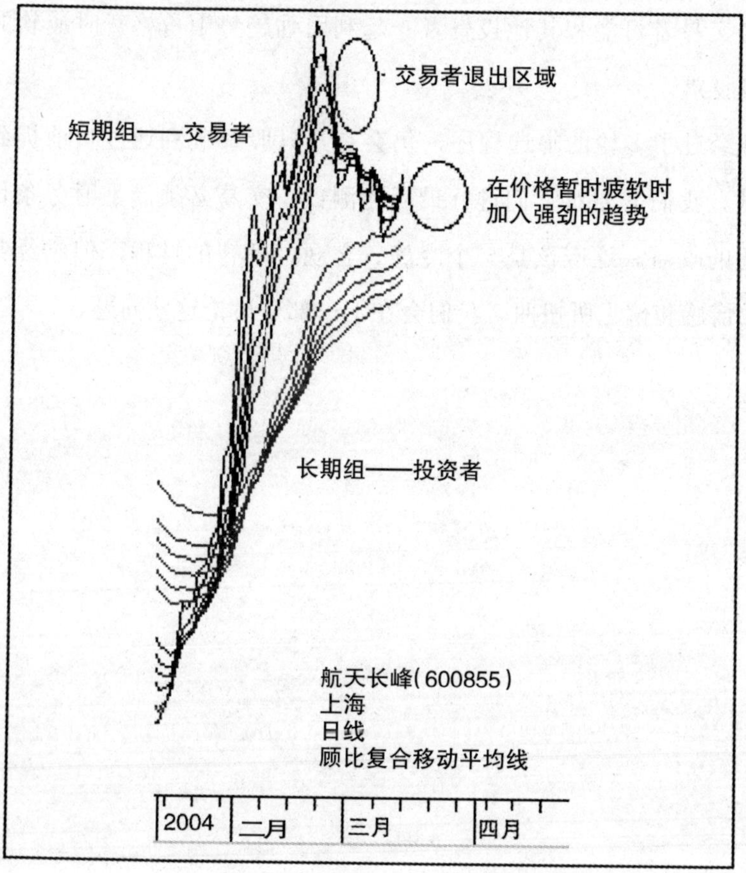

图16-12

趋势交易者还面临一个更为棘手的问题。在这次触到止损线的价格回落中他想知道的是："如果没有买这只股票的话，那么这次价格回落是一个在价格疲软时买入股票的机会吗?”如果答案是肯定的，那么他可能选择忽略这个卖出信号，因为潜在趋势是强劲的。如果答案是否定的，那么他会立刻卖出股票。

交易者的目标是继续待在上涨趋势中尽可能长的时间，因此他必须理解趋势的性质和特征，于是可以求助于顾比复合移动平均线。长期组分得很开，显示潜在趋势强劲。长期组和短期组的距离意味着现在的价格回落不会对潜在趋势产生威胁，因此在这种情况下他忽略顾比倒数线的退出信号。趋势交易者可能和其他投资者一起利用强趋势中价格暂时疲软的机会买入更多股票。

尽管经过了多轮的筛选程序，仍会有几只股票顺利通过目前提到过的所有测试。我们需要对它们进行最后的测试。交易必须满足财务条件并能提供合适的收益。这应该是一个冷静、客观、理智的过程，但它经常会被交易者的情感和偏见所扭曲。我们会在下一部分讨论这些问题。

第十七章
首次公开募股(IPO)股票的交易利润

入场以后顾比倒数线可以用来定义止损界限。在传统的应用中，它用于验证已确立的下跌趋势的突破信号。在本章我们把它用在只有几天交易历史的首次公开募股(IPO)股票上。

从交易者的角度看，IPO股票的问题是没有以前的价格历史可用来确定趋势活动的支撑和阻力水平、反弹区域等，几乎所有的技术指标和图表交易工具难以有用武之地，因为我们没有足够的价格历史来运用这些工具。交易IPO股票有时可以获得很好的收益，但我们需要使用一个方法来区分哪些股票的价格会上涨，哪些会下跌。作为技术性交易者，我们用怀疑的眼光来看待基本面和市场传言。我们要通过价格活动，来获知市场实际上在想什么。如果我们不能对未来趋势做出准确的判断，我们必须把焦点完全地放在进入此类交易时的风险管理上。

计算开始于第一天交易形成的价格条，见图17-1中的粗黑色价格条。在它的最高点或者最低点中会有一个点被选择用来做出最合适的顾比倒数线。我们并不知道采用的是哪个点，直到我们获得另外两个重要价格条，我们才可以断定趋势的可能方向，然后形成一套机制来入场交易并保护利润。

图17-2显示了这笔交易可能发展的最简单的方式，接下来的两个重要价格条如图17-2所示。起始的粗价格条反映了IPO股票的第一天交易情况，接下来的两天最高价依次提高，从而让交易者获得了三个重要价格条，分别在图中标为A、B和C，顾比倒数线的计算起点用“*”表示，这条顾比倒数线被用来作为标准的动态止损条件。这和我们前面讨论的将倒数线用在中期趋势入场的方法相似。交易者如果在第二天交易建仓，可以继续用顾比倒数线来作为动态止损工具，而后作为保护利润止盈的工具，直到新的上升趋势结束。在这个例子中，交易者能在IPO股票上市的第4天参与交易。

管理这种趋势交易，并不需要任何移动平均线、随机指标或RSI指标。这个交易完全依赖于条形图的关系，直到有充足的价格历史可供应用其他技术指标。

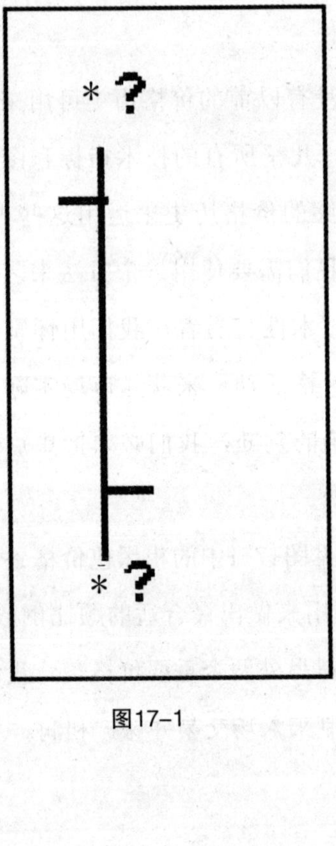

图17-1

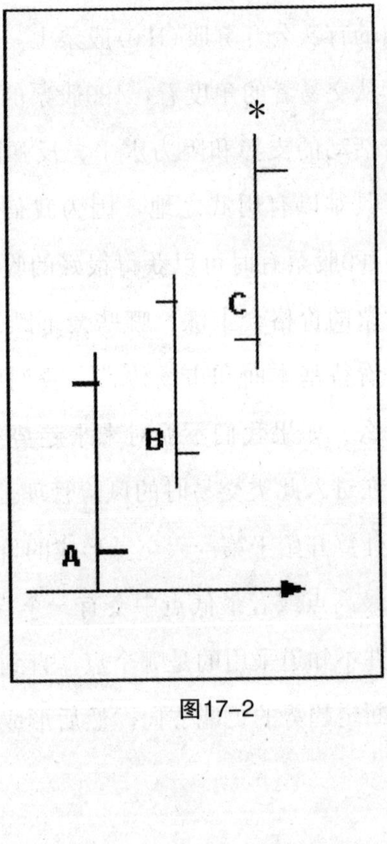

图17-2

许多IPO股票在挂牌上市后价格很快地下跌，有时候跟随着的是反弹和稳步上升趋势的建立。我们并不知道这种情况是否会发生，因此在这种情况下我们采用顾比倒数线。在图17-3中，IPO股票的第一天的交易显示为粗黑色价格条。其后每一个价格条都有一个更低的最低价，分别标为1、2、3。一旦第三条重要价格条形成，我们便可以从标有“*”的地方开始计算顾比倒数线的位置。现在这条线就承担了标准顾比倒数线作为入场工具的作用，直到收盘价收于顾比倒数线水平之上我们才会入场交易。

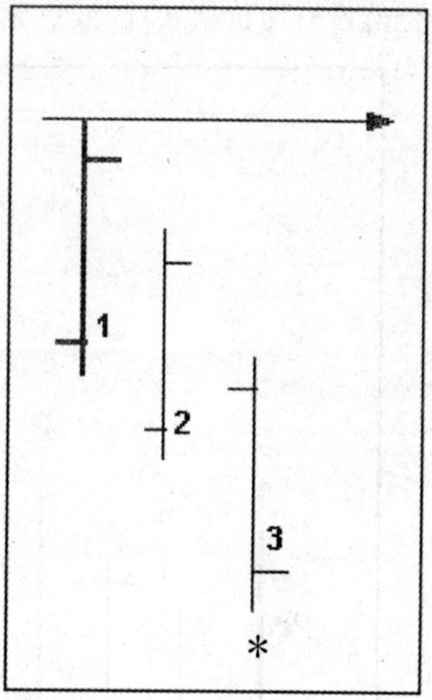

图 17-3

因为股价数据太少，我们没必要等几周的时间来确定一个真正意义上的下跌趋势，只要我们看到三个下跌趋势的重要价格条，画出顾比倒数线，便可以确认下降趋势的形成，然后，我们就把它当成一个建立完好的下降趋势。我们看着它下跌，等待趋势突破信号出现。

不是所有的IPO股票都会从一开始就形成强劲走势。许多股票在集聚能量形成上升趋势前会盘整几天甚至几周，如图17-4所示。在这种情况下，三个重要价格条可能不会紧挨在一起。

价格条1设定了第一个最高价，第二个较高的价格条是价格条2。在价格条1和2之间没有形成一个比价格条1的最高价更高的新的最高价，也没有形成比价格条1的最低价更低的最低价。在这一阶段价格倾向于呈现向上的趋势。

形成下一个高点(即价格条3)用了6天时间。在这6天中，价格是飘忽不定的，没有形成新高，而且尽管图中圆圈区域有价格下降的趋势，但其中仍然没有比价格条1的低点更低的价格条。

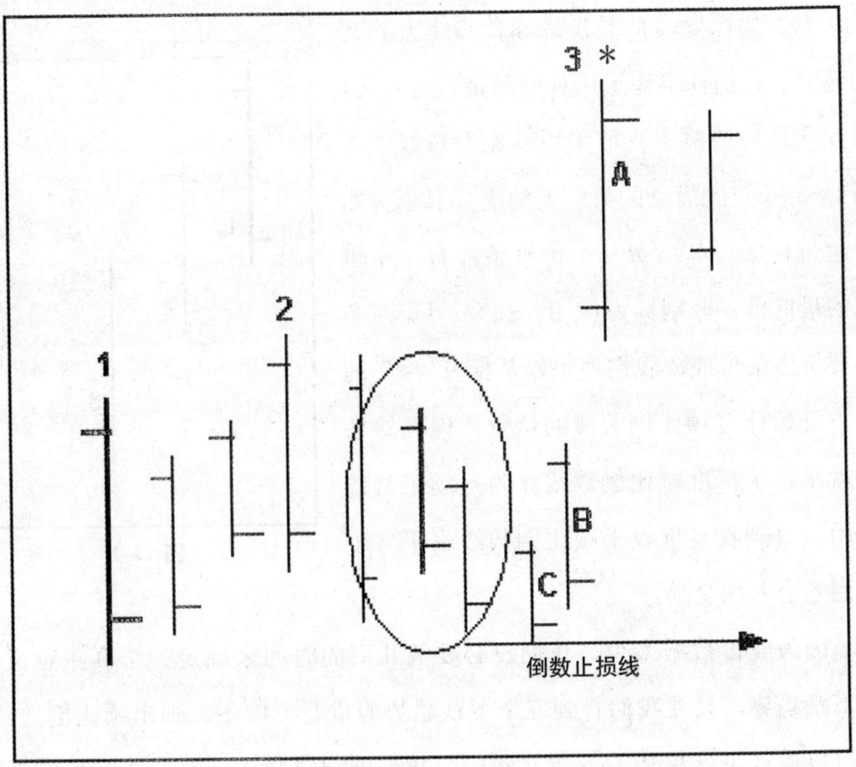

图17-4

入场的触发是顾比倒数线有效的应用，如同前几章所说的趋势中部入场方法一样。直到价格条3形成之后我们才能计算出倒数线的位置，看上去有些自相矛盾，价格条3是触发价格条，但一旦计算完成，价格条1和价格条2便不再是重要价格条了。

反过来，我们移到价格条A——一个重要价格条——的底部，到下一个重要价格条，即价格条B。其跳空缺口被忽略，因为我们要找的是目前趋势里最近的低点低于A的价格条。第三个重要价格条是价格条C，倒数线止损由C的最低点来设定，它稍高于IPO股票交易第一天价格条1的最低点。

搜索止损点

一个好的止损点，会持续地跟随现有价格活动上调或者下降。在大多数情况下，倒数线会连贯地向上移动，但也有一些情况发生在波动强烈的市场中，如图17-5所示，最新的倒数线计算结果会低于之前的计算水平。在这个例子中，有效的顾比倒数线计算开始于价格条A，再将价格条B和C作为随后的重要价格条。倒数线保护利润止损线在图中显示为细线。

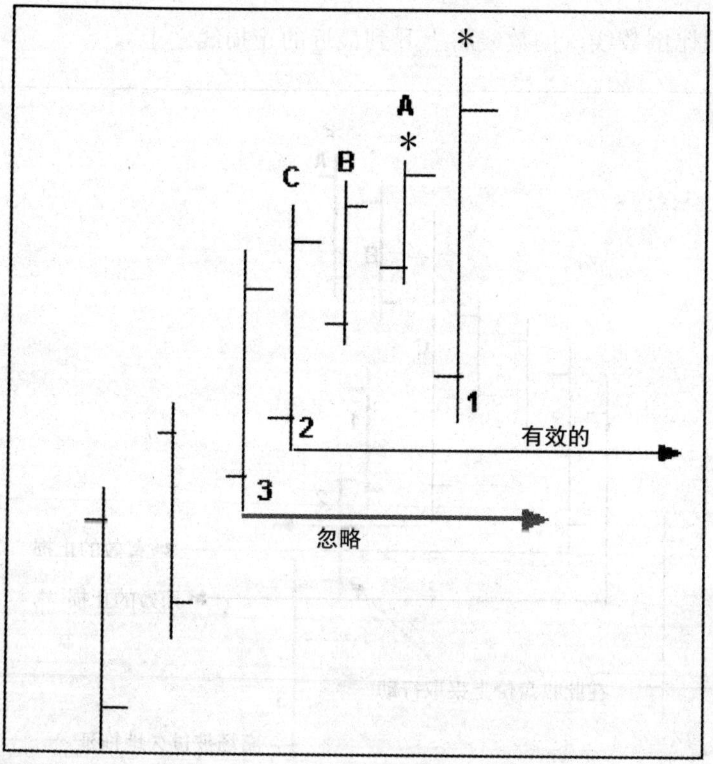

图17-5

第二天市场波动非常厉害，形成一个大的价格区间。当天的最低点，如图中的价格条1的低点，比价格条A和B的低点低。倒数线计算从价格条1开始，然后向左移动到下一条重要价格条，即图中的价格条2，同理找到价格条3，而价格条3的低点比原先计算的顾比倒数线水平更低，即图中粗线。

如果我们采用这种新的计算方式，则这个新的倒数线放宽了止损条件。这是对止损技巧的错误运用，因为它允许的风险扩大了。采用的计算步骤是正确的，即从价格条1开始，然后找到价格条2，再找到价格条3并画出新的止损线，但对止损信号的理解却是错误的。

止损水平不应该被调低，它是用来保护资金和利润的。超越其原有水平的调整，将会使更多的资金或利润置于风险之中，这在交易中是不能接受的。如图17-6所示，如果走势强劲、价格上涨（见粗价格条B和A），就要重新计算顾比倒数线，倒数线将上升到最近的止损线之上。

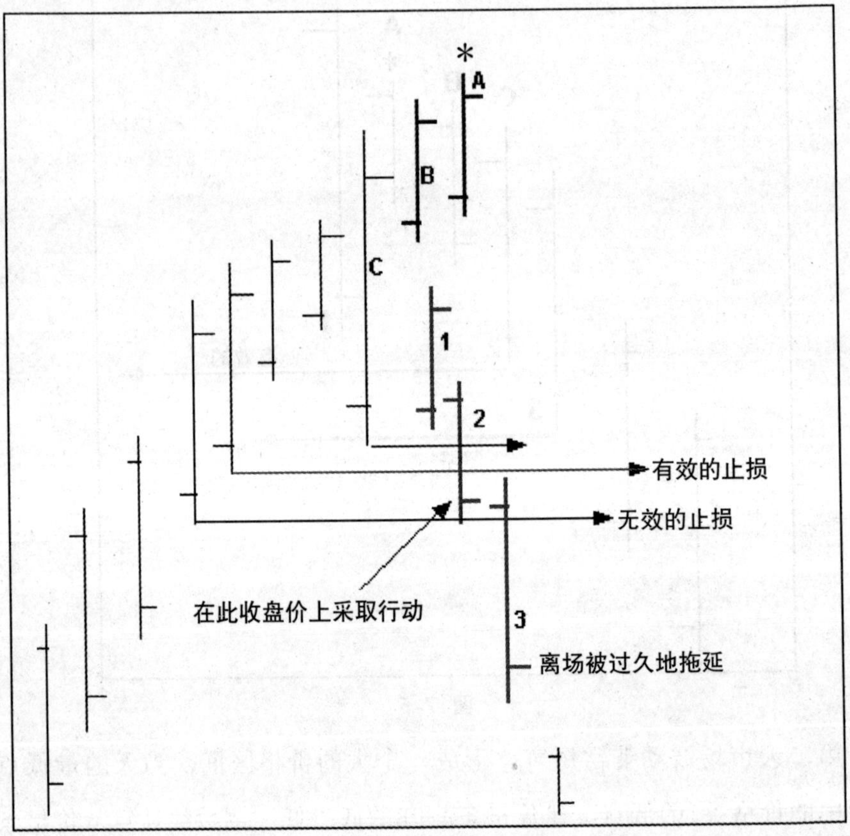

图17-6

如果趋势走弱，收盘价低于最新的有效止损线，则是离场信号。趋势中的下跌用粗的价格条1、2、3表示。低于最新的有效止损线(即图17-6中的那条中间的横线)的水平的收盘价为离场信号。我们不能等到收盘价低于无效止损线才离场，否则我们会将大量利润和资金置于风险之中。

日内应用

顾比倒数线一般被应用于日交易图，它也能被应用于日内价格图，可以作为管理日内交易的工具，见图17-7。我们用Next View软件在沪市中交易。

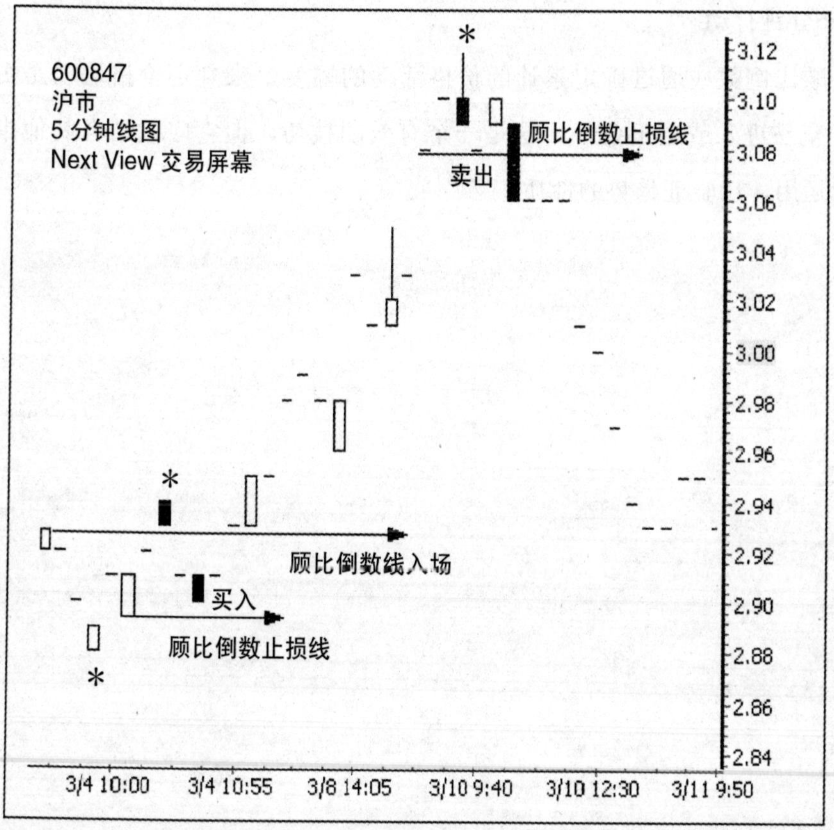

图17-7

顾比倒数线应用于日内交易的例子可以从我的书《短线交易》中找到。应用的过程是相同的，这里只不过时间段短一点。唯一的修改是交易一开始就应确保一致的管理，即每个价格条经历的时间段都相同。如果价格条基于5分钟的数据，那么整个交易就应该使用5分钟的数据进行管理，直到交易结束。交易过程中不能换成3分钟或10分钟的价格条。

时间段不固定会改变条形图的关系，从而使顾比倒数线失效。这个指标依赖于每一个价格条的时间段都是不变的。在交易日结束时，我们用一个价格条来代表整天的价格运动。当发出信号后，我们在第二天采取行动。在日内交易中我们可能选择用5分钟的价格条。当发出信号后，我们会在下一个5分钟行动。

顾比倒数线通过确定累计的价格活动的幅度，来判定价格运动是否触发了交易进入或退出条件，这是一个有效的技巧，但它应该结合其他指标一起运用，以验证趋势的性质。

第四部分

计算正确的交易规模

第十八章

三个价格数字

对成功交易来说，有三个数字是必须关注的：第一个数字是入场价，第二个数字是止损价，第三个数字是买入股票的数量。把它们结合起来，就是最终的选择测试。交易者通常开始于很多潜在候选股票，然后对它们进行一系列测试，包括最初的筛选、视觉测试、趋势线管理、趋势特征和价格检验，没有通过测试的股票被放弃了。偶尔会出现所有候选股票都被淘汰的情况，这时是该出去休息一下的时候了，出去逛逛市场，到小路上散散步，放松一下。机会每天都有，我们有很多时间，因此没必要着急。

大多数时候我们面对的是相反的问题。我们有好几只候选股票通过了前面所有的测试，而我们只能选其中的一只。我们用持仓规模测试来做最终、最好的选择。这些都是超优质的股票，在这种情况下很难舍得将任何一只排除掉。最终我们可能从直觉上做出选择，因为测试完后可能仍有两只股票，而我们只有买其中一只的资金。依靠时间和经验，交易者能从剩下的优质股票中做出最好的选择。

基本规则

孙子知道将军不可能总打胜仗，但他们的目标是赢得胜利，因此有时撤退是最好的选择。交易者不能赢得每次交易，因此他们必须发展一种方法，使自己能迅速认识到自己的失败，从而撤退并重新组织下一次的战役。他们提前知道自己在必须撤退之前能承受多大的损失。这是很明智的。

持仓规模的挑战——我们买多少股票，动用多次资金——就是把财务计算和基于对股价图的计算结合起来，以决定我们的持仓规模。财务计算是资金管理工具，基础是2%规则，即交易者在一次交易中所能承受的风险不要超过总资金的2%。这个公式使用预期入场价，并设了一个预期止损退出价。这在财务和数学上是有意义的，但并不切合实际，因为使用这种计算得到的价格水平没有和股价的运动联系起来。

基于股价图的计算能认识到市场中自然存在的支撑水平，我们优先依靠直边趋势线的值，或者倒数线的值，预期价格可能回落到这些支撑水平，然后随着上升趋势的持续而反弹。低于这些线的收盘价意味着趋势正在变弱或者崩溃。这是直接基于价格运动的退出信号。

持仓规模计算使我们预期的入场价(即第一个价格数字)与止损价(基于股价图的支撑水平，也就是第二个价格数字)结合在一起。这两个价格数字与2%规则结合到一个方程中，用来计算我们能买的股票数量。

我们关心的是如何把这条规则用于选择过程中，使其成为选择过程的一部分，因此我们只总结这条规则的应用。希望详细了解这些控制风险的资金管理方案的读者可以参考我的书《更好的交易》。

如果我们有10万元的投资资金，不意味着每次交易只限于2000元，而是说交易的实际风险——在我们退出交易时我们预计的损失不超过总交易资金的2%，即如果我们发现在目前的价格下我们已经损失了2000元，我们就退出交易。

如果我们以1元的价格买入股票，这并不意味着我们会在价格下跌2%，达到0.98元时我们就退出交易，这种做法并没有考虑到基于股价图的支撑水平。2%规则正确的应用可能意味着在一次交易中损失可能达到10%、30%甚至更多，然而，这并没有超过我们总交易资金的2%。在这个例子中，它意味着没有超过2000元。

图18-1显示了一次交易损失如何转换为与总交易资金的损失相等。2%是基于总交易资金的。在所有的交易计算中，我们始终将2%规则作为测试的最后一关。我们使用2%而不用其他的比例是因为对账户上少于1000万元的个人交易者来说，2%是最合适的比例。一个有趣的现象是风险管理规则通常在用于大于1000万元的账户时比较有效，而在小账户中却不能得到有效的实施。因为拥有大账户的投资者可以通过买很多种股票来建立一个投资组合，从而规避风险，而小账户的投资者却没有这种实力，只能买几只甚至一只股票。资金少于10万元的新的交易者通常很难有效地管理风险，会允许风险达到总交易资金的5%甚至更多，例如一个新的交易者拿出1万元来炒股，那么2%的风险只相当于200元，这时2%规则就显得不太有效，因为股价稍微往下跌一点就可能损失超过200元，于是他可能把风险提高到5%(500元)，这种做法需要倍加小心，除非所选取的股票是非常好的，同时趋势极可能继续上升。

2%规则的含义和操作是至关重要的，虽然很多自称交易者或投资者的人也不明白。在市场中需要谨记：交易中30%的损失是可以接受的，只要它没有达到我们总交易资金的2%。

一次交易中损失的比例并不重要，真正重要的是对总交易资金来说，你损失的钱占多大比例。

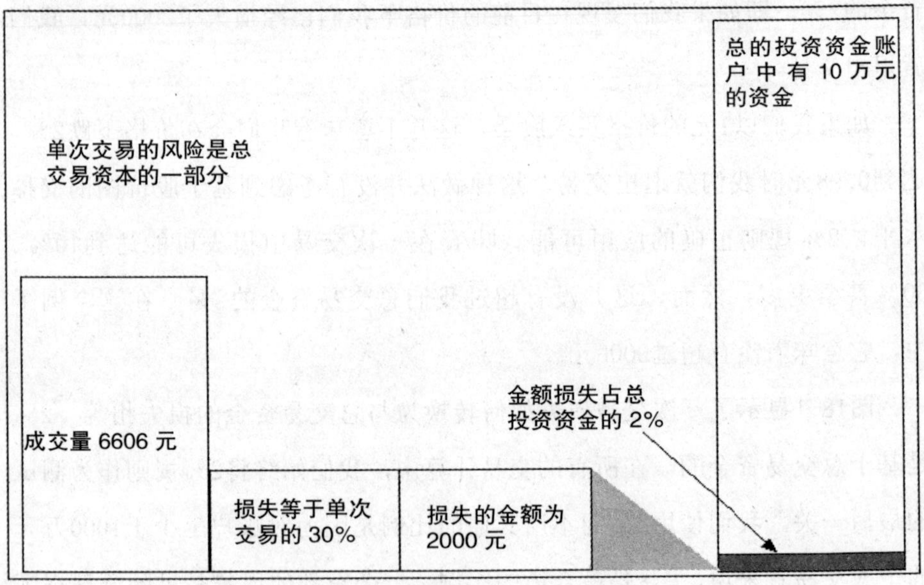

图18–1

应用

把2%规则的财务计算与入场和退出价格匹配起来需要一种方法来设定基于图的支撑水平，这正是顾比倒数线发挥作用的时候。它是进入交易的最后一步，它确立了确切的入场和离场条件。

入场后，倒数线首先用来设定止损点，以使我们保护交易资金。止损点是离场的价格信号。一旦倒数止损线水平高于我们最初的入场价格，它就被用来作为保护利润的信号。低于这条线的收盘价触发了离场信号，及时离场能使处于风险中的利润免遭下跌趋势的吞噬。

像前面章节所说的，倒数线也被应用于突破、趋势中部入场和利用趋势中股价暂时疲软的时机入场。持仓规模计算的数学方法在以上各种情况下都是一样的。

在倒数线的第二个测试中，交易者必须在高流动性的优势与低价股票的价格杠杆的优势之间做出选择。价格杠杆意味着收益目标能很快达到，并且很可能会超出你的预期。

高价格杠杆可能伴随着低的流动性，它能影响你交易的股票数量。具有高杠杆的股票满足一个10000元的指令是很困难的，在这种情况下，流动性更高的股票更为安全，因为它很容易买入或者卖出。

持仓规模测试有一个标准，那就是2%。这些计算的目标是确保潜在的金额损失不超过我们总的交易资金的2%。图18-2中，最简单的财务计算基于入场价格、我们计划的止损退出价和总的交易资金。

这意味着一次交易中损失的百分比可以超过2%，甚至可以达到30%、60%，只要每次交易中金额的损失小于我们总交易资金的2%，这样一次交易的失败并不会对我们总交易资金造成太大损失。

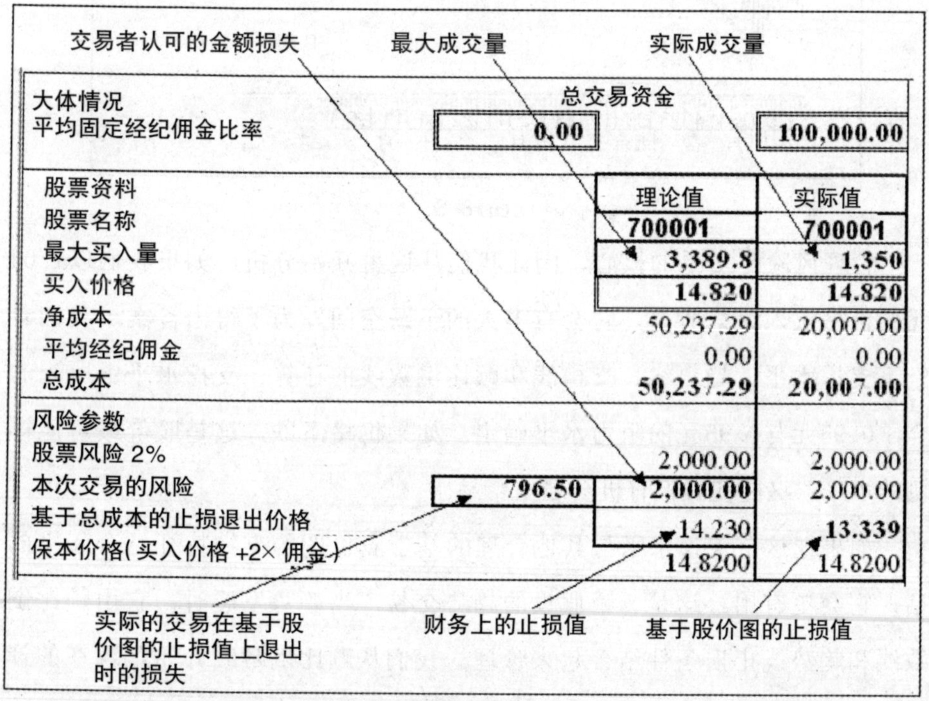

图18-2

图18-3中用假设代码为700002的股票作为例子，显示了这些要素是如何结合到一起的。

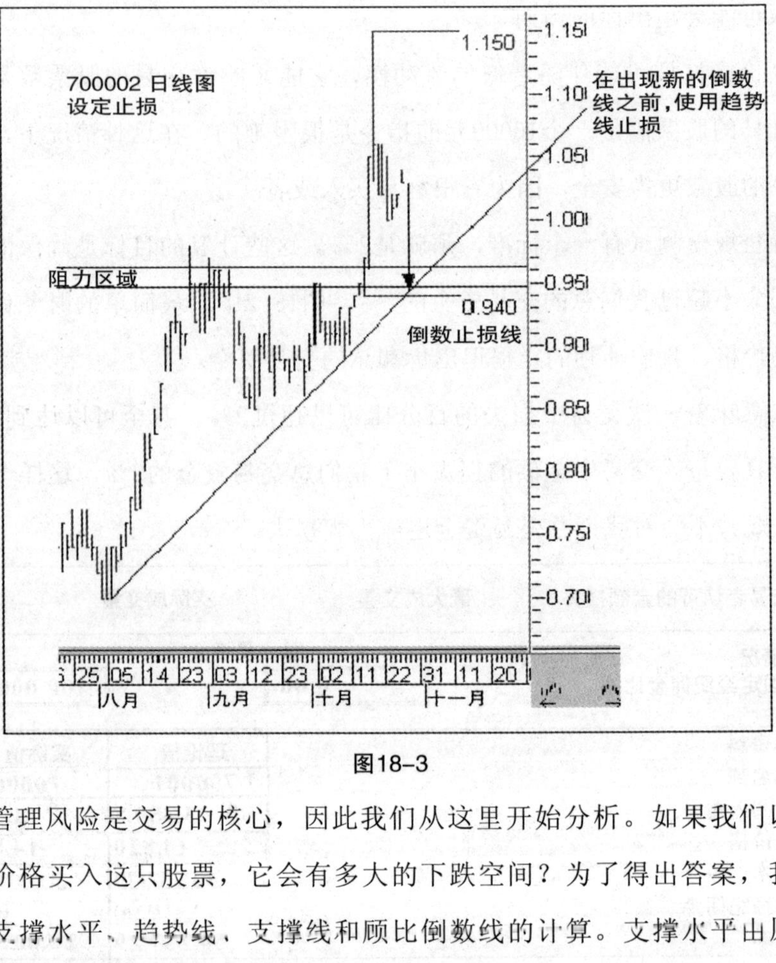

图18-3

管理风险是交易的核心，因此我们从这里开始分析。如果我们以1.04元的价格买入这只股票，它会有多大的下跌空间？为了得出答案，我们看一下支撑水平、趋势线、支撑线和顾比倒数线的计算。支撑水平由原先的介于0.95元与0.96元的阻力水平确定。如果价格下跌，这是股价最可能徘徊的水平，这能使我们有机会退出交易。

如果把这个支撑水平与其他合理的基于股价图的支撑特征结合起来的话，它会更有用。这是一个假设的趋势交易，当趋势发展时，它由顾比倒数线和趋势线止损条件结合起来管理。我们从顾比倒数线开始，现在的计算基于最近的高点，得到的顾比倒数线止损位是0.94元。这个价格比支撑水平稍微低一点儿，这是有用的信息，它意味着顾比倒数线不太可能被触及，这确认了趋势的强度。

根据这幅图，价格跌破直边趋势线，收盘价跌到0.95元时就应该退出交易。当交易继续时我们将直边趋势线作为主要的退出触发点，直到出现新的顾比倒数线止损点。交易管理依靠描述趋势的直边趋势线与顾比倒数线相结合，从而抓住现在价格的波动。

我们已经有了所需要的两个价格数字中的第一个，即买入价为1.04元，第二个价格数字是基于价格图的退出价0.95元。现在我们把这些价格数字填入图18-4所示的数据表中，来计算最大的持仓规模，然后计算最优的买入数量。

股票资料		
股票名称		700002
最大买入量		22,222
买入价格		1.04
净成本		23,111.11
平均经纪佣金		0.00
总成本		23,111.11
风险参数		
股票风险		2,000.00
本次交易的风险	1728.00	2,000.00
基于总成本的止损退出价格		0.95
保本价格（买入价格 +2×佣金）		1.040

图18-4

在这个例子中我们将象征性的10万元作为投资资金，并计划持仓规模为2万元，这里我们暂不考虑佣金费用。使用Trading Methods工具包中的数据表（Trading Methods工具包可以从www.guppytraderscn.com上下载），我们把价格数字填入黑色的方格中来确定最大限度的交易量。我们填入总的投资资金——10万元，预期的买入价——1.04元和预期的退出价——0.95

元。我们也确定了我们准备损失的金额。交易者也许会选择减小这个数字，但决不能使它增大到总资本的2%以上。同时得记住，在现实交易中，你必须把佣金费用包括到你的计算中。假设买入股票和卖出股票的佣金均为10元，股票的买入价格为100元，那么保本价格就是100元加上2倍的佣金，即120元。也就是说，当我们以120元卖出时恰好不赚不赔。在我们的例子中，为了简单，我们暂不考虑佣金，将佣金设为0。

最大限度的持仓规模是22222股股票，总成本是23111.11元。如果价格真的跌到0.95元，那么我们的损失将是2000元，或总交易资金的2%。问题是我们既没有23111.11元可以花，也不想花这么多的钱用于交易。对这次交易来说，我们希望的持仓规模是20000元。

我们调整一下购买股票的数量，我们所花的钱就能少于2万元。用我们首选的持仓规模19968元，如果价格从1.04元跌到止损点0.95元，会使风险减小到1728元。如图18-5所示，降低持仓规模减小了交易的风险。

假设在基于价格图的止损点退出，灰色方格里的结果显示理论和实际计算的不同。如果价格跌到0.95元，我们退出时将损失1728元，占所有交易资金的1.7%。这是在交易中减少风险的重要的方法，在下一章我们看一下这些计算如何用于选择更优质的候选股票。

股票资料			
股票名称		700002	
最大买入量		**22,222**	**19,200**
买入价格		**1.04**	**1.04**
净成本		23,111.11	19,968.00
平均经纪佣金		0.00	0.00
总成本		**23,111.11**	**19,968.00**
风险参数			
股票风险		2,000.00	2,000.00
本次交易的风险	1728.00	**2,000.00**	2,000.00
基于总成本的止损退出价格		0.95	**0.93**
保本价格(买入价格 +2×佣金)		1.04	1.04

图18-5

第十九章 弃车保帅

止损是一个极具欺骗性的概念，它听上去是那么简单、那么合乎逻辑、那么明智，但它也许是交易者面对的最大的困难。很多立志成为交易者的人从没有成功地管理好止损，因为他们把战术上的撤退看作丢脸，他们忘了有时候弃车保帅是很重要的。我们的长期目标是在市场中取得成功，这比一个短期的成功更为重要。优秀的将军知道胜利不仅仅取决于一场战争的成败，成功的交易者知道战术上的撤退能给他们留面子。在前面的章节中，我们介绍了设定止损点的理论。现在我们想专注于设定止损的方法，这能增强我们执行止损的能力。

一些交易者相信正确地设定止损是判断的问题，但我们相信它是一个技巧性问题。如果止损太严格——太接近现行的价格运动——那么它很容易被不必要地触及，这意味着交易者由于一个小幅的下跌就过早地退出了交易。他执行止损纪律，退出了交易，然后却悔恨地眼睁睁地看着趋势继续坚挺地走高。

当发生这样的事情时，我们知道这是止损设定的太严格了，因此他在下一次交易中把止损条件放得很宽，这给股价足够的活动空间。虽然放宽的止损条件允许交易者在交易中待更长的时间，但它也同时意味着交易者会错过重要的趋势逆转信号的警示。结果不是没得到更多的利润，就是遭受了严重的损失。

最终这个交易者认为止损是在浪费时间，他放弃了止损的使用，同时也放弃了交易者的交易纪律，结果通常是交易表现和结果直线下滑。

这些问题的出现是由于很多人对止损的作用和它与价格运动的关系一点儿都不清楚，再加上在市场中他们对遭受损失的情感反应，就更加迷惑了。更好的解决方法开始于对合理的基于股价图的支撑水平的认识，任何有效的止损都从这一步开始分析。

设定更好的止损

在设定止损过程中关键的问题是决定价格可以下跌的幅度，这不是一个开放式问题，传统的回答是错误的。风险并不等同于收益，取得高收益的交易并不一定伴随着同等程度的风险。价格可能的下跌幅度可以由现行趋势中最接近的支撑水平给出。图19-1显示了我们预期的入场点，以及我们预期的止损点和最近的支撑水平。所有的交易者都应该熟悉防守型支撑和防御型阻力的概念。提出这些概念是因为价格活动可能在这些水平徘徊。当价格突破原来的阻力水平后，过去的价格阻力水平很可能变成未来的支撑水平。

当价格下跌，股价最可能下跌到支撑水平线上，然后徘徊。股价的徘徊运动给交易者提供了行动的机会。防御型支撑水平扮演休整区域的角色。股价可能从支撑水平处反弹或者稍微跌破支撑水平。股价如何运行决定了交易者如何对止损做出反应。这些支撑水平使股价下跌的速度和股价波动性降低，它提供了交易者做出反应并以优先的价格退出市场的机会。

我们来看一下人为决定的，非基于股价图的止损，止损值可能基于股价下跌5%或10%，而这些百分比与股价行为毫无关系，这是交易者没有根据股价形态而随意定的数字，而且在交易过程中经常被调整，使自己避免做出离场决定。

止损数字可能基于纯粹的财务计算，这是对上一章所说的持仓规模公式的滥用，因为退出点完全基于财务计算而没有考虑到市场中股价的运动。在正确的持仓规模计算中，退出点是计算过程的一部分，并且对持仓规模有影响。

使用非基于股价图的随意设定的止损数字时，当把它画在图上时，总是显得悬在半空中，没有什么根据。图19-1显示了在设定止损时最重要的一点。最有效的止损是依靠股价图特征做出的，例如已确立的防御型支撑水平。当价格下跌时，很可能迅速跌到这个水平。由于下跌速度很快，交易者很难执行随意设定的、非基于股价图的止损。因此在价格下跌时很难抓住机会退出，而在股价徘徊时退出显然比较容易。

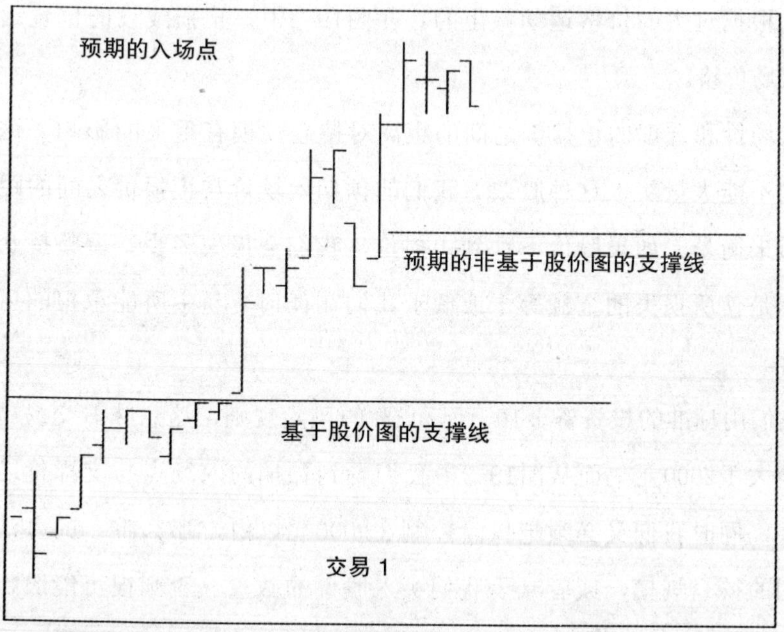

图19-1

这个例子使用了水平的支撑线，但支撑水平也可以由各种其他的方法得出，包括倒数线和2倍的平均真实波幅(Average Ture Range)，它们都与股价的波动或者移动平均的值直接有关，目的是找出股价最可能徘徊的水平，从而能增加以我们期望的价格退出交易的机会。

如何设定止损这个问题，首先得解决用什么方法设定止损，其次是确定止损的宽松程度。很多交易者认为止损线应该比现在入场的价格低很多。如果他们以1元的价格买入股票，而把止损水平设定在0.99元的话，他们会感觉很不舒服。这通常是以前的经验造成的，当时他错误地设定了止损线，后来却发现退出信号是虚假的，趋势依然强劲。

下面更为客观地看一下设定准确的止损线的过程，我们也许会有更深刻的理解。在图19-2中，我们预期的入场价远远高于支撑水平。如果我们今天买入股票，股价明天崩溃，那么我们会期待跌多少呢？答案在图19-2中很明显。股价很可能跌到支撑线。设在这个水平上的止损是有效的，因为它是根据过去的价格运动做出的。在图19-2中，止损线设的位置远低于预期入场价格。

入场价和合理的止损价之间的距离对持仓规模有重大的影响。这意味着我们不能大量买入这种股票。我们的预期入场价与止损价之间的距离用人民币来衡量。如果股价下跌到止损价，我们会损失多少？调整持仓规模的目标是使所损失的金额等于或低于我们在任何交易中所能承担的风险的最大值。

我们用标准的投资资金10万元和2%的风险规则，这意味着交易中的风险不能大于2000元。而从图19-2中我们看到预期的入场点与支撑价之间距离很大，同时我们又必须把风险控制在2000元以内，那么唯一的办法是减小我们的持仓规模，或者减少我们买入股票的数量。否则很可能股价稍微往下跌一点儿，在未达到支撑线以前，损失就已经达到了2000元，因此我们不得不离场。这相当于非基于股价图的财务止损点在更高的价位上提早发出了离场的信号，实质和交易1是相同的。结果是由于我们的止损太严格了，我们便依靠虚假的信号退出了交易。这就是财务计算出的离场信号没有考虑股价运动的后果。基于股价图的止损价与预期的入场价的距离越远，可以允许的持仓规模就越小。

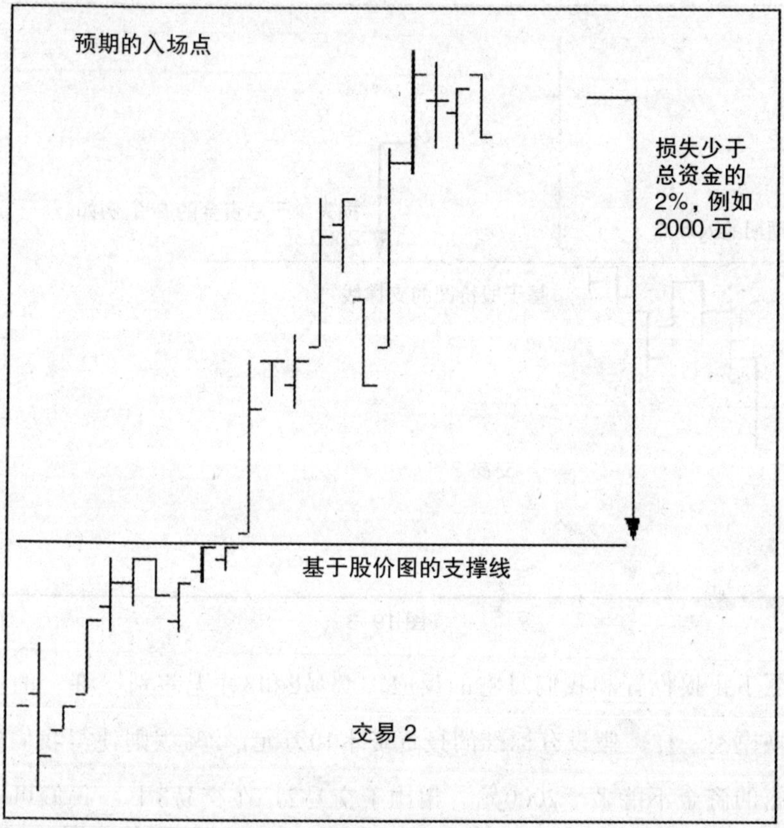

图 19-2

看一下图19-3中的预期的交易3。入场点与止损线靠得很近，大概只有0.01元。大多数交易者认为止损太严格了，因为股价稍微跌一点儿就要退出交易。这种做法没有理解止损和合理的基于股价图的止损点之间的关系。

入场点对支撑水平的位置没有影响，支撑水平是独立于我们入场决定的。在这三个例子中，防御型支撑水平一直都没有发生变化，我们期望它在每一个交易中的作用也是一样的。不管股价从很高的高点下跌，像交易2，还是只有几分钱的距离，像交易3，当股价触到基于股价图做出的支撑水平时，我们期望股价会徘徊在这个水平上，从而给我们以期望的价格退出交易的机会。

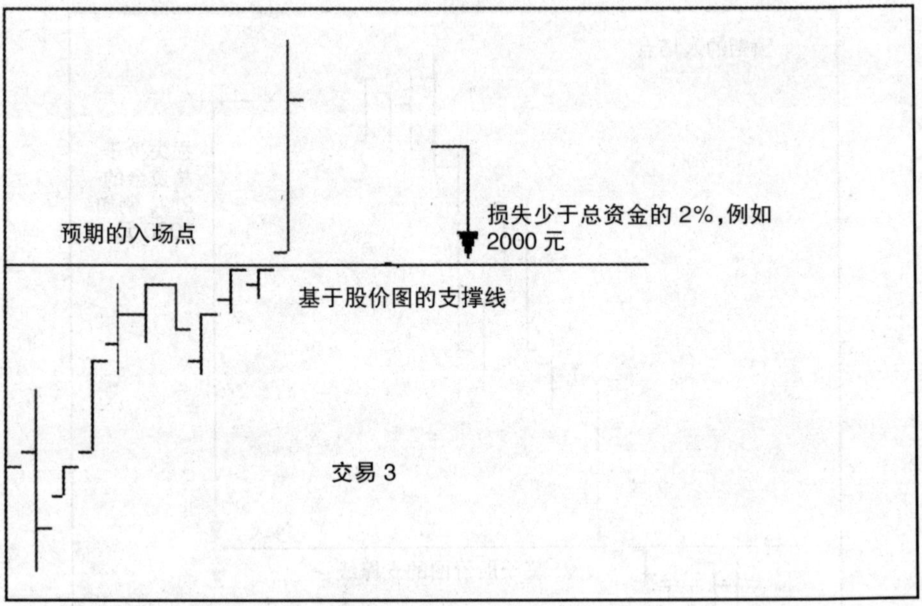

图 19–3

至于止损位置和我们对它的反应，交易2和3并无差别，唯一的不同是持仓规模不一样。假设有标准的投资资本10万元，2%规则使得我们处于风险暴露的资金不能多于2000元。相比于交易2，在交易3中，我们可以有更大的持仓规模或者买入更多的股票。从预期的入场点到止损水平只有几分钱的距离，因此我们可以安全地大幅度增加持仓规模。止损并不太严格，其实和交易2完全相同，是同一个水平。

一个有效的基于股价图做出的止损点使得交易者在相同的风险水平上有更大的持仓规模，而当交易者以更高的价格入场时，却只能有较小的持仓规模。这不仅降低了风险，而且增加了潜在收益，因为低的入场价在上升趋势中对收益有杠杆作用。

不依据合理的支撑特征(例如防守型支撑水平)而随意做出的止损一般都太严格了，而忽略了基于股价图支撑水平的止损又太宽松了。当准确地辨认出基于股价图的支撑水平，交易者知道股价很可能在崩溃或暂时下跌时徘徊在这个水平上，所设的止损才是正确的。

通过理解股价下跌的性质和支撑水平的可靠性，我们以更大的持仓规模有效地入场交易，当然仍有风险。止损的性质太严或太松并不依赖于入场点，因为止损水平是随着股价行为的变化而变化的。

收益并不伴随相等的风险

要获得高的收益，必须承担高的风险，通常的投资建议会使我们对这一点确信无疑。这意味着向上的波动——收益被相等的向下的波动——风险给平衡掉了。这种观点认为风险和收益是对等的。这是完全错误的观点，因为每个交易中很多因素限制了潜在的股价下跌的风险。只有在我们不去管理风险的时候，高收益才伴随着高风险。基于股价图特征的止损方案能限制风险并减少下跌波动的影响。

设定止损点的另一个方法是根据波动。这通常在短线交易中被应用，但它也用在时间长一点儿的趋势交易中。这种方法完全研究股票的波动。它不用去辨认支撑水平。交易者用某些指标例如倒数线或者平均真实波幅(Average Ture Range)来计算股价的平均波动，这个数字以几分钱来表示，用来设定第二天潜在的价格波动范围。

图19-4显示了波动的计算。交易者在如图19-4所示的位置入场，并使用基于波动的止损，将波动的最低点作为止损点，低于这个水平的收盘价

就是退出信号。他不太可能会看到退出信号，因为波动计算描述了第二天波动的极限。在第二天结束时，一个新的基于波动的计算会完成，止损点会上移。在交易者评估动量驱动交易时，这种基于波动的止损的应用是有效的，因为这些指标是专门用于这种类型的交易机会的，而在其他类型的交易中就不一定有效，因为在这些交易中，波动受到附近的支撑水平的限制。

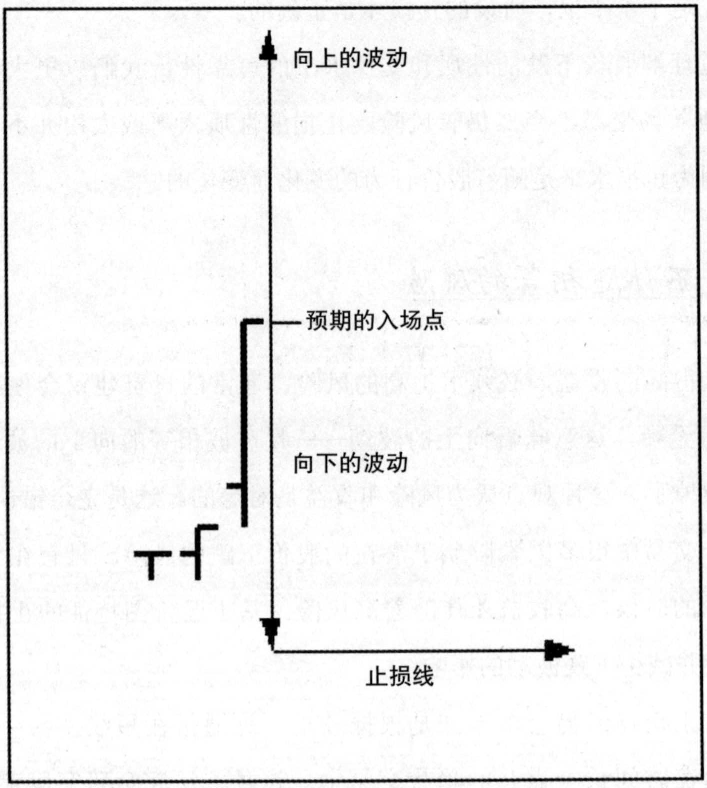

图19-4

减小波动风险

图19-5是有助于我们理解风险和收益之间关系的好方法，这个例子中我们夸大了波动的范围以说明问题，波动止损的位置明显低于基于股价图

做出的支撑水平。我们想要问的关键问题是：哪一条支撑线更有效？是基于波动计算的止损线还是支撑水平线？对这个问题的回答提供了在任何条件下设定严格止损的关键。

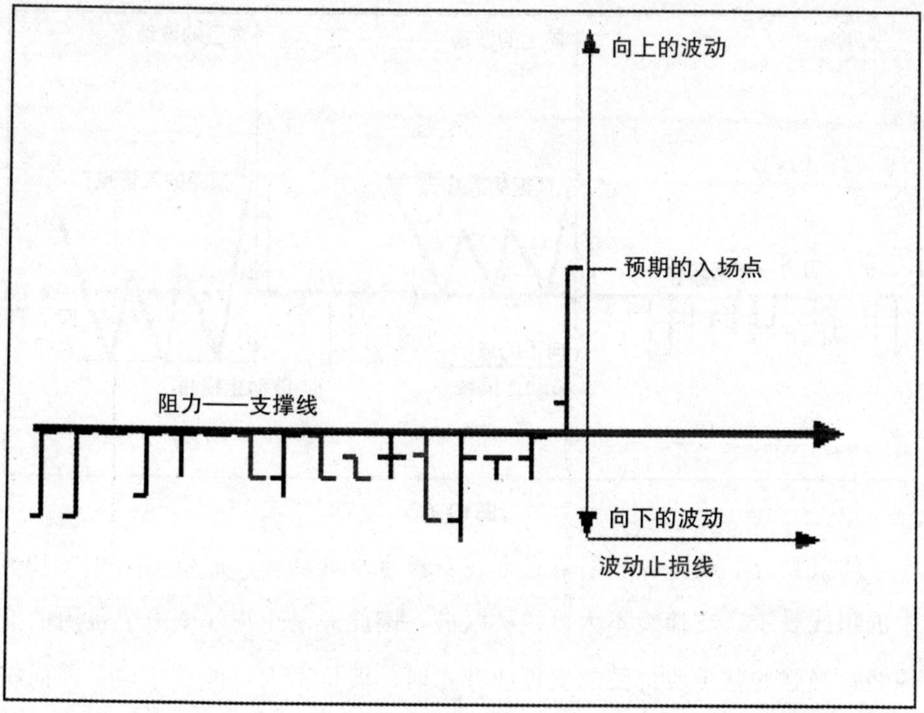

图19-5

我们从检验基于股价图的强的防御型支撑水平开始。原先的阻力水平在很长时间里限制着股价上涨。一旦股价突破阻力线，我们有理由相信原先的阻力水平会变成强的防御型支撑水平。把这条线与基于波动计算的止损线做一下比较，大多数波动计算都是基于3天、5天、15天或20天的波动运动，代表的是短期的支撑水平，它们在动量驱动交易里是很重要的，但在具有稳定趋势或趋势持续的交易中的作用就不太明显。

如图19-6所示，如果我们以预期的入场点买入股票，我们预估明天的下跌幅度会是多少呢？结果依赖于股价的形态，风险并不等于收益，从基于股价图的支撑水平上就可以明显看出来。图中股价明显受到长期支撑线的支撑，它对股价运动有重要的影响。股价波动不太可能跌破长期支撑线，高的收益伴随的是低的风险。

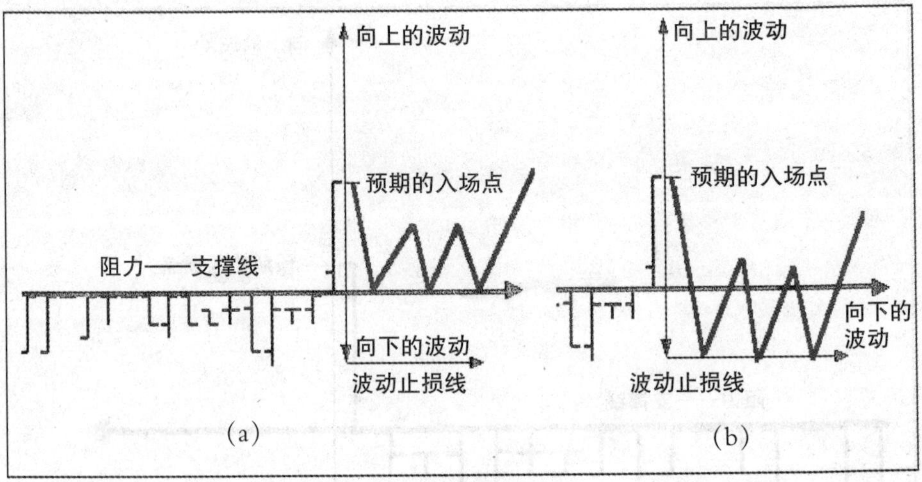

图19-6

如果股价下跌，我们期望它会在支撑水平处反弹，股价运动用图19-7中的粗线表示。支撑线不太可能被跌破，因此波动止损线变成了备用的支撑线。当强的基于股价图的支撑线存在时，股价不太可能跌穿这条线而将波动止损线作为反弹点。支撑线和阻力线的心理学解释是在这个水平上有很多交易者重新进入市场。长期市场行为强于短期波动行为。股价主要的特征是支撑水平，而不是波动范围。当价格下跌时，股价会受到长期支撑线的支撑，所以短期波动不太可能跌破长期支撑线，这使得我们能以较小的损失及时撤退。在这个例子中，高收益的取得却伴随很小程度的风险。

尽管有很强的波动性，我们仍然在收盘价接近支撑水平时入场。我们期望任何股价下跌都会止于支撑水平，而不会继续跌到波动极限。在支撑水平和波动水平的比较中，支撑水平往往会是真正的支撑点，这使我们在一旦辨认出有效的基于股价图的支撑水平时能设置更严格更有效的止损点。

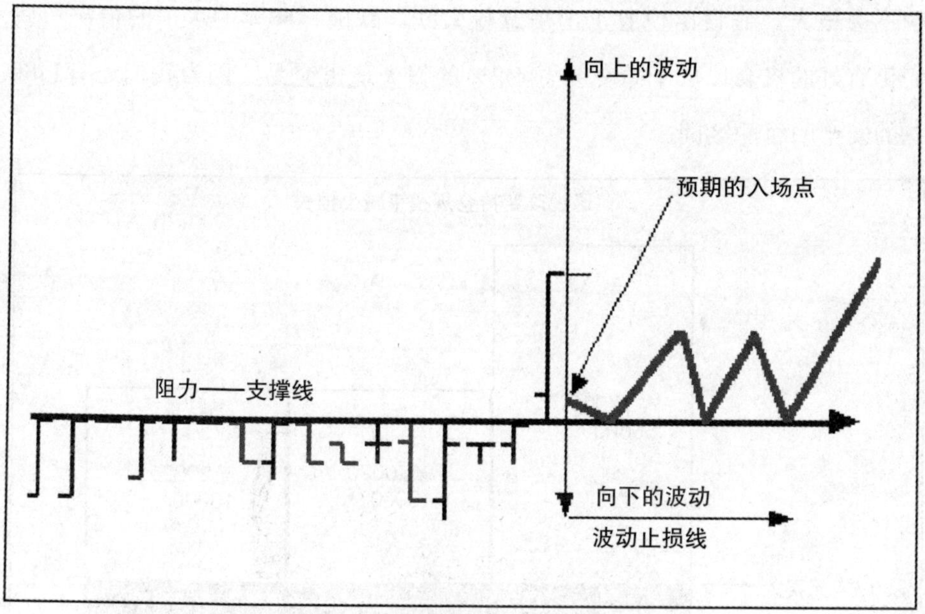

图19-7

减少损失

在接近止损水平的位置入场的好处是可以减小风险。如图19-8所示，我们通过假设交易ST金泰(600385)来说明这个问题。投资资金是10万元，最人的风险是2000元。假设我们最多能以7.7万元买到5万股股票。买入价为每股1.54元，如果股价下跌到1.50元的止损水平，我们的损失恰好是2000元。

然而，如果我们打算把持仓减少到2万元的水平。我们花20020元以1.54元一股的价格买入1.3万股股票，遭受2000元的损失时股价得下跌到1.38元。我们的止损线设在1.50元。在这个水平上退出交易我们的损失只有520元。相比于2%的总交易资本的损失，我们只损失了0.05%。持仓规模越小，交易就越安全，因为如果股价下跌，它对我们总的交易资本的影响不会很大。假设出现股价出乎意料大跌，跌破1.50元的水平的情况，我们仍有好的机会以低于总交易资本2%的损失退出交易，因为我们还有1480元的安全的缓冲区间。

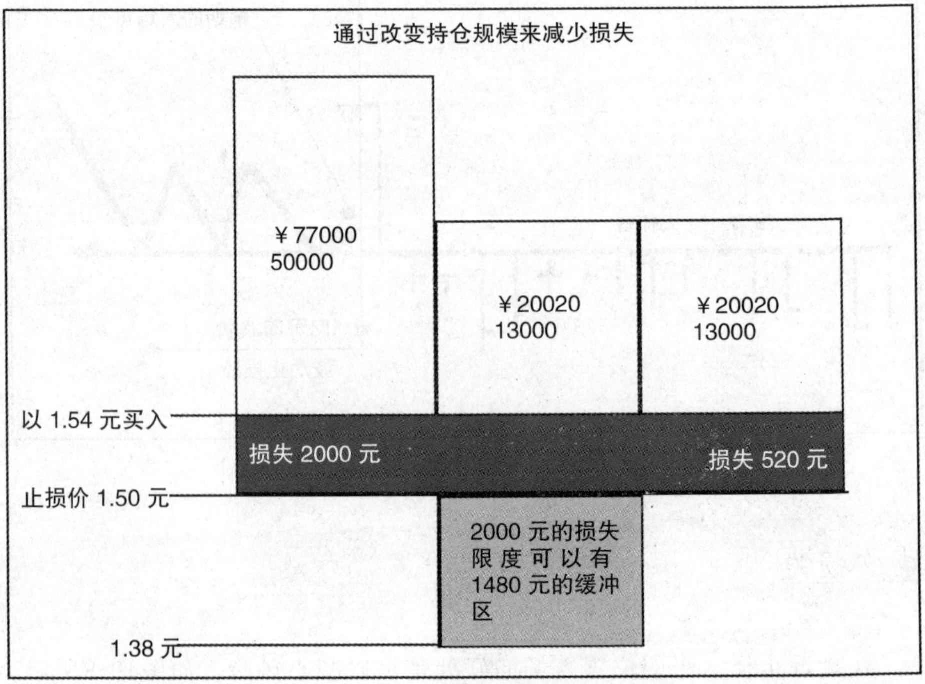

图19-8

有很多设置止损条件的方法，每个交易者都有自己首选的一种方法。最终的止损成功既取决于正确地设定止损的位置，更取决于交易者执行止损的纪律。一个正确设定的止损线并不经常被触及，但一旦当它被触及，就是趋势结束的可靠证据。止损技术的成功取决于交易者发出卖出指令迅速止损的能力。

这些不是设定止损的唯一方法，但它们是我们发现的成功而可靠的方法，我们把它作为对候选股票的最后一道测试。我们寻找低风险的交易，能使我们以首选的持仓规模交易并把风险限定在2%以内。当我们在接近止损水平入场的时候，这些条件往往能得到满足。

第二十章 对于我们的危险

当我们开始交易时我们往往会设定一个目标，而一旦达到目标的话，我们就认为自己无所不知了，认为我们已经经过了良好的训练。这种想法完全误解了成功的交易与我们的技巧发展过程之间的关系。更重要的是，它忽略了我们成长和发展成为交易者的过程。一个有经验的交易者并不仅仅是比新手知道得更多，有经验的交易者和他作为一个新手的时候是不一样的。随着我们技巧的改变和经验的积累，我们开始明白交易是一个动态的过程，因为市场和我们自己都是在不断变化的。没有经验的交易者认为有经验的交易者不会犯错误，而有经验的交易者知道自己仍会犯错，只有不断地学习才能在市场中生存下去。

这意味着我们在作为一个新手的时候所用的方法在我们变成有经验的交易者时也许就不再适合了。个性的发展受到很多因素的影响，其中最重要的包括：

- 我们的交易经验。
- 我们的各种和交易无关的经验，这使得我们更加成熟。
- 与交易无关的生活方式的改变。这可能包括离婚或其他重大的创伤，例如车祸或洪水。

- 我们的年龄。我们在30岁时花钱的方案和60岁时是不一样的。

当我们改变交易策略时我们必须考虑到我们也在发生着改变，市场也在发生着改变。相信自始至终只有一种交易方案是危险的迷信。我们不会接受单一的黑箱交易系统方案，但我们也不太乐意接受我们在40岁时很好的交易方案到我们50岁时就不再适合的观点。我们的交易方案是很多变动因素的结合，我们应该通过更仔细地分析我们的假设改进我们的交易方法。

操作股票的时间越长，你就会越觉察到心理因素是成功交易的一个重要部分，我们对心理影响的理解首先来自当我们面对不断加深的恐惧和贪婪的时候。富有是一种荣耀，但看上去不用干太多的活就能赚到比我们可能想象到的更多的钱，会对我们的行为产生很多有趣的、意想不到的影响。

当我们辛苦赚来的钱在一个下跌的市场中被快速吞噬时，恐惧便伴随我们左右，这并不是一个在保证安全的游乐园里玩过山车的惊险游戏，我们会出乎意料地做出某些反应，而且这些反应并不总是让人感到舒服。贪婪和恐惧是会触动心理反应的最基本情感。当我们审视这些原始反应时，我们可以看到很多的其他因素在起作用。

有经验的交易者发现成功的交易在于相比于了解市场，要更多地了解自己和自己的动机。一些交易者需要解决那些阻止他们获得成功的潜在的心理问题。这些问题也可能影响他们在市场交易之外的生活。对于多数交易者来说，这些问题没有那么严重，但是仍然很重要。

假定风险

认识重复性的自我挫败式的行为，例如未能在止损点采取行动等，是克服、改变或者抑制这些心理反应的第一步，忽视它们并不能避免它们。每个人都有不同的具体的心理反应，但是了解广泛阻碍交易成功的心理因素是有用的。

交易成功的基本假设之一是：随着我们的技巧和经验的丰富，当止损条件被触及时，我们越来越能遵守止损的纪律。如果我们接受止损的必要性，那么很容易进行到下一步，即在2%的总交易资金范围内，我们会容许风险的增大。2%规则从理论上来说是有效的，但它忽略了损失对我们执行能力的影响。如果损失变大，它会对我们的交易纪律起到腐蚀的作用。结果是我们忽略了止损点，因为我们不愿意面对赔钱的现实。

图20-1显示了四种交易者，我们分别称其为初学者、学习者、有经验者和有技能者。风险都限定在每一个阶段总投资资金的2%，但金额的数量依次增加了。对初学者来说，这个数字假设为500元，虽然500元不少，但他仍然不会对500元的损失感到太难过。当止损条件被触及时，他会毫不犹豫地执行，虽然这很痛苦，但是可以接受的。

损失使得正处在局外准备入市炒股的人感到恐惧。市场中也充斥着有

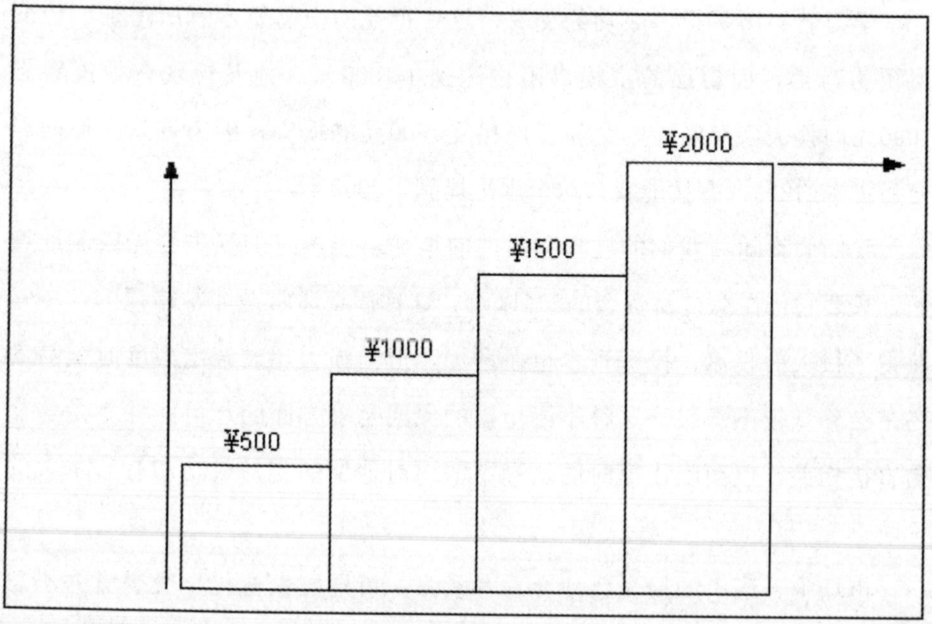

图 20–1

关市场危险，入市须谨慎的传言。不幸的是，这些被吓怕了的人通常会做出三种事情。很多人把钱交给所谓的专业人士，而这些人通常会损失不止500元。损失隐含在了各种费用当中，用投资术语来说，就是负收益和市场不稳定。然而这样看上去痛的感受能轻一点儿。

另一部分人幻想用“高科技”来保护自己，于是花8000元买了“黑箱”交易程序软件。他们认为价格越高，软件就越高超有效。不敢接受500元损失的他们，不久却发现好的风险控制并不经常是这类黑箱软件的特点，他们买的昂贵的软件程序引来了他们更大的损失。

最后的办法是把自己当成一个投资者，长期持有股票，因此在10年的时间里这种痛苦还是会不时地出现。拒绝承认损失并不能使损失消失。

交易和有效的投资需要耗费时间和金钱。任何人都躲不过损失，但好的策略能使你减少获得市场教训的学费。当你第一次交易时500元的损失是痛苦的，但这是获得交易经验必须要付的学费。

学习者经历了很多成功的交易，这使得他的交易资本有所增加。他变得更为自信，而自己的止损界限也达到了1000元。他发现现在他能容忍1000元的损失。有经验的交易者能接受1500元的损失，因为这只占他的总交易资本的2%，有技能者把这个水平提到了2000元。

我们假设随着我们的技巧和耐性的增加，能容忍的损失会无限制地增长，只要它仍在总交易资金的2%以内。这种假设通常是非常错误的。尽管获得了很大的收益，投资资本也在增加，但当损失超过一定限度时交易者还是会感觉很不舒服。这种不愿止损的原因是多方面的，可能并不是与交易直接相关，但面临止损时的这种不情愿对他们的交易成功却有着重大的影响。

市场中一连串的损失会使交易者紧张。市场发生变化，交易者并不总能及时适应这种变化，过去有效的方法现在突然不灵了。过去是一连串的成功的交易，其中有一两次损失也是可以接受的，但当成功越来越少而失败越来越多时，损失就变得不可接受了。通常的解决方法是减小持仓规模，但这无助于解决交易者不愿执行止损的关键的心理障碍。

图20-2是风险、损失和交易者执行能力三者之间关系的最好的表述。理论上基于投资资金的财务计算得出的损失是可以接受的，但这种2%原则所损失的金额却并不能被交易者所接受。在这幅图中，显示交易者可以接受的损失是1000元。

在交易者技能的发展过程中会发生什么？作为拥有有限资金的初学者来说，我们的损失界限低于1000元的承受极限，因此执行止损是相对容易的。当从初学者阶段发展到学习者阶段，可以接受的损失恰好处在承受极限上，这意味着我们可能还不会意识到1000元这个极限对交易纪律的影响。

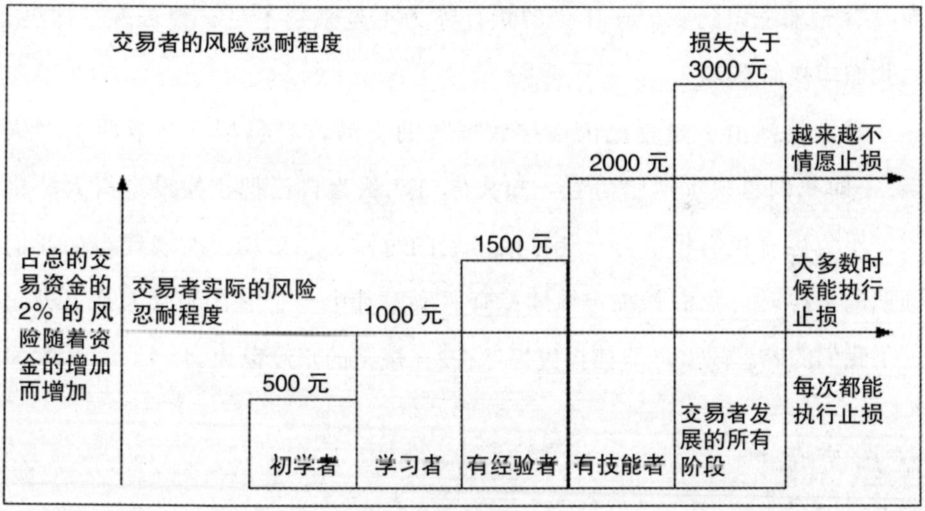

图20-2

当我们发展到有经验者的阶段，我们可以承受的损失和实际的由交易原则设定的损失之间出现了很大的差距。最初我们处在交易纪律的保护下，当时损失是处在我们可以接受的1000元的范围之内的，而当我们面对1500元的损失的时候，我们却过于痛苦，虽然1500元只不过是总投资资金的

2%。事实上2%的损失是可以接受的，然而一些人却在损失低于1500元之前就早早退出了交易。

由于市场条件不同，也许要经过一段时间我们才会发现自己在执行止损的能力方面出了问题。可能会出现一次或两次大的损失，甚至会遭受重创。一旦损失达到3000元，我们便立刻惊呆了，不想也不愿意割肉。我们不忍割肉，因为损失实在是太大了，远超出了我们可以接受的水平。

有时损失惨重的交易可能来自股价急速跌落到止损线以下。这之前是有警告信号的，但我们不以为然。相反，当股价跳水后，很多交易者和投资者会寻找各种理由来拒绝止损，因为损失太大了，他们实在不忍割舍。

我们都有自己的损失承受极限，在这个例子中是1000元。在牛市条件下，我们的成功率会比较高。我们可能从有经验者发展到有技能者阶段，而没有充分意识到我们在止损的执行能力上越来越不足。警告就在那里，而我们却视而不见。

警告包括由于延迟退出而导致失败的交易。它包括一个或两个“失误”，即我们忽视了退出信号，却找借口，认为自己把止损设定得太严格了。不免也有我们相信自己能打败市场的时候，当市场没有表现得如我们预期的那样时，我们就决定继续持有股票。其中一个潜在的原因是损失超过了我们的容忍限度，即使损失仍然在2%规则的限度以内。

认出变化

我们行为的自相矛盾在环境发生变化时会表现出来。所谓的环境变化，不一定是市场发生了变化，有时成功的交易方法在现在的市场中失去了作用，更多时候，这意味着我们自己发生了变化，通常可能是因为与市场无关的外部因素。这影响了我们执行止损的能力，因此我们发现投资组合中有很多失败的交易还没有实现止损退出。这显示我们与市场已经不再和谐。检验一下这类交易并写下我们避免止损的各种借口，我们会发现借口都非常有趣。

当交易者与市场之间失去和谐的时候，传统的建议是减小持仓规模，不再交易20000元，而是改为10000元。通过减小每次交易的持仓规模，交易者能以较低的成本给自己时间来发展和测试新的交易策略，该解决方法的效果可以参照图20-1所示的假设。如果交易者仍然具有理智的止损纪律并能承受2000元的损失，那么解决方法起作用了。如果交易者的损失容忍限度低于1000元，说明解决方法没有起到作用。

一个更好的解决方法是减小每次交易的风险。我们可以缩小持仓规模的比例，以使每次交易的风险与我们能接受的损失水平（在这个例子中为1000元）相等。这可以通过前面章节讨论过的方法达到。对发现自己和市场不再和谐的交易者，减小持仓规模是标准的解决方案。当它与实际损失的减少相结合时，便是一个有效的解决方案。第二种解决方案保持了相同的持仓规模，但入场价更接近合理的基于股价图的止损点。

把损失减少到我们能容忍的水平能改进我们执行离场信号的能力。市场在改变，我们也在改变。我们必须认识到自己的心理在遵守交易纪律方面的变化，一连串的失败交易是警告信号。越来越多的忽略离场信号是明显的迹象，表示你需要重新检验适合你的止损方法了。最有效的解决方案是减小持仓规模并减小止损的限度，直到在止损被触及的时候你能够一贯地、自信地执行。最好从最低限额做起，也就是说500元，然后往上加，直到它达到你的容忍限度，即1000元。

作为交易者，我们会随着时间的迁移而发生改变，我们已经不是5年前刚开始炒股的那个人了。我们在市场中的经验改变了我们对待市场的方式，我们生活中的经验也会影响我们理解和参与市场的方式。

我们对待止损点的不一致是受到时间和周围事件影响的，我们的止损纪律总是受到各种因素的干扰。一连串的成功可能会鼓励我们忽视止损退出信号，我们相信我们能负担得起损失。在一次次的交易中，如果止损被频繁触及的话，我们很可能会变得麻木并忽略下一次止损信号，因为我们实在忍受不了这种频繁的损失对我们选取股票能力的考验。

当我们经历了重大的情感事件，它会影响到我们的交易，即使我们可能从来没有发现。在1998年，我的办公室、书和研究成果，连同数以百计的他人的房屋在一场洪水中被淹没了。我相信自己已从这场灾难中恢复得很好了，但我在随后6个月中的交易记录却显示了相反的结论，我忍受风险的能力大幅度地改变了。以前我感觉舒适的交易现在变得不舒适了，我发现在获利时我急于实现小的利润就退出，而在赔钱时却不忍止损。对每次交易的失败都有不同的借口。

我对所有的交易都做了记录，并检验它们，以找出有害的行为和积极的行为，只需几个月就可以在交易记录中发现这些行为的证据。我不能返回到原来的风险承受水平，因此我必须调整我的交易策略来适应我的新的风险承受水平。那些失去亲密朋友，或者经历过洪水，或者遭受过车祸的交易者，风险承受能力会发生变化。我们需要对这些变化有所警觉。

类型和风险

2%规则设定了一次交易中我们所能承受的最大损失，并假设把总的交易资本应用于同种类型的交易中。这并不能反映现实情况，因为我们通常持有各种类型的股票。我们不能把这些股票作为单一的投资组合，而应该把它们分成几类区别对待。投机和交易类股票应放在一组中，与投资类股票区别对待。

现在假设我们有15万元的交易资本，按2%规则我们能负担起3000元的损失。如果所有的交易者都只是持续4～12周的简单的趋势交易者的话，就没什么问题。这类交易通常容易辨认和管理，只将两条简单的移动平均线结合使用就行。这不是技巧性很强的交易，但却是稳定的、可预测的、一贯的交易，设定3000元的止损是不错的方法。

不幸的是，很少有交易者或投资者只使用趋势交易这种单一的交易类型，有时他们想追逐投机型股票，在快速移动的动量交易中交易，使用隔夜跳空策略，或在下跌趋势中追逐股价突破。我们都有几种不同的交易类型，而3000元的止损可能并不全适用于这些类型。

解决的方案通常包括减小持仓规模，这样在止损线被触及的时候便能减少损失。我们看一下前面章节中的持仓规模控制的方法。我们只要少买一点儿股票，或者尽量在止损点附近买入股票，也许就能把潜在的损失控制在1000元。从理论上来说，这是个不错的方法，但它们在实际应用中可能并不实用，因为在我们内心深处，我们知道自己可以“承担得起”3000元的损失。记住，我们倾向于自欺欺人，在做出错误的选择的时候硬挺着欺骗自己，不愿意承认自己的错误。在市场中，这意味着忽视止损点。

一个更好的解决方案是认识到我们所用的不同交易方式的本质差别——大体上可以分为头寸交易和投机交易。那些自认为是投资者的读者可以把自己的活动分成投资和交易两类，因为两种不同的交易类型需要不同的风险管理方法。2%规则仍然是适用的，但不同的交易类型应有不同的损失限度。投机交易中3000元的损失与长期投资中的3000元的损失是不一样的，因为损失发生的概率大不相同，前一种策略的风险明显比后者要大。

图20-3显示了一个好的解决方案，把总的交易资本分成两部分，对不同类型的交易采取不同的风险水平。如果分配10万元用于头寸交易或投资，风险就减少到2000元。如果分配5万元用于投机交易，风险就减少到1000元。

这种分法有一个危险。一些使用这种分法的人认为自己有能力承受损失掉所有投机账户里的钱，这是风险资金。他们居然没有用2%规则——1000元——来限制风险，而是认为整个5万元都是风险资金，这反映了广泛流传的但危险的误导——永远不要把你不能承受的损失放到市场中。如果你听信这种传言的话，毫无疑问你将损失掉所有的资金，因为你并不关心控制风险。低估认为自己有能力承受所有损失的心理影响是不明智的，同样的影响也发生在当你相信你在玩自己从市场中赚来的钱的时候。

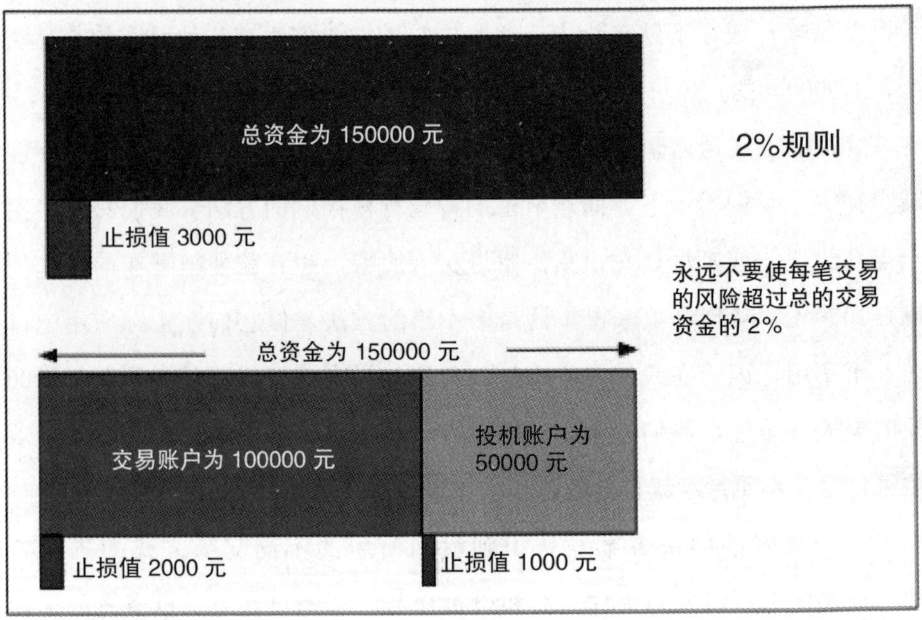

图20-3

把交易资本分成两个账户，这样就能更容易接受交易的风险是2000元或1000元。如果再调整一下持仓规模和入场时机的话，风险能进一步降低。对每一个账户分别对待，这样容易考虑每一种交易类型合适的损失限度。在所有5万元的账户中，我们已经从心理上接受1000元是最大可容许的损失界限。这样在止损被触及时，能更容易执行止损，而这种损失界限的降低能导致在投机型交易中取得更多的成功。

我们的心理变化通常不是我们自己可以控制的。行为习惯是自小开始形成的，好的和坏的，都很难改变。然而，如果我们认识到这些习惯正破坏我们的交易，我们可以采取措施来减小它们带来的负面影响。我们不能停止这些习惯，只是减小它的影响。如果我们在损失达到极限时才发现自己拖延了止损决定，那么进行需要提前止损的交易是没有意义的，因为我们可能不会执行止损。通过建立投机账户，并把止损计算建立在小一点儿的账户的基础上，这样我们可以允许损失达到极限，同时不会为总投资资金带来大的损失，这能帮助我们从更好的视角去看待交易。

第二十一章 恭喜发财

交易者开始炒股时通常资本过少，他们没有足够的资金去买不同的股票，来建立一个多样化的投资组合，也很难有投资红利，因为他们没有资金买到大量的股票来使分红足够多。

我们面临的挑战是把交易资金配置到杠杆效应明显的投机交易中来赚更多的钱，同时通过仔细的资金管理来保护资本的安全，这需要很好的风险控制和严格的交易纪律。一旦交易者的资本增长到21000元，他就有更好的机会来建立多样化的投资组合，从而减小资本的风险。资本从6000元增加到21000元是很困难的，很多交易者做不到这一点。然而，从这里面所学到的技巧是成功的基础。通过交易把资本从6000元增加到21000元，你就已经学到了以很低的风险赚取巨额资金的方法。

在我的第一本书《股票交易》中，有一章叫作“六到二十一”，目的是展示如何把资金管理和风险规则应用到6000元的投资中，使其增长到21000元。在2002年11月，我在每周简讯中开始了一个案例研究交易，这个案例设计的是应用交易技术使6000澳元的资本增长到21000澳元。

13个月之后，资金超过了21000澳元，收益率高达268%，而在这期间的前5个月，市场指数下跌了10%，在剩下的8个月中，市场指数上涨了5.7%。同时我要指出，这些技术都在我们的证券交易网上月刊《技术分析指导》中国版里。

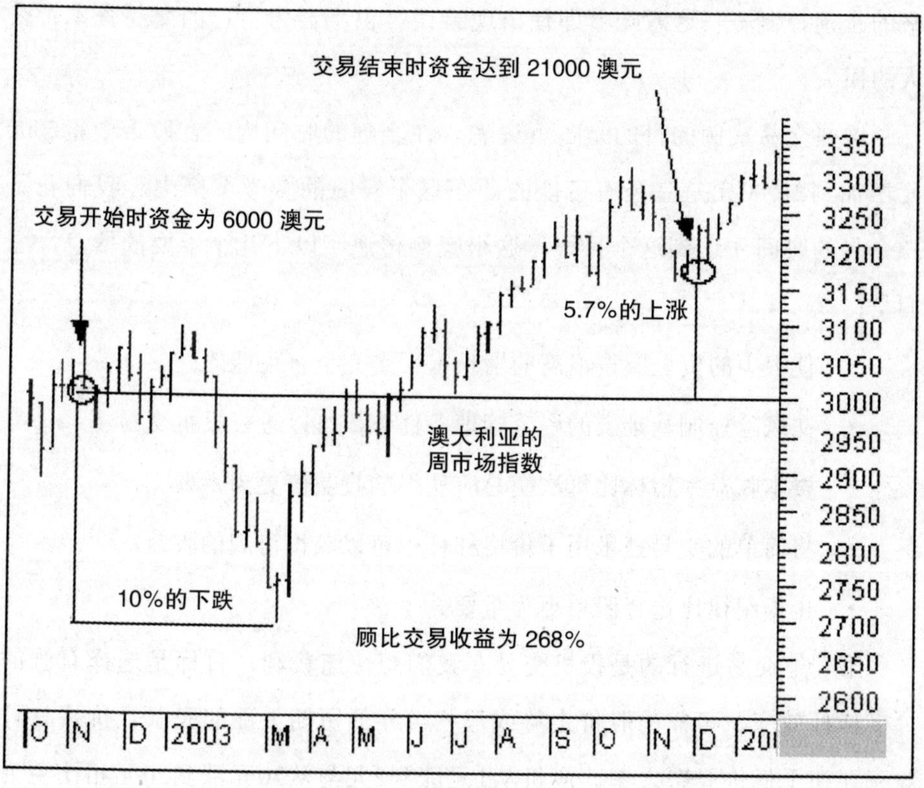

图21-1

交易者初涉股市时面临着成功与经验的矛盾，成功有赖于经验，而当时他们并没有经验。有一个获得经验的捷径，它完全依靠资金管理。这个捷径在《更好的交易》里做了充分的讨论。一般情况下，当我们第一次交易时会花很多精力用于选择股票。这并不是说我们选择做长线，我们的目的是选择具有高的成功概率的候选股票。在令人紧张的下跌市场中，很多这样的机会都是短线机会。

教学性期刊有一个优点。交易者可以通过实际操作来检验交易策略，从而在众多优秀的方法中选出在现行市场中最有效的。在我开始交易的时候，并没有这样的指导材料，因此我在不合适的方法上浪费了很多的时间，这减少了我成功的机会。幸运的是，我偶然发现了通往经验的捷径——严格的止损控制——这意味着即使出现错误，也不会为自己的交易资本带来大的损失。

这些交易案例的目的是告诉读者，在合理的时间内，在股市中把6000元增加到21000元是完全有可能的。在这个实时的教学案例中，我们花了13个月的时间才达到这个目标。这个案例传递了以下几个重要的信息，它们是：

- 使很少的资金取得很高的增长水平是完全有可能的。
- 在风险控制基础上的资金管理条件下，可以进行投机交易。
- 资本收益率指标比每次交易所获得的收益值更为重要。
- 将简单的交易技术用于价格杠杆中可以获得可观的收益。
- 止损纪律比选择股票更为重要。

第一笔交易进行的是投机交易。我们想快速获利，目标是选择有强的价格杠杆效应、可靠的股价走势或那些可靠的短期上涨的股票。价格杠杆效应存在于低价股票之中。股价从1元涨到2元与从10元涨到20元相比更为容易，但收益率却是一样的。价格杠杆意味着低价股票更可能达到快速的增长。

必须要指出的是，交易的风险不在于我们所用的策略，任何交易的风险依赖于风险管理的方法和止损的应用。有可能我们所选的股票都是失败的，我们可以通过合适的止损条件来保护自己。

一些交易使用顾比倒数线，另外一些依靠观察股价走势的形态，并使用适用于这种走势形态的止损条件，例如上升三角形的底边趋势线。在动量驱动交易中，目的是尽可能多攫取利润，这意味着要使用日内止损的方法。

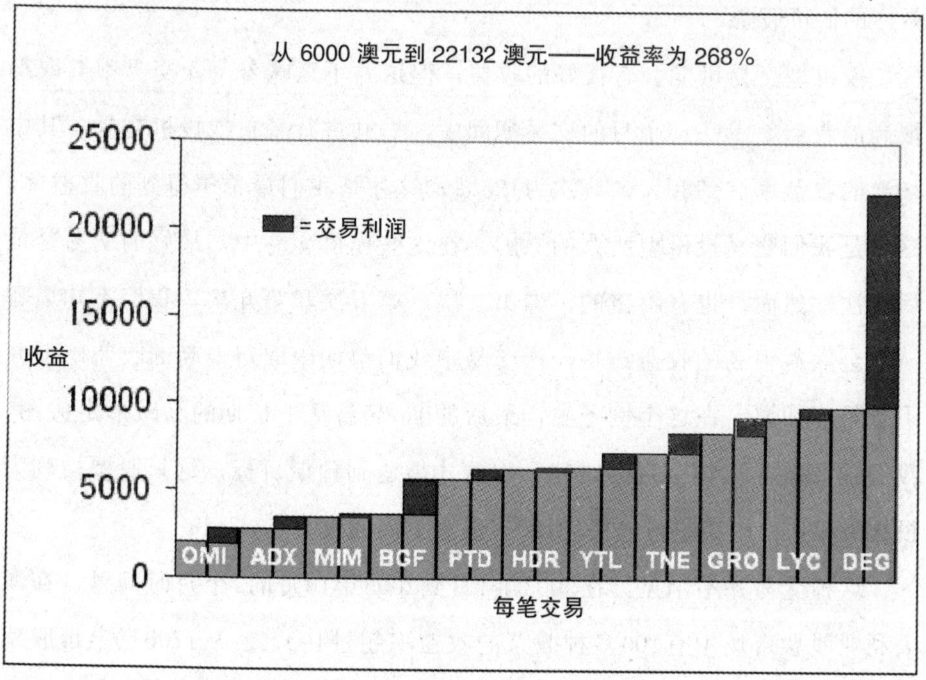

图21-2

如何去管理风险决定了风险对我们威胁的大小。在投机型交易中，成功的关键是确保损失少于总的交易资本的2%。这意味着每次交易损失的金额少于总的交易资本的2%，而每次交易损失的百分比可能会很高。具有高杠杆效应的低价股的止损点可能比最初的入场点低20%。正如前面章节所解释过的，这是可以接受的，因为这20%的损失占总的交易资本的比例小于2%。

一些交易者并不理解这种概念上的风险关系，这限制了交易者只去交易那些表现温和的股票，而理解这种关系能使有经验的交易者利用股价的高波动性和价格杠杆效应来获取更高的收益。从6000元到21000元的过程中，我们就充分利用了这些机会。

投机交易有显著的特征，投机收益是可获得的。我们把投机型股票定义为那些能提供50%到100%甚至更多收益的股票。这来自那些有更强杠杆效应的低价股票。

投机型交易可能会有很好的收益，但这并不意味着每次交易都会取得很高的收益率。在13个月的交易期间中，一共进行了11次投机交易。其中10次的收益率达到30%，一次为125%，这才是我们最希望得到的收益率，这也是我们交易投机型股票的原因。在这些投机交易中，最好的交易是最后一次，然而，也有不错的，像第二次、第五次和第九次。我们不知道哪一次会取得很高的收益。每一次交易中我们都期望取得很高的收益，但并不总是能如愿。在这个例子中，最后的DEG交易基于长期的马鞍形走势图，我们预计需要3到8个月的时间，收益才能达到预期目标。这只股票被列为投机类股票，因为它可能提供100%甚至更高的收益。

这种交易并不罕见。在2003年4月到2003年10月的7个月时间里，在澳大利亚股票市场中有100多种股票的收益率超过100%。从1700只上市股票中找到这100只股票看上去并不容易，但只要我们想到这类股票主要存在于价格低于1元的股票当中，就显得不是很难了，因为这极大地缩小了查找的范围。

在第10次交易完成后，我们还需要在第11次交易中取得34%的收益率，才能达到21000元的既定目标。这对投机交易来说并非难事。在16年前我刚开始炒股时，交易技术和方法的信息非常有限。现在的交易者就很幸运，他们可以通过阅读书籍和订购教学性质的简讯来研究交易技术。相比于10多年前开始炒股的人来说，现在的交易者有很大的优势。从6000元到21000元的案例学习就反映了知识的增长。我们使用的方法在我们的股市简讯、我的已经出版以及即将出版的交易书籍中都做了详细的解释。

从6000元到21000元的策略总结

市场是可以通过风险管理技术和个人努力来赚钱的最有效的地点。案例投资组合是用来显示如何将6000元的资金增加到21000元的。成功依赖于我们对待风险的方式，这是最重要的因素，因为当我们开始交易时，我们的焦点总是放在保护资本上。通常我们花了好多时间来筹集资金，我们不想把它赔掉。我们要使资金迅速增长，同时又得保持足够小的风险，这是任何交易方法必须要解决的矛盾。

使资金迅速增加的方法是买最有希望取得高收益的股票，这些股票的波动相对较大，它们可能上涨幅度很大，而下跌幅度也很大。这使得如果交易失败的话，我们的风险会很大。

如果交易者买入股票后便束之高阁的话，风险是很大的。风险管理最重要的一点是认识到管理风险的是交易者自己，市场不会去管理风险。很多投资者相信市场会管理风险，认为只要等待，股价总有一天会涨上来，这种想法是错误的。市场创造了一个风险的环境，在里面需要用我们的行动来管理风险。

解决市场的风险(波动性)与保护资金之间的矛盾要采取两个步骤。第一个是根据股票的波动性对股票进行分类，我把它分成三类——蓝筹股、一般股票和投机股票。第二步是通过保护资金的资金管理来配置资金，使其达到收益最大化，这是从6000元到21000元策略的核心。我们首先来理解风险和收益的关系，如图21-3所示。蓝筹股是那些在一次交易中能获得10%到20%收益的股票。如果市场是牛市的话，收益还会高一些，但总体上达到这个收益水平是我们的目标，而且交易可能持续数月。这是我们对蓝筹股期望的平均收益率。蓝筹股不一定质量就很好，虽然大多数蓝筹股都有很大的资本金，而且被认为是“优质”股票。

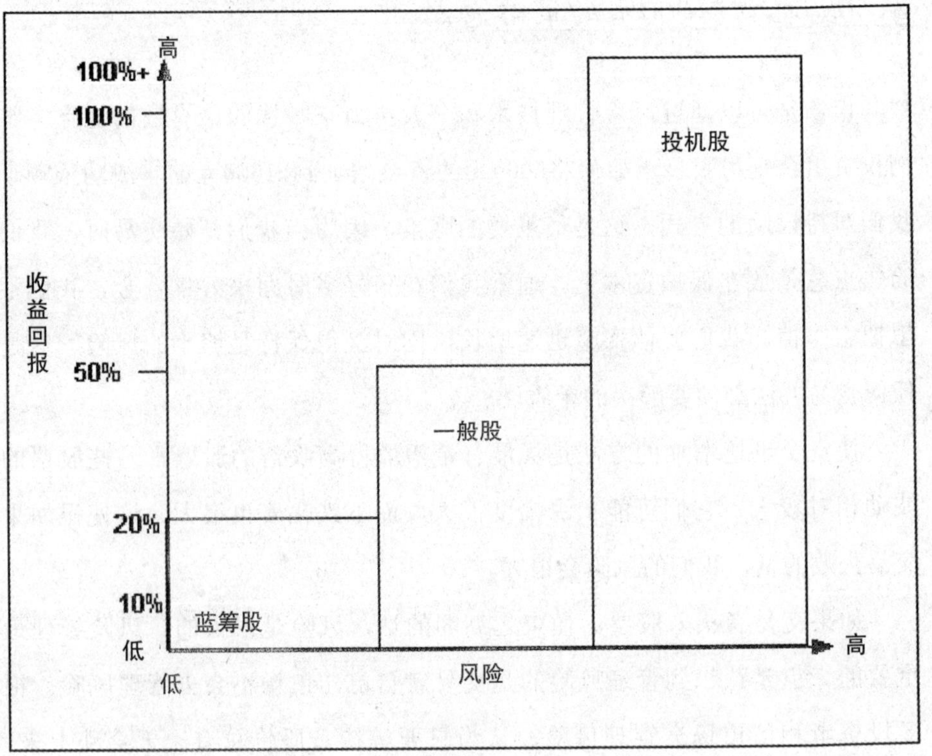

图21-3

- 一般股票是每次交易能获得30%到50%收益的股票。在长期趋势下收益可能更高，但我们只关注几周或几个月的短线交易。
- 投机类股票每次能获得50%到100%的收益率。一般来说这种交易只持续几天或几周，有时能持续数月，但这种情况很少。

当我们从蓝筹股交易转移到投机交易时风险会有所增加，投机交易相比蓝筹股交易通常伴随着较高的风险，这是因为股价波动和价格动量，上涨快，下跌也快。缓慢上涨的股票在下跌时也不温不火地持续数月，例如皖维高新(600063)。缓慢的价格下跌并不能减小交易的风险，风险的减小取决于交易者的行动。在止损信号发出时交易者不采取措施自然会使风险增加、损失变大。

使资金迅速膨胀的一个明显的、吸引人的方法是交易投机类股票。如果只交易投机类股票，并把所获得的收益再进行投机交易，那么资金会增长得很快。但不幸的是，这种做法无助于保护资金。每一次新的交易，我们的资金和利润都暴露在相同水平的市场风险中。这种赌徒式的方法很容易带来灾难性的后果，除非运气总站在你这一边。

解决这个问题的方法(在《股票交易》中也有所涉及)是只把一部分资金投入到高风险的交易中。这种策略是使用投机利润来增加交易资金。

这个过程如图21-4所示。我们的启动资金是6000元，按1：2的比例分成两部分，2/3的资金——4000元——用于投资蓝筹股，这不会产生太多的收益，1/3的资金——2000元——用于投机股票的交易，这就是启动资金6000元的分配方法。

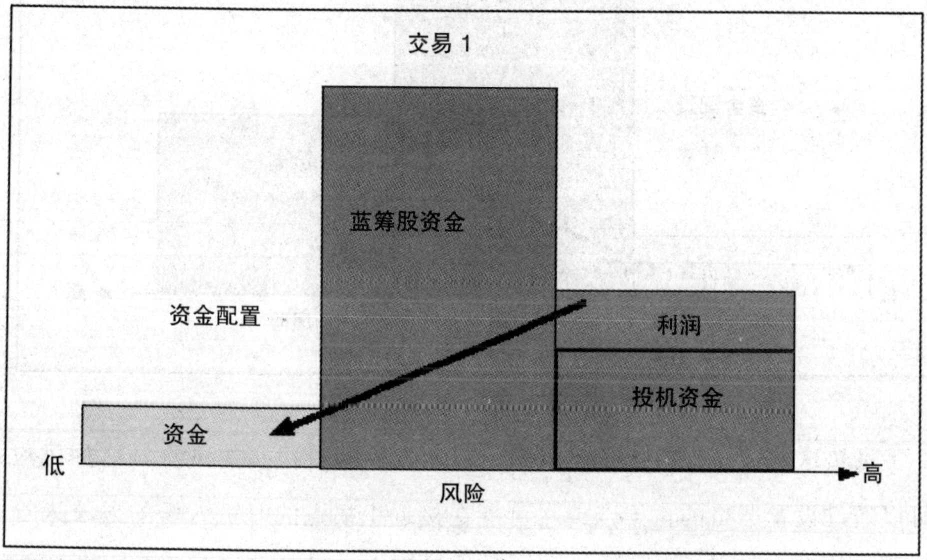

图21-4

主要的目的是保护交易资金，因此我们把大部分资金用于投资蓝筹股，而将小部分资金投资投机类股票。

第二个目标是通过承担一定的风险来迅速增加资金。这是投机交易，因此我们只将1/3的资金用于投机，以避免风险过大。投机交易所获得的利润被加入到总资金中，然后抽出其中的1/3来增加原有的投机资金。随着总资金——利润和原始资金——的增加，每次交易的投机资金会越来越多。每次交易的利润都被加入到交易资金中。图21-4显示了成功的投机交易。每次交易的利润都被转移到我们的银行账户里。利润是总的交易资金中可用的一部分。当新的投机交易开始时，最初投机交易的利润全被用于下一次的投机交易。如图21-5所示，这种激进的方法能使资金迅速增长。

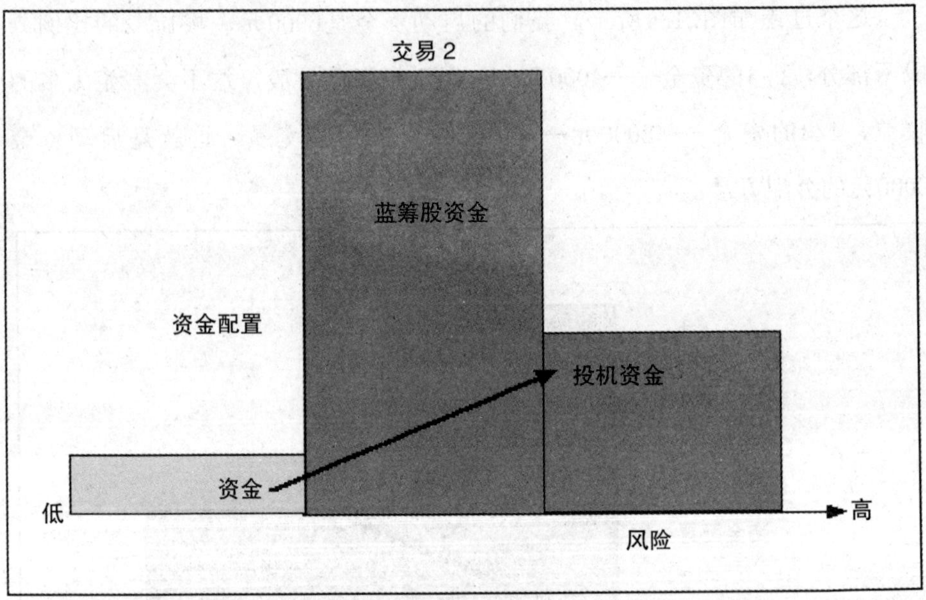

图21-5

虽然这是一种收益可观的策略，但它也伴随着很高的风险。这种风险可以通过设置严格的止损点或尽可能在接近止损点的时机入场的方法来管理。资金的增长就像滚雪球，一开始比较慢，但随着动量的增加，速度会越来越快，看上去不用太努力就能获得不错的结果。随着资金的增加，投机股票和一般股票交易的杠杆效应会增加，资金会以更快的速度增加。困难是从6000元到21000元的过程，在这个过程中我们所学到的技巧是进行长期成功交易的基础。

交易给了我们赚大钱的方法，但首先我们得理解如何控制和管理风险。成功的交易不在于判断对了趋势的方向，而在于能实实在在地赚到钱，从6000元到21000元的例子就充分说明了这一点。

第二十二章 成本平均法投资策略

我们的注意力一直放在确认市场中的趋势并进行交易上面，这是一种积极的交易与投资策略。另一种策略是忽略市场的趋势，使用一种被动的方法进行投资，这就是成本平均法(DCA)。成本平均法投资理论要求投资者坚持定期投入相同金额的资金。它的主要目的是免去对于选择市场时机以及选择资产配置——选择最佳板块的要求。

人们宣称成本平均法投资策略有很多好处，它也是经常被基金经理所推荐的一种投资策略。它鼓励人们每个月投入相同金额的资金到一个组合、一只基金或一只股票当中。通过这样做，投资者克服了选择市场时机的困难。在市场好的时候，他投入的资金买的股票较少；在市场不好的时候，买的股票较多。每笔买入的资金成本被摊平。虽然看起来不错，但是这种策略有着预想不到的风险，因为市场的波动对于依赖市场时机的盈利性有着很大的影响。定期支付是以时间为基础的，即使投资时间独立于市场的活动。

成本平均法做不到以下两点：

- 权衡年内最低点进场与最高点进场的回报。
- 定期平衡组合，试图摒弃亏损交易，选择成功交易。

成本平均法的效果严重依赖于你开始使用成本平均法投资的时间，成本平均法对你选择开始定投入市的时间很敏感。10 年或 20 年较长时间之后结果可能会有很大不同，这两个时长的投资期是成本平均法投资者所一般推崇的。

成本平均法宣称有以下几个优点，它们是：

- 成本平均法独立于市场时机，结果大致相同，不管进入市场的时间是什么时候。
- 成本平均法至少能取得市场平均收益。

以下是我们的假设：

- 投资者每季度投资 10000 元，投资期 20 年，2011 年 12 月结束。听起来不公平？把这个假设说给那些在过去 20 年使用这种方法投资，现在正接近退休年龄的人，他们不明白结果为什么乏善可陈，而且结果互相不一样。我们做了头 10 年期，后 10 年期，以及最近 15 年期的测试。
- 进场根据每个期间的开盘价格。
- 道琼斯指数被用来作为投资工具。
- 这是纯回报，而不是累计回报。在这个期间所有投资者收到基本相同的分红，我们将此消除，以便于计算。
- 比较点是 2011 年底的投资市场价值。这提供了一个资本回报数字。
- 投资者 A 以季度的第一个月的第一周的开盘指数价格投资。
- 投资者 B 以季度的第二个月的第一周的开盘指数价格投资。
- 投资者 C 以季度的第三个月的第一周的开盘指数价格投资。
- 手续费不包括在内，以便准确比较结果。
- 一共有 84 次进场，每次都以 1 万元投资，总投入资本为 84 万元。

有些人可能希望修改这些严格的条件。然而，任何修改，比如将年度的高点、低点作为进场点，平衡组合，不进入市场，调整进场时间等，都是对经典的成本平均法的修改。成本平均法推崇简单，任何傻瓜都可以做到，只要他们遵守纪律。没有必要做决策，只要多年不假思索地定期投入相同的金额即可。它是想赚钱的傻瓜的无风险投资策略。事实有点不同。

我们从道琼斯指数的 20 年回报开始，然后将此与应用于上证指数的策略进行比较(图 22-1)。如果你的投资点是每季度第一个月的第一周，你将获得 85%的回报。你的表现比其他成本平均法进场点要好 4.85%。在 20 年间，你从 840000 元的投入中收获了 710517 元盈利。如果你选择在每季度第三个月的第一周进场，你的回报减小到 80%，20 年间相差 40757 元。

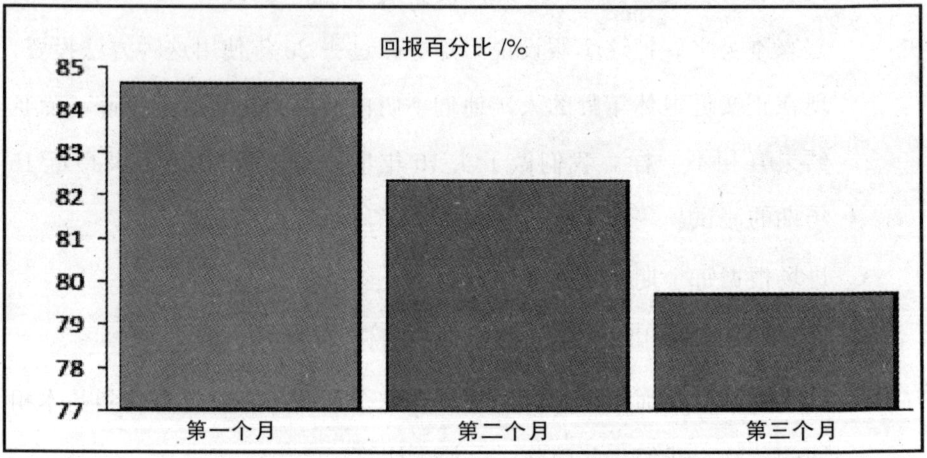

图 22-1　道琼斯指数 20 年成本平均法投资回报

令人惊奇的是，最近 10 年道琼斯指数的回报显示出较小的波动性，虽然市场在这个期间的波动要大得多。如果你的投资点是每季度第一个月的第一周，你会获得 25%的回报。你的表现比其他成本平均法进场点要好 2.16%。10 年间你从 420000 元总投资中收获 102482 元盈利。如果你选择每季度第三个月第一周进场，你的回报要减小到 23%，10 年间相差 9804 元(图 22-2)。

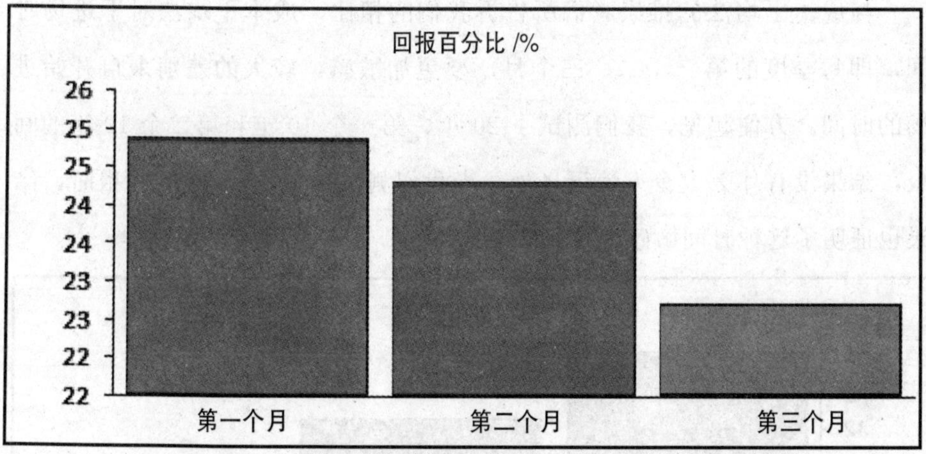

图 22-2　道琼斯指数最近 10 年成本平均法投资回报

道琼斯指数第一个 10 年期回报显示出最大的波动(图 22-3)，虽然在这个期间市场波动要小得多。如果你的投资点是每季度第一个月的第一周，你会获得 114%的回报。你的表现比其他成本平均法进场点好 6.6%。10 年间你从 420000 元总投资中收获 480630 元盈利。如果你选择在每季度第三个月的第一周进场，你的回报将减小到 108%，10 年间相差 27802 元。

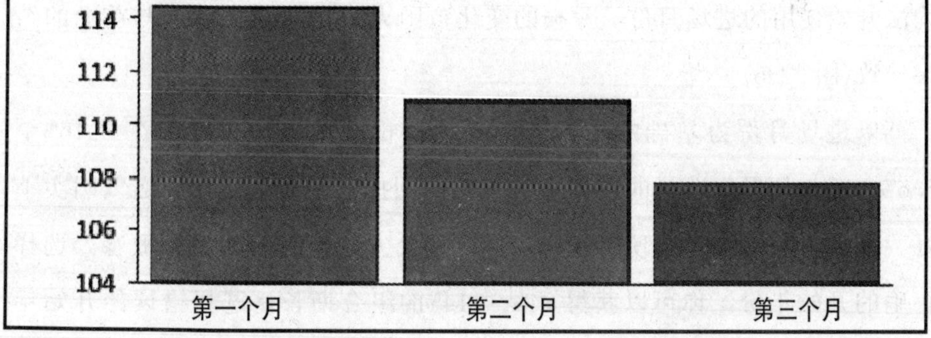

图 22-3　道琼斯指数第一个 10 年期成本平均法投资回报

成本平均法所宣称的一个关键的好处是在市场中时间会解决任何在进入市场时的问题。定期多次进场与这种抚平波动的观念是一致的。

与成本平均法的推崇者们所告诉我们的相比，成本平均法对于进场时间，即每季度的第一、二、三个月，要更加敏感。较大的差别来自开始进场的时间。方便起见，我们测试了20年、第一个10年和第二个10年的回报，结果没有什么太令人惊讶之处。当我们测试最近15年间的回报时，结果也证明了这种时间敏感性(图22-4)。

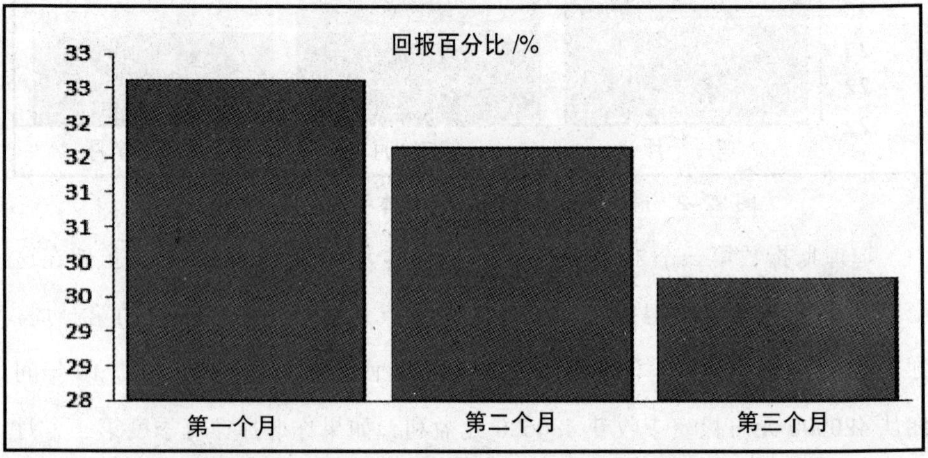

图 22-4 道琼斯指数 15 年成本平均法投资回报

在1996年第一季度开始使用成本平均法投资的投资者在2011年12月30日有一个比较低的以市场价值为基础的回报，大约为31%。根据成本平均法开始使用的进场月份，亏损的变化范围为2.9%。这个范围与前面的结果一致(图22-5)。

以进场月份为基础的个人成本平均法投资结果变化范围在2.16%至6.6%之间。如果你选择的进场月份使你的回报水平较低，你的运气确实不好。以成本平均法开始使用年份为基础的个人结果对时间更为敏感。选择正确的开始年份，你可以获得84%～114%的组合增长。选择错误的开始年份，回报猛降至23.9%。

成本平均法是具有时间敏感性的，这可以将所有设想的成本平均法的好处都否定掉。

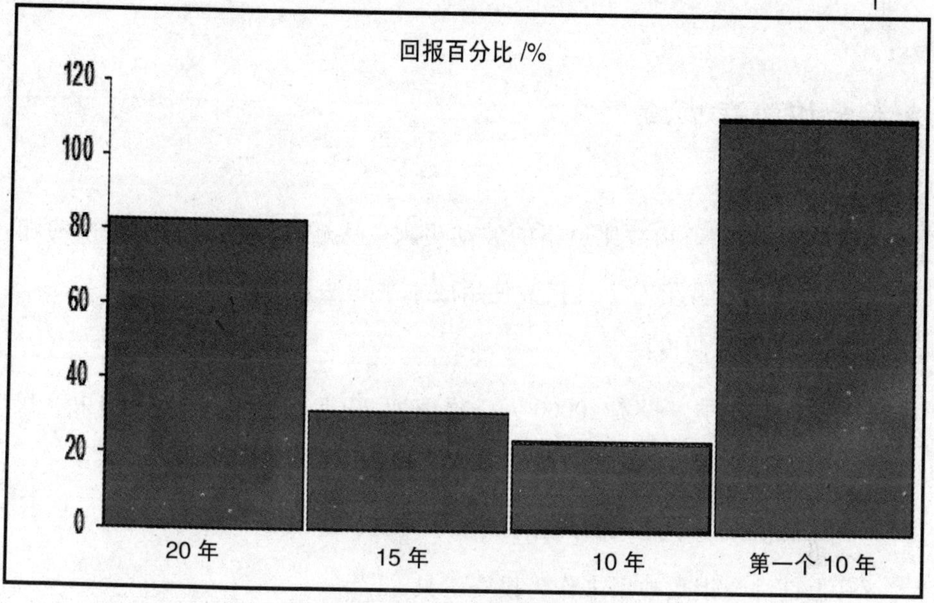

图 22-5　道琼斯指数平均回报

这些结果显示了关于美国市场的以下几个结论。

- 波动小的市场，比如这个测试的头 10 年期，产生更好的总体资本回报结果。
- 波动小的市场基于进场时间的差别最大。
- 从 20 年期来看，进场最好和最坏月份的差别仍然相对较大，为 4.85%。成本平均法不会消除来自投资决策进场时间的风险。
- 成本平均法对开始年份非常敏感，是回报差别的最大影响因素。
- 成本平均法仍然是一种有效的策略。只有胜者保持在指数中。使用指数交易型基金可以最好地做到复制指数，但是 20 年前还没有这些。

将这种策略应用于道指投资者，如果他们以每季度第一个月的第一周的开盘价买入，会不断获得更好的结果。

成本平均法在中国

我们知道，上证指数比道指的波动更大，大幅涨跌的时间与道指的涨跌时间也不相同。我们对上证指数使用成本平均法做同样的分析。

以下是我们的假设：

- 投资者每季度投资 10000 元，投资期 20 年，2011 年 12 月结束。我们也做头 10 年期、后 10 年期以及最近 15 年期的测试。
- 进场根据每个期间的开盘价格。
- 上证综合指数被用来作为投资工具。
- 比较点是 2011 年底的投资市场价值，这提供了一个资本回报数字。
- 投资者 A 以每季度的第一个月的第一周的开盘指数价格投资。
- 投资者 B 以每季度的第二个月的第一周的开盘指数价格投资。
- 投资者 C 以每季度的第三个月的第一周的开盘指数价格投资。
- 手续费不包括在内，以便准确比较结果。
- 一共有 84 次进场，每次都以 10000 元投资，总投入资本为 840000 元。

如果你的投资点是每季度第一个月的第一周，你将获得 150%的回报。你的表现比其他成本平均法进场点要好 18.57%。在 20 年间，你从 840000 元的投入中收获了 1261435 元盈利。如果你选择在每季度第三个月的第一周进场，你的回报将减小到 132%，20 年间相差 155983 元。这个时期回报范围波动最大(图 22-6)。

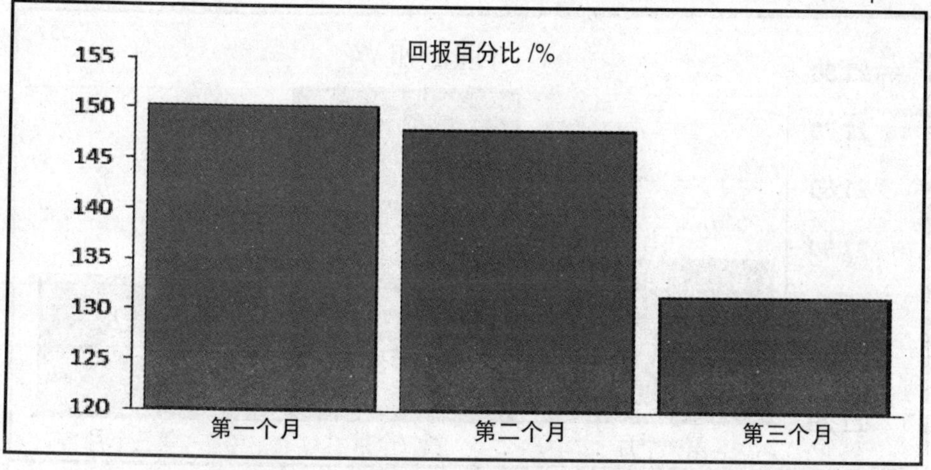

图 22-6　上证指数 20 年成本平均法投资回报

最近 10 年上证指数的回报显示出较小的波动性(图 22-7)，虽然市场在这个期间的波动要大得多——2007 年大涨，2008 年大跌。如果你的投资点是每季度第一个月的第一周，你会获得 21.25%的回报。你的表现比其他成本平均法进场点要好 0.08%。10 年间你从 420000 元总投资中收获 90400 元盈利。如果你选择每季度第二个月第一周进场，你的回报要高一点，为 21.77%。如果你选择每季度第三个月第一周进场，你的回报要减小到 21.44%，回报差别范围很小，10 年期相差 339 元。这也是唯一的一个期间投资者如果在每季度第二个月进场成绩会更好一些。

上证指数第一个 10 年期回报显示出中等程度的波动(图 22-8)，虽然在这个期间市场波动要小得多。如果你的投资点是每季度第一个月的第一周，你会获得 256%的回报。你的表现比其他成本平均法进场点好 34.8%。10 年间你从 420000 元总投资中收获 1073981 元盈利。如果你选择在每季度第二个月的第一周进场，你的回报减小到 221%，10 年间相差 146150 元。

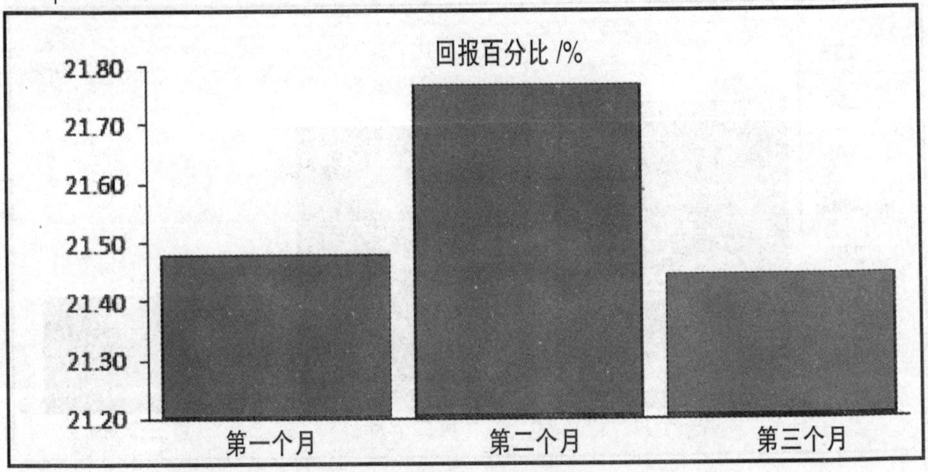

图 22-7　上证指数最近 10 年成本平均法投资回报

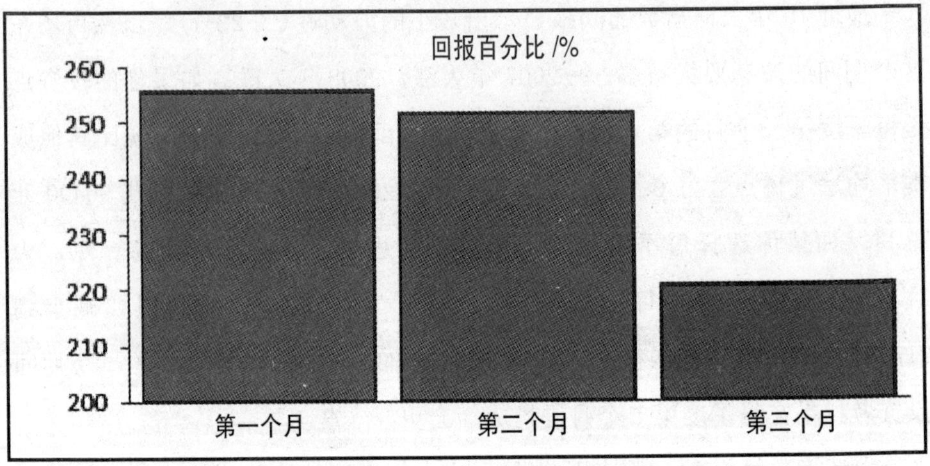

图 22-8　上证指数第一个 10 年期成本平均法投资回报

成本平均法所宣称的一个关键的好处是在市场中时间会解决进入市场的时机问题。定期多次进场与这种熨平波动的观念是一致的。

与成本平均法的推崇者告诉我们的相比，成本平均法对于进场时间，即每季度的第一、二、三个月要更加敏感。最大的差别来自开始进场的时间。当我们测试过去 15 年间的回报时，结果也证明了这种时间敏感性(图 22-9)。

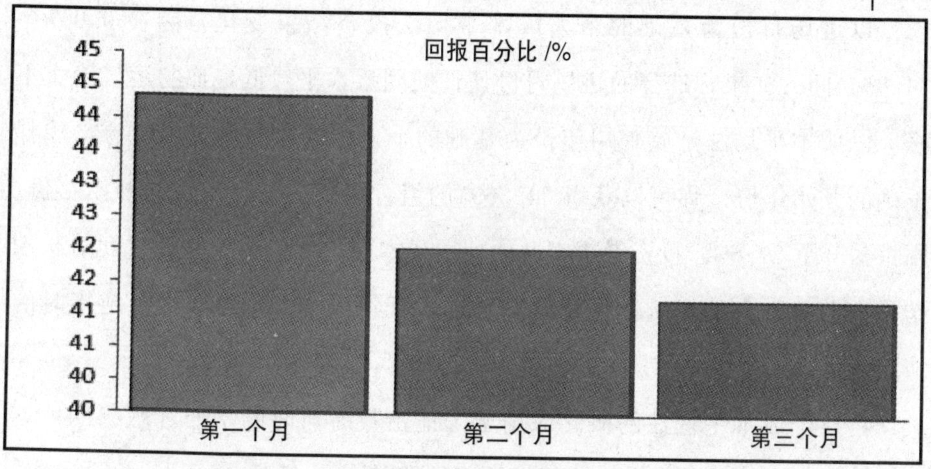

图 22-9 上证指数 15 年成本平均法投资回报

在 1996 年第一季度开始使用成本平均法投资的投资者在 2011 年 12 月 30 日有一个比较低的以市场价值为基础的回报，大约为 42%。如果你的投资点是每季度第一个月的第一周，你会获得 44%的回报。你的表现比其他成本平均法进场点好 3.1%。15 年间你从 630000 元总投资中收获 279334 元盈利。如果你选择在每季度第三个月的第一周进场，你的回报减小到 41%，15 年期相差 19374 元(图 22-10)。

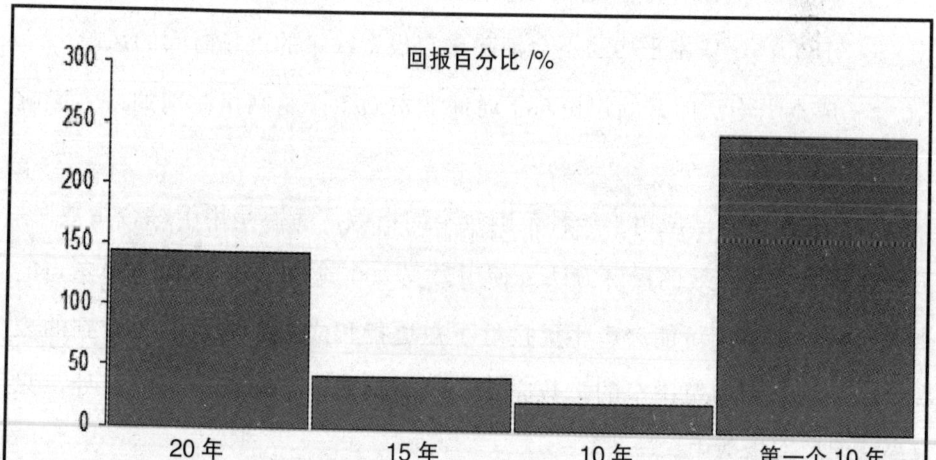

图 22-10 上证指数平均回报

以进场月份为基础的个人成本平均法投资结果变化范围在 0.08%至 34.8%之间。如果你选择的进场月份使你的回报水平较低，你的运气确实不好。以成本平均法开始使用年份为基础的个人结果对时间更为敏感。选择正确的开始年份，你可以获得 242.69%的组合增长。选择错误的开始年份，回报猛降至 21.6%。投资者决定开始使用成本平均法投资策略的时间对长期结果有着非常大的影响，变化幅度要远大于将成本平均法应用于道指时的情况。

将整个成本平均法的概念应用于上证指数时对时间是非常敏感的，这可以将所有设想的成本平均法的好处都摧毁。

这些结果显示了关于中国 A 股上海市场的以下几个结论。

- 与短期投资相比，长期投资结果的波动范围要更大。
- 波动小的市场，比如这个测试的头 10 年期，产生更好的总体资本回报结果。
- 波动小的市场基于进场时间的差别范围最大。
- 从 20 年期来看，进场最好的和最坏的月份差别相对较大，为 18.57%。成本平均法不会消除来自投资决策的进场时间的风险。
- 成本平均法的开始年份对于时间非常敏感，是回报差别的最大影响因素。

当将成本平均法应用于一种范围较窄的指数，而不是用于综合指数时，可能会成为一种有效的投资方法。使用最强 100 或 50 种股票作为参考点的指数交易型基金，可能会产生更接近于在道指和成本平均法中所看到的表现结果。这是因为范围窄的指数完全依赖于指数中幸存者倾向的好处，只有赢家保留在指数中。

将这种策略应用于上证指数的投资者，如果他们以每季度第一个月的第一周的开盘价买入，通常会获得更好的结果。

国外市场中使用的投资观念和方法必须在中国的市场中经过试验，看看它们是否可以被成功地应用。经常会有一些小差别，也正是这些小差别，可能会极大地改变投资策略的结果。

在一个非常强势的牛市中，成本平均法策略会带来优异的结果，这并不令人惊奇。在一般的或弱势的市场中，成本平均法带来较差的结果。这种策略的结果也有很大差别，这些差别取决于投资者决定开始使用该策略的时间。所谓的成本平均法可以熨平市场回报的变化在中国A股上海市场中也不正确。投资者如果使用趋势交易策略和更积极的投资策略，他们会有更好的结果。

这是一个重要的结论。投资者如果了解如何使用趋势交易战术，他们的成绩要好得多。这才是积极的投资，它会带来比被动的成本平均法策略更好的结果。

第二十三章 学会市场的语言

我所看到过的最具有欺骗性的书名是《简简单单学汉语》，类似的还有《金融市场一点通》。一段时间以来，我一直在学习基本的普通话。我的老师、朋友和其他志愿者，包括出租车司机、酒店及餐厅的服务员，都非常耐心地帮助我。刚开始学的时候我一头雾水，但随着时间的推移情况有所好转。读报纸是不可能的事情，甚至连最简单的汉字我都不会写。我每天都在学习，学习读和写。慢慢地我有所进步，这对我来说实在是不容易的事情。

很多人在金融市场中的经历和我学习汉语的经历相似。金融市场中充满了难以理解的语言、特殊词汇、价格图以及众多不同的指标。人们强迫自己去努力了解金融市场，因为他们知道自己要对自己的投资负责。在当代的中国，人们已不能再靠大锅饭来养活自己，他们必须自己找饭碗。当他们开始涉足金融领域时，他们发现金融市场的语言令自己很头痛，于是很多人望而却步了。一些经纪人和财务顾问假装作为你与市场语言之间的桥梁。这些人非但没有发挥很好的作用，还用金融市场的语言来迷惑你，以从你的疑问中获得额外的报酬。他们并不想教会你语言，因为你一旦学会了，你就不需要他们的帮助了。

那些想更进一步了解市场行为的人需要学一些带有很多专业术语的新

的语言，即那些我已经说过的以及其他书籍中应用在图表和技术分析方法中的语言。通过技术分析来理解市场一开始会令人感到高深莫测，因为是用专业的图表来描述价格运动。第一次浏览条形图或蜡烛图的感觉与我这个老外学写汉字一样困难。当价格图中包含几个指标时，刚涉足股市的人就更加迷惑了。

就像任何一门外语一样，市场有自己的逻辑和结构。学习说、读、写汉语必然意味着我要学习以汉语的思维去思考。如果我能破解语言的密码，那么理解就会简单一点。如果我们能破解市场语言和股价图的密码，那么理解市场就会简单一点，利润就会增加，错误就会减少。

技巧的发展是一个缓慢的过程。以前看不明白的图不可能豁然开朗，不要期望理解能有跳跃式的发展。相反，这需要很长的时间，逐渐地，你会看出一点儿图表和指标的门道。我们学习应用新的技术而忘了温习自己所学过的东西，因为在每一阶段我们会不断接受市场中新的材料和挑战，被新的问题分散了精力，我们会很容易忘掉自己所学过的东西。

在北京、上海、新加坡或香港堵车的时候，我便利用这点时间来看看商店牌匾上我认识的汉字，这是一个漫长的过程。现在我能在堵车的时候看看《中国证券报》《联合早报》的头条新闻或者《证券市场红周刊》的文章。学习一门新的语言是漫长的旅程。只有当我们停下来看看我们走过的路的时候，我们才会发现自己已经走了多远，也只有这个时候，才会意识到这趟旅程是多么有价值。

就像生活一样，市场是一次旅行，而不是目的。我们学得越多，我们不懂的地方就越多。并不是每一个人都对这种说法感到认同，但这对在市场中取得生存和成功是很重要的。曾经我对自己能用汉语说声“谢谢”而感到满足，现在我想学的更多，理解更多别人所说、所读、所写的东西。

当人们第一次开始学习市场语言的时候，他们对基于简单图表分析所偶尔获得的利润感到满足。当成功次数越来越多，技巧越来越发展时，他们就想更进一步。一些人使用非常复杂的指标组合并发展了成熟的交易系统。其他人以相同的理念转向了选择使用相对简单的分析技术的组合。他们需要通过学习来获取知识。

一个看上去复杂的、收益可观的交易可能只是“建立”在趋势和趋势分析基本概念基础之上的。本书的目的就是展示如何把趋势分析的基础用于一贯的成功交易中。我们使用了直边趋势线分析、顾比复合移动平均线分析和倒数线分析技术。

是继续往前走并采取主动，还是作为一个过路人搭乘别人的车辆，我们有选择的权利。一些人畏缩了，止步于金融市场的第一个关口——语言。他们把自己的金融未来交给了那些依靠咨询赚钱的投资顾问。这个行业伴随着中国金融市场的充分发展壮大。另外一些人接受了挑战，努力学习金融市场的语言、图形，他们学习读懂市场。一些人选择独自与金融市场打交道。另外一些选择通过自己的知识和对金融市场语言的理解来确保自己所选的顾问正在发挥正确的桥梁作用。

“我能传授给别人我没有亲身体验过的事情吗？”曾子在《论语》中问道。这种对知识负责的态度证明他是位好老师。我只是把我所用过的交易技术写下来。这些技术曾经用在我在澳大利亚、新加坡、马来西亚和中国上海股市的交易当中。在我的书中我尽力把金融市场的语言翻译给大家，并展示如何用图表和技术指标来理解市场的行为。

我的目标是加快市场活动的民主性，使每个人都有相同的机会来使用这些技术从市场中获利，并颠覆那些顾问们的言论——这是个很专业的领域，你必须要听我的建议。我尽力使金融市场的语言和概念容易被接受。我相信在市场中交易技巧是可以学习的。学习如何理解市场是最重要的，因为它能使你独立。交易成功的最重要的方法是当你明白自己错了，毫不犹豫地去纠正你的错误，因为交易就是管理风险。

庄子曾说：语言就像渔网，一旦捉到鱼，你就可以把网扔掉了。一旦你明白了意思，就不用去在乎形式。这本书就是用来帮助你理解图表特征的，从而使你能抓住股价和趋势行为的含义。宽泛的概念下隐含着不同的意思。每一个汉字都经历了含义上数千年的变迁，这使得即使是最简单的陈述，都有丰富的含义。每一个图表或指标都隐含着市场行为的信息，用这些知识可以更充分地理解市场中趋势的性质和特征。

坚持不懈地学习可以使金融市场变得不再陌生。学习金融市场的语言能确保自己不会受到别人的误导。谨记谨记，祝交易顺利！

后 记

就像市场中的股价走势一样，词汇不是随机生成的，它们是结合在一起的，首先是短文，然后是文章和章节，最后被分成几部分，从而组成一本书。在形成文章之前，有很多理念来自交易经验、参加我们交易研讨班的人的问题的启发、读过我们每周交易简讯以及其他读过我的书的人的问题。这些理念受到市场的挑战和锻造。它们在专业发展论坛上被提出来时，经受住了来自澳大利亚、中国和美国等专业人士的审查。

这本书的主题主要来自陈静的启发，她想把这些策略应用到上海和深圳两个国内市场中。额外的一些材料是从我们的《每周股市简讯》《Adam Cox》《Leon Wilson》和《Matthew Ford》的《Tutorials in Applied Technical Analysis》中摘录的。很多人都对书中的这些理念有所贡献，在此对他们的帮助表示感谢。

Chong Leehoon再一次不辞辛苦地严格纠正了草稿中糟糕的表达方式和很多拼写与排版错误。我的母亲Patricia以其独特的编辑技巧，证明自己这位上了年纪的英文教师永远不会停下她纠正错误的钢笔。如果没有我的妻子和儿子的支持，无论写作还是交易，都是不可能的。在初稿和随后的草稿编写过程中，他们一直忍受着长期紧张工作带来的副作用。

这本书的中文版本得益于陈静杰出的工作。没有她的知识、技巧、指导和支持，这本书就不可能完成。她介绍了中华文明的源远流长以及中国金融市场的独特之处。Stephen Lai和Andy Ng的支持也很重要，在此表示感谢。

翻译是困难的工作。词典式翻译是一个单词一个单词地翻译，这会丢失很重要的信息。最好的翻译能抓住单词的意思、理念的细节和原作的精神。我很幸运与任波、GuppyTraders.com Pty Ltd首席代表陈静共事，是他们翻译了这本书。陈静确保译文准确地表达了应用于实战中的概念和方法，她的努力对本书的完成起到了至关重要的作用。这对你——尊敬的读者也是一笔财富。他们的翻译使你能顺利读懂我所写的内容。

本书的每日价格图是由Guppy Traders Essentials图表包或Metastock软件提供的。每日价格数据由澳大利亚数据财富有限公司和该公司的数据财富下载服务提供。日内股价数据来自新加坡新思维私人有限公司。

市场中普通的想法不能取得非凡的收益。很多市场神话和公认的做法成为我们通往成功的障碍。我们从新的视角去看它们，以向你展示你该如何找到更好的交易机会。你的技巧使你鹤立鸡群，好好学习这本书，今天学，明天用。

祝交易顺利！

戴若·顾比

于澳大利亚达尔文